藏在博物馆里的中国历史

有识文化
成都地图出版社 编著

成都地图出版社

新石器时代

（距今约 10000 年—约公元前 2070 年）

考古发现 …… 2

龙的传人
——红山玉龙 …… 4

谁能读懂这只眼睛
——良渚玉琮王 …… 6

夏

（约公元前 2070—前 1600 年）

夏朝时期地图 …… 8

文明时代 …… 10

生活需要仪式感
——乳钉纹铜爵 …… 12

大禹治水 …… 14

后羿代夏 …… 16

沟通天地的上古神兽
——镶嵌绿松石铜牌饰 …… 18

第一个世袭制王朝 …… 20

夏王宫夜宴 …… 22

华夏九州 …… 24

夏代历史大事记 …… 26

目录

CONTENTS

商

（约公元前 1600—前 1046 年）

商朝时期地图 …… 28

青铜时代的中国制造
——司母戊鼎 …… 30

商朝政治 …… 32

偃师商城 …… 34

四羊历险记
——四羊方尊 …… 36

商朝的兴盛 …… 38

愤怒的小鸟
——“妇好”青铜鸮尊 …… 40

殷墟的回声 …… 42

会说话的骨头
——殷墟嵌绿松石甲骨 …… 44

古蜀文明 …… 46

20 克黄金里的宇宙
——商周太阳神鸟金饰 …… 48

商代历史大事记 …… 50

西周

（公元前 1046—前 771 年）

西周时期地图 …… 52

青铜碗才是“铁饭碗”
——“利”青铜簋 …… 54

三分天下有其二 …… 56

西周井田制 …… 58

居住在天下中央
——何尊 …… 60

创业维艰 …… 62

西周贵族潮流
——“盠”青铜方彝 …… 64

真正的贵族 …… 66

阅读周朝
——大克鼎 …… 68

征讨天下 …… 70

西周食苑图 …… 72

德不配位 …… 74

西周历史大事记 …… 76

繁盛于中生代，在中生代末期灭绝

地球上生存着庞大的恐龙家族，它们统治着海洋和陆地。

距今约 170 万年

出现了直立人，他们懂得打制石器，会使用和管理火种。

距今约 13 万年

人类打制石器的技术提高，石器种类丰富、形状规整。

距今约 10 万 ~8 万年

石器打磨得更加细致，骨角器得以发展，已有装饰品。

考古发现

那时的历史我们无法探知，只能从考古发掘中发现一些隐藏的线索。

距今约 1.8 万年

发明了弓箭，会制作陶器、种植和饲养家畜。

距今约 7000~5200 年

陶器以红色、褐色陶为主，黄河流域的彩陶开始萌芽。

距今约 5300~4000 年

人口急剧增加，范模制陶工艺快速发展，已出现精美玉器。

约公元前 2070 年

中国历史上的第一个王朝，进入青铜时代。

龙的传人

——红山玉龙

“龙被描述为多种动物的复合体，宇宙洪荒中万物同源。”

红山玉龙来自遥远的新石器时代，属于岫岩玉，躯体卷曲若钩，鼻端向前突出而尾部则向上卷曲，形体与甲骨文中的“龙”字相似，故名“玉龙”。玉龙为墨绿色，龙体横截面是椭圆形，直径 2.3 ~ 2.9 厘米。龙头比较短，龙嘴紧闭并前伸上噘，鼻孔是两个对称的圆洞。眼睛为棱状突起，眼角尾部细长并上翘。龙颈背上有鬣毛，以向上的姿态弯曲，长约 21 厘米。鬣毛相比龙身较扁薄，上磨有不明显的浅凹槽，边缘则较锋利。龙身大部分无花纹，只在头顶及下颚有网状方格花纹，网格凸起，呈小菱形。玉龙形象带有浓厚的浪漫想象气息，后世龙形的诸多元素已经在其中呈现。红山玉龙的具体用途还有待进一步的科学探索，部分观点认为是祭祀用的礼器。红山玉龙的出土，让中国人寻找到了龙的源头形态，更强

石器时代玉龙

商代玉龙

西周玉龙

战国玉龙

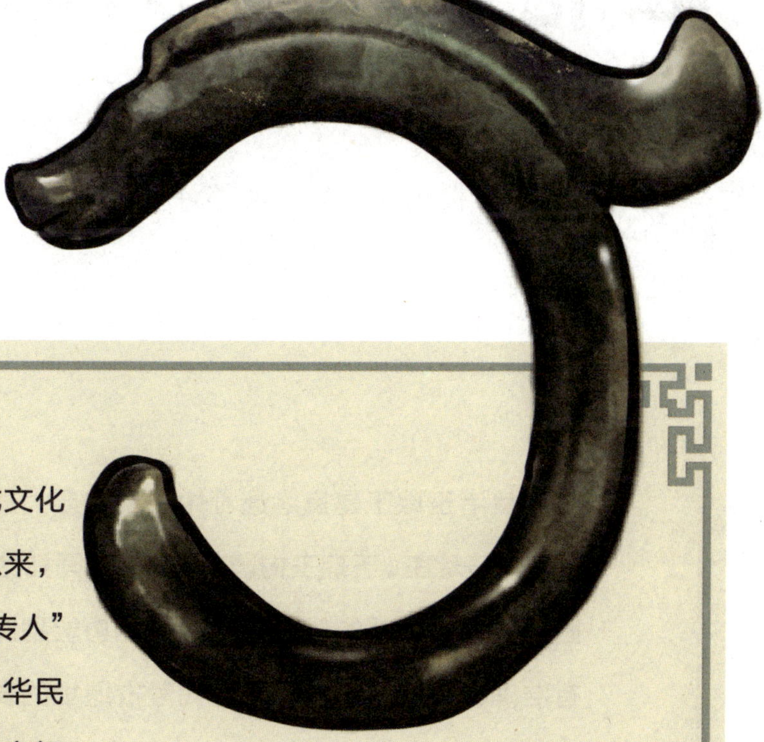

有力地说明了中国龙文化的绵延不绝。长久以来，中华民族都以“龙的传人”自称，龙的起源同中华民族历史文化的形成紧密相关。红山玉龙的发现，对于研究中国古代的原始宗教，总结龙文化发展的阶段、龙形的变化序列，有着非同一般的意义。

文物档案

名称：红山玉龙
年代：新石器时代
材质：岫岩玉
规格：高 26 厘米
出土地：内蒙古翁牛特旗
收藏地：中国国家博物馆

唐代玉龙

宋代玉龙

元代玉龙

明代玉龙

谁能读懂这只眼睛

——良渚玉琮王

“‘琮’为我国古代礼器，是5000多年前的良渚先民创造的一种沟通神灵天地的法器。”

良渚玉琮王是良渚遗址中发现的最大的玉琮，所以被考古学家称为玉琮王。玉琮王内圆外方，中有圆孔的形制，可能是先民“天圆地方”宇宙观的体现。它的具体功能到底是什么，今天仍然没有准确的答案。但是从同时代考古遗址的发现来看，古代先民通过玉器与上天进行沟通是普遍存在的。只不过先民们如何与天神说话，说了什么我们都不得而知。

玉琮王除了体形巨大之外，最引人注目的就是其表面的纹饰。在发现这个玉琮的时候，考古学家们起初以为玉琮上的纹饰就是同时代常见的饕餮纹，而清洗过后才发现，玉琮表面居然是一些人形图案。在其眼睑、嘴、鼻的四周刻有细密的云纹，造型十分精美。这些神秘小人手中捧着两个圆盘，远看整个小人又像一张

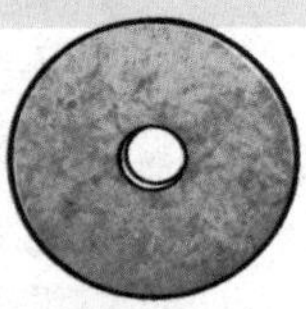
玉璧

玉柱形器

玉簪

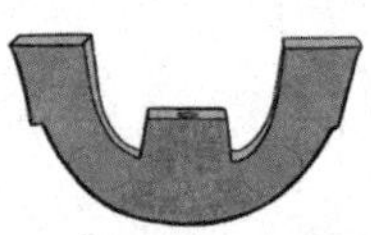
三叉形玉器

人脸，透露出神秘而悠远的气息。这些人形图案到底是巫师，还是伟大的国王，抑或是祈福的神兽。我们依旧不得而知。

良渚文化末期与夏文化刚好重合，很有可能良渚文化最终被中原文明征服或者同化。良渚文明是一个农业和手工业都相当发达的文明，在良渚文化遗址中出土的大量珍贵文物表明，良渚先民不仅善于制作精美的玉器，还建造了工程浩大的水利工程用于农业灌溉。

文物档案

名称：良渚玉琮王
年代：新石器时代
材质：玉
规格：重约 6500 克
高 8.9 厘米
射口直径 16.5~17.6 厘米
出土地：浙江余杭
收藏地：浙江省博物馆

鸟形玉饰

玉钺

玉管串饰

玉锥形器

夏朝时期地图

乳钉纹铜爵
铜爵的腰腹正面装饰有五枚横排乳钉，故名乳钉纹铜爵。
少康
姒相之子，夏朝第六代君主。
阿尔泰山脉
天山山脉
昆仑山脉
陶器
三个袋状空足，朝天流，一侧有一鋬手，夏代典型的陶形制。
启
禹的儿子，夏朝的第二任君王。
喜马拉雅山脉
大禹
黄帝的玄孙，夏朝开国君王，历史治水名人。

钺
钺由大型石斧演变而来，玉钺发展成为象征军事统帅权的礼器。
嵌绿松石饕餮纹铜牌饰
流行于夏代，正面由数百绿松石小片铺嵌成饕餮纹图案，千年不脱。
大兴安岭
星象师
夏代专门观测和记录星象的历法官。
《夏小正》
中国现存最早的一部农事历书。
长白山脉
阴山山脉
贺兰山
渤海
有易氏
有鬲氏
有穷氏
黄河
有仍氏
有扈氏
有莘氏
有缗氏
有虞氏
涂山氏
防风氏
黄海
长江
东海
钓鱼岛
赤尾屿
石犁
犁是一种耕地的农具。
南海
南海

文明时代

大禹动员各部落展开的治水工作
极大提升了自己的声望
王权的产生也就得以奠定

夏朝是一个神秘而传奇的时代。

十二部落

一般认为，夏朝最初是由十二个兄弟部落组成的，其中最厉害的部落名叫夏后氏，所以建立王朝后就以夏为名。

树立权威

会稽会盟时，防风氏首领因迟到而被禹处死。夏后氏从此在中原地区建立了强大的名声。

大禹治水

舜帝时期黄河发大水，舜命大禹治理洪水。大禹不仅把洪水治理好了，还打败了在中原作乱的三苗部落，因此获得了各个部落首领的支持。

九州

大禹将天下分为九州，又吩咐手下铸造九个大铜鼎作为国家权力的象征。后来的成语“一言九鼎”就是从这里来的。

夏王朝的中心在**河南中部**
势力范围延伸到**黄河南北**
甚至**长江流域**

《禹刑》

因调整社会关系的需要，夏王朝制定了《禹刑》。其内容以制裁违法犯罪行为的刑事法律性质的习惯法为主，这是中国历史上的第一部成文法典。

方国

夏朝直接管辖领土之外，还有一些大大小小的部族和势力，这些部族和势力被称为方国，方国与王室之间的斗争是夏代历史的主旋律。

马车的发明

东夷族工匠奚仲因为发明了马车，被大禹任命为“车正”，并封为“薛侯”。

五服

夏朝时，各方国与部落按照与王畿的距离和亲疏被划分为五个等级，并按照等级进行朝贡和纳税，与王室越亲近的纳贡越多。

生活需要仪式感
——乳钉纹铜爵

“礼是古代中国人生活中不可僭越的仪式感。”

乳钉纹铜爵是迄今为止我国发现最早的青铜爵，被称为“华夏第一爵”。该爵高 22.5 厘米，壁厚 0.1 厘米，拥有迷人的小细腰，三棱锥状足。腰腹正面装饰一排乳钉，共 5 颗。乳钉纹铜爵虽然外表看起来很笨拙，但却是夏代铜爵中的出类拔萃者，堪称国之瑰宝。爵作为中国古代最典型、最常见的酒器，具有“明贵贱，别尊卑”的作用。

在夏代，饮酒是王室贵胄的特权，属于奢侈性消费，谁家有爵有酒，那一定是大户人家，所以爵自然也成了身份和地位的象征。古代有一种制度，叫作爵禄制。它是根据贵族身份的高低，规定其对应的爵，而我们现代汉语中的“爵位”一词，也是从用爵制度中衍化而来的。

说到青铜爵上刻画的乳钉纹，它是几何纹饰的一种。几何纹饰是由几何图案组成的有规律的纹饰，纯属形式上的变化和结构上的美感。乳钉纹则是由一系列突起的乳突有规律地组成排，并构成一定阵式的纹饰。乳钉纹早在夏代青铜器出现之始就出现了，甚至到了西汉，在青铜器上还可看见乳钉纹的身影。

文物档案

名称：乳钉纹铜爵
年代：夏代
材质：青铜
规格：高 22.5 厘米
　　　壁厚 0.1 厘米
出土地：河南偃师
收藏地：洛阳博物馆

大禹治水

相传大禹治水，日夜操劳，三过家门而不入，经过十多年的努力，终于消除了水患。

大禹改变了前人只堵不疏的治水方法，依据地势将洪水疏导出去。
发达的部落已经能够熟练地建造房屋，并且开始形成一些比较集中的城邑。
大禹治水有功，舜又派大禹去讨伐三苗，大禹屡战屡胜，消灭了盘踞在南方的三苗部落。
大禹成功消除水患和征服三苗部落，赢得了众多部落的拥护。

后羿代夏

启去世后，王朝陷入混乱
直到启的重孙少康时
夏族才重新恢复统治

夏朝的统治相对于后世的朝代来说比较松散。

第一个“王二代”

部落联盟首领去世后一般会由部落联盟推选有能力的人来继承，而从夏启开始，继承人变成了王的儿子，启正式成为中国历史上第一个“王二代”。

第一部军法

启讨伐有扈氏时，作了一篇告诫六军将士的誓词《甘誓》。它记载了夏代的军法，是中国最早的军法。

夏代舞王

夏启晚年生活奢侈，终日沉迷于歌舞声色之中，荒于政事。据《山海经·海外西经》中记载，启在舞蹈时“左手操翳，右手操环，佩玉璜”。

后羿代夏

启死后，他的儿子太康即位。太康不问政事，沉湎于酒色和打猎，失去了民心。有穷氏部落首领后羿趁太康出去打猎之时，射杀了太康，夺取了王位。

夏部取得统治权之后
联盟内部的一些部族并不服气
但支持夏族的部落也不少

寒浞夺权

后羿代夏后却无心治国，整天喝酒打猎，几年后被自己的手下寒浞杀死。寒浞开始了对中原地区长达数十年的统治。

第一位女间谍

女将军女艾是中国历史上第一位女间谍，她被少康派去侦察敌人浇的虚实，并帮助少康复国。在夏商时期，女性是可以领兵作战成为将领的。

少康复国

流落异乡的王子少康收回了父辈丢失的王位，重新振兴了王朝的威望，少康从政后，采取了一系列休养生息的政策，社会经济得到了发展，史称“少康中兴”。

吉祥物九尾狐

相传，少康的儿子予发明了战甲和长矛，增强了军队战斗力。他为完成父亲的遗愿，攻打东夷并大获全胜，还获得了吉祥物九尾狐。

沟通天地的上古神兽

——镶嵌绿松石铜牌饰

“保护墓主人的上古神兽，从中国历史上的第一个王朝走到了今天。”

镶嵌绿松石铜牌饰以青铜衬底，圆角长方形，表面凸起，两侧有两组穿钮，用以固定在织物上。出土时，牌饰背面尚存麻布痕迹。牌饰表面用数百块形状各异的绿松石小片铺嵌成突目兽面。

铜牌饰的作用与功能我们尚不得而知，与夏王朝遥远的历史一样，是那么真切，又是那么朦胧而神秘。经历了数千年风霜的铜牌上，仍显而易见的兽面纹昭示着这件神秘文物与后世历史的传承与联系。可以想象，当时的人们认为铜牌饰上的绿松石一定具有某种神奇的力量，而墓主人也一定相信这些有着狰狞兽纹的器物能护佑他们，如同真正的猛兽一般。

几千年以来谁都不承想，在二里头不起眼的庄稼地下，埋藏着一个远古王朝的隐秘，那是文明初始延续至今的生命呼唤。数

千年前的工匠和神职人员共同将人类永生的愿望埋葬于此，今天，它们仍在远古的回响中显得新鲜而亲切。虽然肉体不灭的梦想已经显得缥缈虚无，但其中的愿望在精神和文化的层面都实现了——它们和二里头以及夏王朝一起在历史中永生。

文物档案

名称：镶嵌绿松石铜牌饰
年代：夏代
材质：青铜、绿松石
规格：长 16.5 厘米
　　　宽 8~12 厘米
出土地：河南偃师二里头
收藏地：二里头夏都遗址博物馆

第一个世袭制王朝

最早见于文献的夏氏族成员是“鲧”。

槐征九夷

槐是夏朝的第八位王。他在位期间，先后征服了九夷部落，扩大了夏朝的势力，社会经济得以快速发展。

夏历

通过对自然的观测，夏人制定了历法——夏历，将一月定为一年的开始。而商历、周历、秦历分别将十二、十一、十月定为岁首。

帝王的退休生活

据《竹书纪年》记载，夏后不降在当政的第 59 年将后位内禅于其弟扃，正式开始了自己的退休生活，直到 10 年后去世。

《夏小正》

夏代设有历法官，他们长期观察天象、物候等，并记录。《夏小正》中记载了一次日食，并描写了人们鸣鼓奔走的情景。

夏朝没有文字直接流传下来
只能根据其他古代文献的记载
了解夏朝的各种情况

占卜

夏朝的统治者把自己的行为说成是天的意志，通过占卜决定国家大事。

五十而贡

史书记载“夏后氏五十而贡”，认为夏代存在着普遍的田赋制度。后人推断，夏代人耕种五十亩地，要将收成的十分之一作为赋税上缴。

王室星象师

夏代人已能依据北斗星旋转斗柄所指的方位来确定月份。王室设有专门的星象师记录每个月中的星象、气象、物象，并根据天象来安排生产生活。

由于资料的缺乏
夏朝是否真正存在
还需要通过考古发现来进一步证明

夏王宫夜宴

夏朝的政治中心，位于今天的河南二里头。早期的城市被称作邑，人们因祭祀而聚集。

《山海经·海外西经》中记载了启跳舞的场景，他左手拿羽毛，右手拿玉环。

夏王朝与周围部落之间战争频发，战争俘虏是王朝劳动力的重要来源。

夏代制陶工艺比较发达，烧制的器物坚固耐用。制陶工匠还会在陶器上面涂绘精美的图案。

夏代农业文明有较大发展，农作物主要有黍、稷、稻，也有专门从事畜牧业的部落。

夏代有专门观测和记录星象的历法官，人们依据星象来指导生产生活。

夏代的陶器上存在刻画符号。

华夏九州

相传夏桀失去民心
连自己的族人都痛恨他
并希望跟他同归于尽

夏朝存在 471 年，后人以“华夏”自称。

孔甲好龙

第十四任夏后孔甲沉湎于酒色，统治残暴，喜好鬼神之术。相传他养了两条龙，还专门聘请了一名御龙师照顾龙的起居。

车战

车战是夏代的主要作战方式。一辆战车可乘坐 3 人，一人射箭，一人持矛或者戈，中间的士兵负责驾车，这种作战方式一直延续到商周时期。

年龄最大的太子

夏后皋 73 岁才继承王位，在位 11 年就去世了。

夏朝军队

夏朝时还没有常备军，只有贵族组成的平时卫队，作为夏王的警卫。如果发生战争，夏王就临时征集奴隶组成军队进行战斗。

商汤灭夏后
一部分夏人南迁于杞
另一支夏人向北迁徙
成为匈奴的祖先

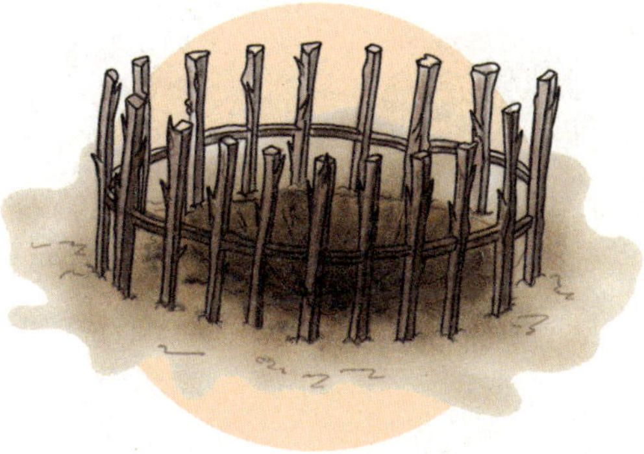

最早的监狱

夏后槐的“圜土”、商汤被夏桀囚禁的“夏台”便是夏时的监狱，是中国史书记录的最早的监狱。“圜土”是一种原始的监狱，在地下刨挖圆形的土牢，在地上搭架篱笆圈围土牢。

臣妾

在夏代，务农的奴隶称“民”“黎民”“众”；放牧的奴隶称“牧竖”或“隶圉”；家奴则称“臣”（男性）和“妾”（女性）。这一叫法一直流传了几千年。

《竹书纪年》

《竹书纪年》共十三篇，叙述夏、商、西周和春秋战国的历史，按年编次。它是中国古代未经秦火的编年通史，是研究夏朝历史的重要参考文献。

夏桀亡国

据史书记载，夏桀能“手搏豺狼，足追四马”，但却残暴荒淫。他在位 52 年，使他亡国的原因我们不得而知，但是他的坏名声却流传了几千年。

夏代历史大事记

约公元前 2070—前 1600 年

约公元前21世纪

十二部落

夏朝最初是由十二个兄弟部落组成的，其中最厉害的部落名叫夏后氏，所以建立王朝后就以夏为名。

约公元前21世纪

大禹治水

大禹带领华夏诸部落治理洪水，征服三苗，获得了众多部落的支持，成为中原领袖，并被尊称为“夏后氏”。

约公元前20世纪

第一个『王二代』

部落联盟首领去世后一般会由部落联盟推选有能力的人来继承，而从夏启开始，继承人变成了王的儿子，启正式成为中国历史上第一个“王二代”。

约公元前20世纪

后羿代夏

启死后，他的儿子太康即位。太康不问政事，沉湎于酒色和打猎，失去了民心。有穷氏部落首领后羿趁太康出去打猎之时，射杀了太康，夺取了王位。

约公元前
19 世纪

少康复国

流落异乡的王子少康收回了父辈丢失的王位，重新振兴了王朝的威望，并使夏朝的国力走向巅峰。

约公元前
19 世纪

槐征九夷

槐是夏朝的第八位王。他在位期间，先后征服了九夷部落，扩大了夏朝的势力，社会经济得以快速发展。

约公元前
17 世纪

孔甲好龙

第十四任夏后孔甲沉湎于酒色，统治残暴，喜好鬼神之术。相传他养了两条龙，还专门聘请了一名御龙师照顾龙的起居。

约公元前
16 世纪

夏桀亡国

据史书记载，夏桀能“手搏豺狼，足追四马”，但却残暴荒淫，最终夏朝在他手上灭亡。

商朝时期地图
土方
土方是北方地区的方国，与商王朝的战争十分频繁。
铜刀、铜矢镞
商代军队的主要武器有青铜铸造的刀、矢镞等。
人殉
商代，大量活人为死去的氏族首领、家长、封建主殉葬。
阿尔泰山脉
天山山脉
妇好
妇好是武丁的王后，也是中国历史上第一位女性军事统帅。
昆仑山脉
祁连
制陶
商代的手工业产量大，工艺水平高，分工细致。
粮食作物
商代的粮食作物主要有黍、稷、稻、麦等。
喜马拉雅山脉
横断
武丁
武丁在位时勤于政事，任用出身低微的贤能之才辅政，使商朝空前发展，史称"武丁盛世"。
玄鸟与简狄
相传，简狄外出沐浴，吞玄鸟之卵而生下了商的始祖契。
武乙射天
商王武乙把一个装满兽血的大皮囊挂在树上，用箭将其射破，他称之为"射天"。
司母戊鼎
商周是青铜器的时代，青铜礼器以鼎为代表。

斝
商汤打败夏桀之后，将"斝"定为御用的酒杯，诸侯则用角。
殷墟车马坑
殷墟车马坑位于河南安阳殷墟遗址内。
酒池肉林
商纣王下令在池子里装满酒，在树林里挂上大块的肉，边玩边吃，生活荒淫至极。
大兴安岭
长白山脉
玉虎
虎为百兽之王，后来被人神化，和龙一样成为人们崇拜的神兽。
鸣条之战
夏朝末年，商汤率兵与夏军在鸣条进行的一场决战。
鬼方
阴山山脉
贺兰山
渤海
犬戎
羌
黄河
黄海
贝币
一种由天然海贝加工而成的商代货币。
占卜
殷商时期，国家大事均由巫史占卜决定。
淮夷
氐
濮
长江
东海
钓鱼岛
赤尾屿
甲骨文
河南安阳殷墟出土的甲骨文，记载了殷商文化的本源。
南海
南海

青铜时代的中国制造

——司母戊鼎

“方鼎盛谷物以祭地，圆鼎则盛肉以祭天。”

司母戊鼎是迄今中国出土的最重的青铜礼器，享有“镇国之宝”的美誉。鼎身四周铸有精巧的盘龙纹和饕餮纹，增加了文物本身的威武凝重之感。鼎腹内壁铸有“司母戊”三字。

为了吸取商王朝早期政治混乱、道德败坏的教训，后世的商朝人逐渐重视孝道和对祖先的尊崇。商王祖甲继位后，为了纪念自己的母亲戊，命人制造出了这尊大鼎。祖甲是商王武丁最喜欢的儿子。武丁本打算让祖甲继承王位，但是祖甲却不想让自己的父亲做出废长立幼的不德之举，于是出走皇室，隐藏于乡野民间中。原本打算身为平民度过一生的祖甲，在知晓他哥哥祖庚去世的消息后，重新拾起自己作为王室后裔的责任，放弃安定的生活，回到国都继承王位。

千年后的我们无从评判祖甲出走与回归的对错，但其孝悌之心从未改变。

司母戊鼎不仅承载着一位国王纪念自己母亲的个人情感，更加彰显了一个王朝通过文化道德去统治国家的探索和努力实践。

（有学者认为应称之为“后母戊鼎”）

文物档案

名称：司母戊鼎
年代：商代
材质：青铜
规格：高 133 厘米
口长 112 厘米
口宽 79.2 厘米
出土地：河南安阳
收藏地：中国国家博物馆

商朝政治

商代已建立起比较完备的国家机构
奴隶社会的统治秩序已经比较稳固

商朝是中国奴隶社会的发展时期。

天降玄鸟

简狄吞玄鸟蛋而生契，因此商人非常崇拜玄鸟。

会做生意的商人

商人的祖先驯服了野马、野牛，发明了牛车，并利用畜力发展商贸，因此商部落成为夏末时最强大的方国，商人善于经商的名声也源于此。

王亥之死

商汤七世祖王亥放牧到黄河北岸，有易氏部落首领绵臣见财起了歹意，杀害了王亥。王亥之子上甲微向河伯借兵，杀死了绵臣，报仇雪恨。

像做饭一样治国

商初大臣伊尹用做菜的道理比喻治国之道以说服商汤，协助商汤实现了王道的政治。“治大国如烹小鲜”就源自于此。

甲骨文是中国已发现的
古代文字中年代最早
体系较为完整的文字

汤誓

鸣条之野，两军阵前，商汤与各部落首领及全军盟誓共同征讨夏桀，如果谁违背誓言，必定身败名裂、世代为奴。

九世之乱

商朝从中丁开始，王室内部连续发生王位纷争，混乱持续了五代九王，并五次迁都，使商王朝国力衰落，四方不服，直到盘庚迁殷后才最终结束。

不听话的帝王

商王太甲年轻时不遵祖训任意胡来，重臣伊尹将太甲软禁在桐宫三年，太甲悔过自新后，伊尹才将政权交还给他。

盘庚迁殷

为了扭转商朝的颓势，商王盘庚下令迁都，并采取了一系列恢复国力的举措。自此之后，商王都一直都固定在殷。

偃师商城
商人经历了 8 次迁都，终于在偃师商城定居下来。
掌管王车的官员叫作车正，负责商王私事的多是“尹”。
商人很重视对自己祖先的祭祀。
商代的城市中，有专门观测星象的场所和机构。

商代的官职系统比较健全，修建城池的负责人是专门掌管工匠的司工。
商人无事不卜，占卜祭祀的场所在商代城市中很常见。
商代专门为贵族子弟开设了学校，由专门的国老来负责教学。
商人的马车制造技术已比较成熟，并且拥有发达的物流系统。

四羊历险记

——四羊方尊

“祈福祥瑞，四方吉祥。”

四羊方尊器身方形，方口，大沿，颈饰口沿外侈，每边边长几乎接近器身高度。方尊的颈部高耸，四边上装饰有蕉叶纹、三角夔纹和兽面纹。肩、腹部与足部作为一体被巧妙地设计成四只卷角羊。这件方尊是商代青铜器的典范，也是中国青铜器铸造工艺的高峰。

“尊”是古代的一种酒器，而四羊方尊可能是一件用于祭祀的酒礼器。羊是古代重要的食用牲畜，同时也是中华文化吉祥的象征。汉字“鲜”由“鱼”和“羊”组合而成，表示食物的丰富与美味，可见羊在中国人心目中的地位。由此也不难理解，因为有了羊等牲畜，人们才有食物可以充饥，有皮毛可以御寒。不饥不寒，就代表着丰收与富足，老百姓富足了，国家才能强盛，天

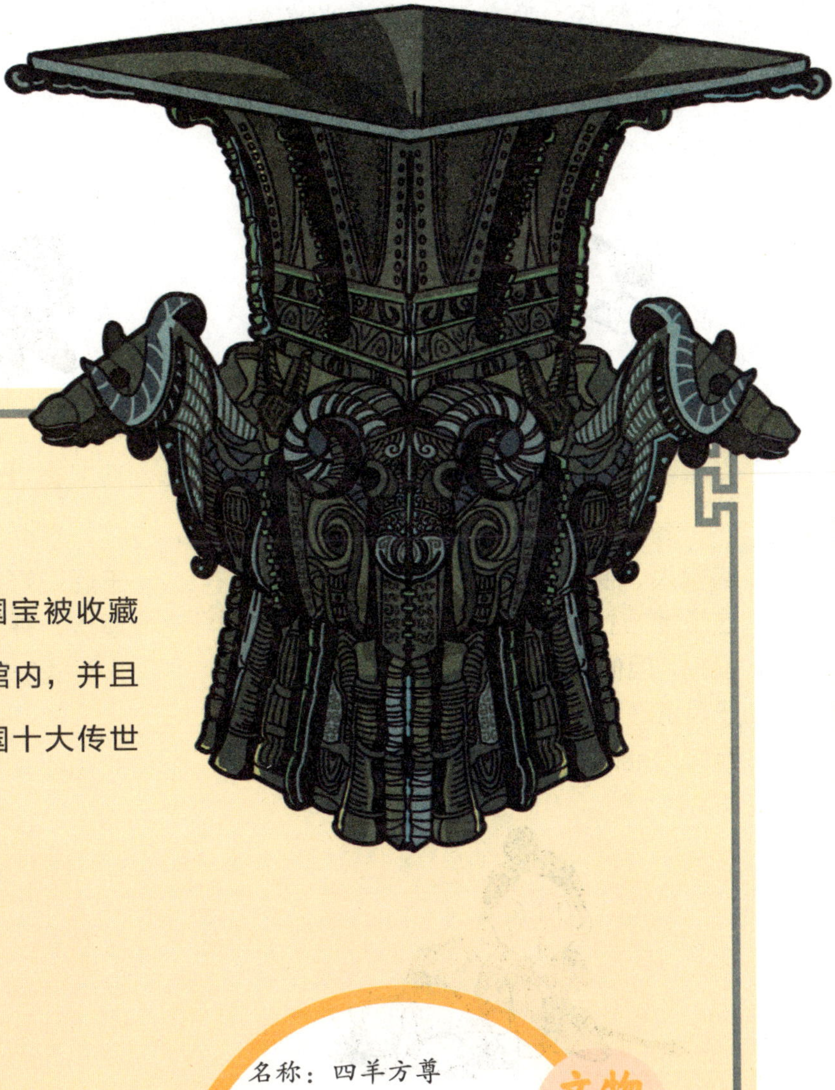

下才会太平吉祥。

如今，这件国宝被收藏在中国国家博物馆内，并且被史学界称为中国十大传世国宝之一。

文物档案

名称：四羊方尊
年代：商代
材质：青铜
规格：上口最大径 44.4 厘米
高 58.3 厘米
重 34.6 千克
出土地：湖南宁乡
收藏地：中国国家博物馆

商朝的兴盛

盘庚继位后整顿政治
发展经济
商朝得以兴盛

盘庚迁殷后，商朝开始真正兴盛。

囚徒宰相

商王武丁夜里梦见一位名叫“说”的能人，便派人去寻找，结果在傅险这个地方找到了。当时“说”是个苦役犯，但他是个有能力、有学问的人，于是武丁破格任用他为宰相，又将傅险作为他的姓氏，称他为傅说。

史上最早的伏击战

在商王朝与巴国的交战中，王后妇好在巴军必经之路上设下埋伏，并大获全胜。这次战役是人类战争史上记载最早的伏击战。

北伐鬼方

鬼方是商朝的一个方国，盘踞在西北部。为了消除鬼方对商朝的威胁，武丁命王后妇好为帅，带兵讨伐鬼方，历时三年，终于打败了鬼方。

继承制

商代的继承制度是父死子继，辅之以兄终弟及。从商朝后期起，王位继承发展的趋势是向嫡长子继承转变。

商代女性可以成为军事统帅
并能够参与到
国家统治和地方管理中来

官制

商代已建立起比较完备的国家机构，并实行世官制度。这种制度有利于奴隶制国家的管理和运行，社会阶层也因此更加稳固。

占卜

商代盛行占卜，凡事大自祭祀、征伐、天时、年成、田猎，小至私人疾病、生育，无一不求神问卜，以定凶吉与行止。

人殉和人祭

奴隶主去世之后，服侍该主人的奴隶会被处死，给主人殉葬。在贵族祭祀祖先的时候，也经常处死奴隶来向祖先表达敬意。

天帝崇拜

商人问卜的对象有三大类，即天神、地祇、人鬼。在这三类中，“帝”是最高的神明，是世间万物的主宰，而君主只是人间的“帝”。

愤怒的小鸟

——“妇好”青铜鸮（xiāo）尊

“鸮是商朝人崇拜的神鸟，并被视为战神。”

“妇好”青铜鸮尊出土于安阳殷墟妇好墓，是墓中近 500 件青铜器中的一件。妇好是商王武丁的妻子，她的墓是商代王室墓中保存最完好的一座，整个墓中出土了 1928 件文物。

鸮就是今天我们说的猫头鹰。商朝人十分推崇能在黑暗和混乱中理清思路、明辨方向的猫头鹰，并将其视为战神。除了鸮尊之外，妇好墓中还出土了很多的兵器，这其中包括象征着权力的钺，可见墓主人妇好的地位之尊贵。在现存的甲骨文献中，妇好的名字频频出现，仅在安阳殷墟出土的 1 万余片甲骨中，提及她的就有 200 多次。

为什么一位王后的墓中会出现代表战斗的鸮呢？妇好是武丁的王后，但她却拥有自己独立的封地，身为一介女流却能带兵打败来犯的敌人，如同一个战神，所以人们用鸮来纪念这位王后将军。她生前曾参与国家大事，主持祭祀，帮助她的丈夫实现了商朝著名的“武丁盛世”。

今天，很多年轻人根据鸮尊的形象，戏称其为“愤怒的小鸟”，而它的主人其实是一位名副其实的巾帼英雄。她曾北讨土方，东南伐夷，西败巴方，为商王朝拓疆辟土立下汗马功劳，是后世女性的榜样。

文物档案

名称：“妇好”青铜鸮尊
年代：商代
材质：青铜
规格：通高 45.9 厘米
　　　口长径 16.4 厘米
　　　重 16.7 千克
出土地：河南安阳
收藏地：中国国家博物馆

殷墟的回声

武丁开创了商朝的盛世但是他的后代们并没有将强盛延续下去

商朝为中国古代文化的进一步发展奠定了基础。

殷墟

从考古发掘的规模来看，殷墟遗址中分布着宫殿、宗庙、祭坛等建筑 80 余座。殷成为了商朝的政治、经济和文化中心。

《汤刑》

《汤刑》是商代法律的总称，其实这部法典监管和赏罚的对象主要是大大小小的奴隶主，是商代政权管理各级官员和贵族的工具。

井田制

商代的农耕实行井田制，田地里有规整的沟渠和道路，甲骨文中也有大量关于田地和灌溉的文字，说明商代的农业十分繁荣。

征兵制度

发生战争时商王会发出临时征兵的号令（登人），国人有义务参加军队为国效力。征集的对象主要为庶民阶层的商族人，奴隶只能充当军队中的杂役。

商灭亡后
一部分不愿归顺的商人
套上车马开始重操旧业
行商于诸国之间

劈你的雷在路上

商王武乙认为自己比天神厉害，他将一个装满了血的皮囊挂在树上，然后当众将其射破，称之为“射天”。后来武乙外出狩猎时，被雷劈死了。

酒池肉林

纣王下令扩建沙丘，还把乐工戏子叫到沙丘来，用酒装满池子，把肉悬挂成林，以便一边游玩，一边随意吃喝。这就是所谓的“酒池肉林”。

做过屠夫和小商贩的姜子牙

商人以商业发家，在建立王朝后出现了专门从事长途贩运的商贾，城市里还出现了做买卖的小商贩。相传姜子牙就曾经在朝歌做过屠夫和小商贩。

比干挖心

纣王的叔父比干劝谏纣王行善，但是反而被纣王挖心而死。

会说话的骨头

——殷墟嵌绿松石甲骨

“甲骨文上的商王朝。”

嵌绿松石甲骨是我国博物馆中现存的唯一一件文字镶嵌绿松石的甲骨。这块兽骨上记录了商王射杀了一头体型巨大的野牛。官员们奉命在这头野牛的骨头上记录下了这件事。一般的甲骨就是一块质朴无华的骨头，而从这块甲骨中镶嵌的绿松石可以看出，商王对于自己射杀野牛的事感到十分高兴，认为值得着重记录下来。

近代有关于甲骨文发现的最早记录来自于河南安阳，当地村民将甲骨当作“龙骨”，以为这是能包治百病的药材。后来被学者发现其中的历史价值，及时收集抢救，甲骨才免于被当作药材损毁的命运。百余年来，在中国境内出土的甲骨已经超过了 15 万

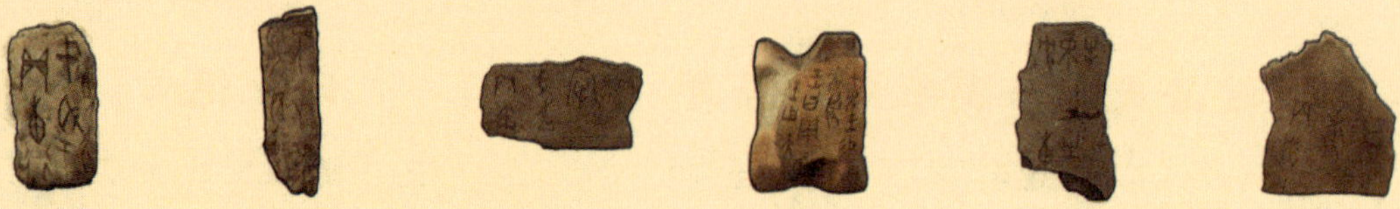

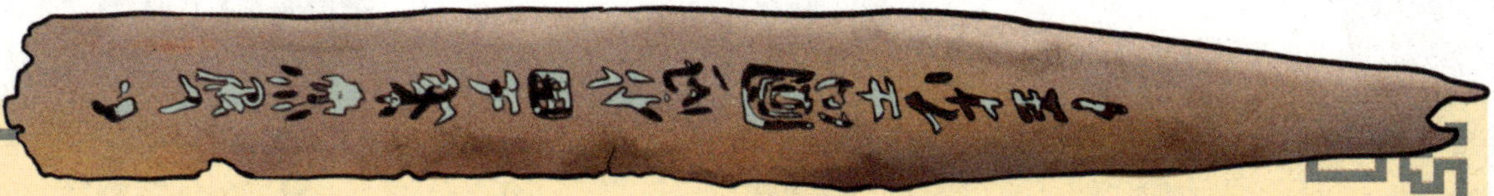

块，其中记载的单字有 4500 多个，目前可以辨识的字约有 2500 个。3000 多年前，商代的巫师和官员将当时祭祀、占卜的具体内容，以及贵族生活的场景，全都记录在这些甲骨上，为后世的我们展现了一个遥远神秘，但又鲜活可亲的时代。

在过去的数千年中，从来没人想到过，正是这些埋藏于泥土中、毫不起眼的兽骨和龟甲，见证了商王朝的兴衰，让一个神秘而久远的王国重新焕发出文明的光芒。

文物档案

名称：殷墟嵌绿松石甲骨
年代：商代
材质：兽骨、绿松石
规格：不详
出土地：河南安阳
收藏地：中国社会科学院考古研究所

古蜀文明

古蜀国灭亡后留下的大量金银器、玉器、陶器、青铜器等文物，让后世的人知道了三星堆文化的存在。

金面铜人头像象征着拥有权威与神圣地位之人，他们手握生杀大权，并有与神交流的特殊技能。

青铜大立人像集神、巫、王于一体，是神权与王权最高权力的象征。

古蜀人在石壁上刻字与图案，以记录当时所发生的大事。

巫师作法与神灵沟通时，国王带领臣民行祭祀之礼，以表虔诚之心。

商周太阳神鸟金饰是古蜀国黄金工艺辉煌成就的代表，体现了古蜀人对太阳神的强烈崇拜。
“V”式铜圆尊上刻有羊、鸟等动物图案，为古蜀人祭祀所用。
有“千里眼”“顺风耳”之誉的青铜纵目面具，是古蜀人的祖先神造像。

20 克黄金里的宇宙

——商周太阳神鸟金饰

“‘神鸟绕日’表达了中华先民向往太阳、崇尚光明的飞天梦想。”

耀眼的金芒，仿佛普照大地的神灵。这是距离我们 3000 年前的太阳神鸟。0.02 厘米厚的金箔上，镂刻出内外两层图案。内层是有 12 条齿状光芒的圆圈，恰似一轮火球，倘若看久一点儿，你会感觉它在顺时针转动。外层由 4 只飞行的神鸟组成，它们首足相接，引颈伸腿，身姿修长优雅，好像随时会逆时针舞动起来。

在先人的想象中，太阳温暖着大地，以光和热哺育万物，而能与之并肩而行的唯有鸟儿。神鸟负载太阳而行，才有了东升西落，是谓“金乌负日”。这片薄薄的金箔，是这则瑰丽神话的生动图解。

有人说，4 只神鸟首足相接、循环往复，代表四季轮回，12 道太阳金芒代表 12 个月周而复始。4 和 12 都暗合着天数，自然送给人类的礼物被古蜀人用世界上最珍贵稀有的金子，在一个巴

掌大的地方，勾画出了古蜀人的宇宙印象。

“太阳神鸟”，20 克黄金里的宇宙，是时光的一晃。在这 0.02 厘米厚度记录的宇宙时光里，我们和此刻的世界，如一粒微尘般存在。

文物档案

名称：商周太阳神鸟金饰
年代：商代
材质：金
规格：外径 12.53 厘米
内径 5.29 厘米
厚 0.02 厘米
出土地：四川成都
收藏地：金沙遗址博物馆

商代历史大事记

约公元前 1600—前 1046 年

约公元前 21 世纪

受封于商

商人的始祖契因协助大禹治水有功而受封于商邑。

约公元前 16 世纪

鸣条之战

商人领袖汤在鸣条打败夏桀，之后建立了商王朝。

约公元前 14 世纪

九世之乱

商朝从中丁开始，王室内部连续发生王位纷争，混乱持续了五代九王，并五次迁都，使商王朝国力衰落，四方不服。

约公元前 14 世纪

盘庚迁殷

商朝初期内乱不止，迁都频繁，直到盘庚将都城迁至殷，商王朝才算稳定下来，商朝也因此被称为殷商。

约公元前
13 世纪

武丁盛世

商王武丁在位时，唯才是举，开疆拓土，使殷商国势达到鼎盛，史称“武丁盛世”。

约公元前
12 世纪

王权与神权之战

商人崇尚占卜，神权势力逐渐强大，商王武乙为了加强王权，展开了与神权的斗争，使传统的天神观念受到极大的冲击。

约公元前
11 世纪

帝辛迁都

为了规避周打败黎国（今长治附近）、邘国（今沁阳）后对殷都（今安阳）所形成的两面夹击的形势，纣王将国都迁至朝歌。

约公元前
11 世纪

比干挖心

纣王的叔父比干劝谏纣王行善，但是反而被纣王挖心而死。

西周时期地图

乌盖人足盉
盛酒器，器体扁圆，上为鸟形盖，下为人形足。
八卦
八卦是中国古代的一套有象征意义的符号。八卦互相搭配又得六十四卦。
社祭
社祭活动由官方主导，是国家宗教礼制，也是维护贵族统治的工具。
姬昌敬贤才
周文王姬昌广招贤才，外部落的贤士也予以任用。
周幽王
西周末代君主，贪婪腐败，导致西周灭亡。
三星堆金面罩
镰刀
西周的一种农具。
犬戎
阿尔泰山脉
天山山脉
昆仑山脉
喜马拉雅山脉

贝币
西周时期社会上流通的一种货币。
乐舞
西周乐舞是礼乐中极为重要的艺术形式，分为大舞、小舞、散乐等。
大兴安岭
长白山脉
分封
西周时期实行封建亲戚，以藩屏周的政策，建立诸侯国。
后稷
周族始祖，尧舜时期的农业高手。
东夷
鬼方
阴山山脉
贺兰山
渤海
河
水
羌
黄海
周公摄政
武王建立周朝后不久就去世了，其子成王年幼，由周公旦摄政。
淮夷
姜尚
姜尚即姜子牙，被姬昌拜为“太师”，是周朝开国元勋。
江
水
蜀
越
钓鱼岛
赤尾屿
戈
古代兵器，横刃，用青铜或铁制成，装有长柄。
穆王会见西王母
南海
南海

青铜碗才是“铁饭碗”

——“利”青铜簋

“周王对有功劳的人论功行赏，而赐鼎就意味着被王室赏饭碗。”

利簋，又名“ 武王征商簋”，它是目前出土的西周文物中时间较早的青铜器。利簋高 28 厘米，口径 22 厘米， 重 7.95 千克。簋是古代的一种青铜食器，用来盛装煮熟的谷物类主食。利簋的形态上圆下方，很可能是中国古人天圆地方地理观念的体现。

在周代，只有王公贵族才有资格制造青铜器，而青铜器的制造必须合乎等级。按照周王朝的礼法，制造青铜器需要向相关部门报告。当然，有些人会因为某事得到王的赏赐而拥有青铜器。这件青铜器的拥有者名叫“利”，所以才被称为利簋。不难想象，利跟随武王伐纣时奋勇杀敌，立下了赫赫战功，才得到了王赏赐的青铜。利感到十分光荣，便将青铜送到制器部门，专门制作了这件簋。而有了这件簋，就意味着周王室对利的功劳和贵族身份

的认可，利和他的家族就可以一直跟着周王室混饭吃了。

在利簋内部篆刻着 33 字铭文，记载了甲子日清晨武王伐纣这一事件。考古学家们依据这件利簋上的铭文，最终确定了武王伐纣的具体时间，也就是商王朝历史终结的时间。也就是说，直到这件青铜器的出现，我们才算是真正确定了商周两个王朝的分界，长久以来困扰历史学界的谜题才终于有了答案。

文物档案

名称：“利”青铜簋
年代：西周
材质：青铜
规格：高 28 厘米
口径 22 厘米
方座长宽 20.2 厘米
重 7.95 千克
出土地：陕西临潼
收藏地：中国国家博物馆

三分天下有其二

天命观是周人的基本治国理念。

司农之神

帝喾的妻子姜嫄踩巨人脚印而生后稷（周始祖），出生不久遭母亲遗弃。长大后他特别会种田，在尧、舜、禹三代都掌管国家农事，后人尊称他为司农之神。

创业艰难

周人祖先曾多次迁徙，直到公刘时期周人迁居至豳，这时他们才开始开垦荒地、建造城市。到商王武丁时期，周才成为商的封国。

成人之美

周太王想要传位给自己的小儿子季历，但是依照制度长子才能继位。为了不让父亲为难，季历的两个哥哥太伯和仲雍主动出走，双双奔吴。

称霸西境

商中后期，周人协助王室征战，先后征服了鬼方、戎狄、燕京戎、余无戎等方国和部落。商王封周主季历为西伯，并任命其为“牧师”统率西境。

武王伐商前周人已经很强大
据史书记载
周人**“三分天下有其二”**

通过青铜器上的**天象记载**
历史学家们研究确定了
武王伐商的具体时间为
公元前 1046 年

周朝奠基人

西伯侯晚年时，周势力强盛，已是“三分天下有其二”的大国。他的儿子伐商后，追称他为文王。

武王伐纣

考古学家据出土青铜器上对当年哈雷彗星的记载以及干支纪年法，确定武王姬发率领诸侯联军起兵伐纣发生在公元前 1046 年。

以殷制殷

周初，很多殷商旧部并未真正臣服，武王听取周公旦的意见采取“以殷制殷”的政策，分封商纣王的儿子为诸侯，管理殷商故地。

三监之乱

武王灭商后不久就病逝了，继位的成王年幼很难服众。武王的几位兄弟联合殷商旧部，造反夺权。摄政王周公旦率军东征，平定了叛乱。

西周井田制

井田制出现于商朝，于西周时发展成熟，是中国古代社会一种以国有为名的贵族土地所有制。

周人把土地分隔成“井”字形方块，称作“井田”。井田归周王所有，分配给庶民使用。

周代的纺织工艺非常成熟，有平纹、斜纹、提花、凤鸟纹刺绣图案等纺织样式。

粮仓不仅是百姓生存的基本保障，还能应对战争、饥荒、旱灾等意外情况的发生。

一切土地属于周王所有，农田围绕城中心分布，庶民不能私自开垦荒地。

周代的养蚕技术十分发达，主要养春蚕而禁养夏蚕，一年只养一茬，以免桑叶采摘过度而残桑。

居住在天下中央

——何尊

“一封写给 3000 年后的中国人的信。”

何尊是一件祭祀用的青铜器，于 1963 年被宝鸡市陈仓区的一对农民夫妇在出租屋后的土崖中发现，后被人转卖给废品收购站，最终被文物专家发现。这件青铜尊后被列为中国首批禁止出国（境）展览文物、国家一级文物。何尊高 38.5 厘米，口径 29 厘米，重 14.6 千克。腹足有精美的高浮雕兽面纹，角端突出于器表。

何尊的主人是西周宗室贵族姬何。姬何跟随自己的父亲营建东都，立下汗马功劳，故而被周王赏赐了三十朋贝。姬何感恩戴德，因而制作此尊。姬是周王室的姓，可见姬何原本就是王族成员，而且他与周成王姬诵在宗室中很可能辈分相同、年龄相仿。周朝建立初期，为了继承和发扬周文王与周武王的遗志，周王室的年轻后人在各自的岗位和封地上奉献着自己的青春和热情。通过尊中铭文不

难看出，姬何对于自己参与营造东都感到非常自豪，表现出他作为臣子的忠诚之心。

尊内底铸有铭文 12 行 122 字，记载了周成王筑城之事和祭祀祖先、赏赐臣子等一系列活动。其中“宅兹中国”为“中国”一词最早的文字记载，表现了周王室定都于天下中心、肃清万里的豪迈气魄。而铭文中还第一次出现了“德”字，这也从侧面表明了周王朝以德治国的政治理念。

文物档案

名称：何尊
年代：西周
材质：青铜
规格：通高 38.5 厘米
口径 29 厘米
重 14.6 千克
出土地：陕西宝鸡
收藏地：宝鸡青铜器博物院

创业维艰

周朝的军事行动
已经延伸到
江汉平原以南的广大地区

周朝是中国古代存在最久的王朝。

分封天下

周朝建立后，周武王害怕政权不稳，就将自己的兄弟、儿子、功臣分封为世袭诸侯，管理当地人口、军队和钱粮，并负责定期朝贡，保卫王室安全。

成周之会

东都洛邑建成之后，成王颁布《洛诰》，并将新都命名为“成周”，以示周业大成。随后还发诏会盟诸侯，命各方诸侯前来朝贡。

营建东都

虽然周灭了商，但不管是经济还是文化，当时最发达的仍然是伊洛地区。为了加强对王朝的统治，方便继续征服周边地区，周公便着手营建东都洛邑。

桐叶封弟

周成王与弟弟叔虞一起玩耍，成王将一片桐叶当作圭送给叔虞，并假装将唐国封给叔虞。史佚告诉成王“天子无戏言”，成王最终兑现了承诺。

周朝一建立就分封诸侯
利用王族力量武装统治
并兴建**东都洛邑**
加强对东方的控制

康王伐鬼方

从周公旦营建洛邑开始，周王朝对周边民族的征讨就没有停歇过。据小盂鼎铭文记载，仅在康王征讨鬼方的战争中就斩首4800多人，俘虏1万多人。

宗法制度

为了让统治传承有序，周代施行宗法制度和嫡长子继承制。不论是王室还是诸侯，都实行嫡长子继承制度。

成康之治

据史书记载，成王到康王这40多年间，周朝没有使用过一次刑罚，国力强盛、四方太平。史书上称之为中国历史上记载的最早的太平盛世。

井田制

为了加强对人口的控制和对税收的管理，周代完善了源自商代的井田制，其最大目的在于宣示王室和分封贵族对土地以及其他社会资源的所有权。

西周贵族潮流

——“盠”青铜方彝

“分封制有利于王室对地方的控制，但是过度的封赏却动摇了王朝的根基。”

彝为古代的盛酒器，主要盛行于商至西周。这件青铜方彝的器耳的造型仅见于西周中期，其器盖的造型也非常特别，像一座宫殿的屋顶。方彝通体用云雷纹铺底，同时装饰有穷曲纹、夔龙纹、涡纹等纹饰。器盖和器身上有两处由涡纹和云纹组成的圆形标记，这个标记在同一墓葬出土的文物中出现了多次，很有可能是器物主人姬盠家族的族徽。

“盠”青铜方彝内壁铸有铭文 10 行 107 字，它的主人姬盠是西周宗室。根据彝内铭文来看，姬盠还是一位掌握周代王畿地区军政大权的高级统帅，是一位位高权重的实权派。铭文记载周王命姬盠统率周六师、殷八师这两支常备的王室军队，并且还负责掌管礼仪、赋税、水利等重要工作。

铭文中的周王指的是哪一位周王，目前还不得而知。但是可以肯定的是，这是发生在周代中后期的事情。而西周王朝最终的衰落，就是因为君王施政无德，王师孱弱无能。对于周王朝来说，太多的封赏和分权，只能暂时性地实现统治的稳固，但是却在绝对权力的层面动摇了王朝的根基。

文物档案

名称：“盠”青铜方彝
年代：西周
材质：青铜
规格：高 22.2 厘米
口径 14.2 厘米
底径 13.3 厘米
出土地：陕西眉县
收藏地：中国国家博物馆

真正的贵族

在西周的疆域内
只要见到**一座城市**
里面就一定居住着**一位封君**

周朝是一个名副其实的城市时代。

城市生活

西周的新贵族通常都是分封而来的，分封贵族通常都会营建城市，建造宫殿。贵族们都会生活在城市之中。

冠冕

在周代，贵族男子都流行戴帽子，贵族的帽子被称作冠，冠又分为冕和弁，由布匹和皮革制成。普通庶民只能包头巾。

医官

周代医生和占卜的巫师已经分开，官府设置了专门的医疗机构来负责给贵族治病。当时已经可以通过体温、声音、气色和内脏活动来判断病情。

庶民

周代的社会结构中人数最多的是庶民，他们既不是贵族也不是奴隶。他们平时耕种纳税，帮贵族田猎，战时入伍，还要为贵族修建宫殿和墓葬。

冠礼

贵族男子年满 20 岁，族人就要为其举行冠礼，以示成年。冠礼在宗庙举行，由贵宾为其加冠，加冠的长者还要负责给受冠者取字，如此才算是成人。

婚姻仪礼

婚配一般需要经过六道仪式，这些仪式一直被保留到了今天。婚礼中最重要的是媒人，当时同姓不婚，无媒不娶，禁止男女自由恋爱。

笄礼

贵族女子年满 15 岁需要举行笄礼，即开始在头发上使用发簪，因此也被称为“上头礼”，以示女子可以婚配。

服丧礼

人刚去世时，其亲人一定会先给死者举行招魂仪式，避免死者假死而葬。死者亲人持死者的衣物爬到屋顶上喊三声死者的名字，如果没有应答才能举行丧事。

阅读周朝

——大克鼎

“大克鼎铸成后不久周朝开始衰落，克的子孙何去何从呢？”

西周大克鼎，又称膳夫克鼎。“克”是这位膳夫的名字，“膳夫”是古官名，掌管王的饮食，类似于后世的御用厨师。西周大克鼎于清朝出土于陕西扶风县法门镇任村的一处窖藏。出土后，首先被山东人柯劭忞买下，潘祖荫又用重金从柯氏手里购得，成为大克鼎的主人。潘祖荫死后，其弟将此鼎运回苏州老家供放。新中国成立后，潘氏后人将此鼎捐献给国家。

鼎高 93.1 厘米， 腹深 43 厘米，重 201.5 千克。鼎颈部饰有三组对称的变形兽面纹，间以六道短棱脊；腹部饰有一条两方连续的大窃曲纹（ 即波曲纹 ），环绕全器一周。波曲纹的出现打破了兽面纹的对称规律，摆脱了长期以来青铜器纹饰的静态装饰。

鼎腹内壁铸有铭文 290 字，铭文行间皆有线相隔，笔势圆润。

铭文前半部分是克用华美的词语颂扬其祖父师毕父的功绩，后半部分则是周天子重申对克职务的任命，并赏赐礼服、土地和奴隶。克对周天子的任命和赏赐感恩戴德，故而铸造此鼎以表示敬意。这一铭文是研究西周土地制度和官制的重要资料。

大克鼎是西周时期极为重要的青铜器，也是历见著录，众所周知的重器，2002年1月18日被列入《首批禁止出国（境）展览文物目录》。

文物档案

名称：大克鼎
年代：西周
材质：青铜
规格：高93.1厘米
口径75.6厘米
重201.5千克
出土地：陕西扶风
收藏地：上海博物馆

征讨天下

当穆王师出无名征讨犬戎时
就破坏了西周的礼制
王朝的衰败就此开始

周代的历史也是一部战争史。

青铜战争

周昭王对东夷各国采取军事行动，征服了 26 个东夷邦国。为了获得好的名声和铜矿，昭王三次南征铜产地楚蛮。在第三次南征途中，王室军队全军覆没。

穆王西征

周穆王十二年（公元前 964 年），穆王以犬戎部族不守宾服之礼为由发动西征。虽然穆王得胜，可是战利品只有“四白狼、四白鹿”。

最喜欢旅行的王

周穆王是西周在位时间最长的王，他最大的爱好就是借着征讨、平叛等各种理由离开国都去旅行。

家家有本难念的经

周穆王在位时战争频繁，又好巡游，还喜欢封赏臣下，致使财政空虚。共王继位后，打破分封制，允许私田买卖，要求贵族将新开垦的私田上报缴税。

连年的战争和不断的封赏
让王朝开始疲惫
当征服的收益无法弥补消耗的时候
衰败的迹象就开始萌生

东迁犬丘

周穆王多次攻打西戎，致使戎族怀恨在心。周懿王在位时国势衰落，戎族部落就开始向王朝报复，懦弱的懿王只好迁都犬丘，以避战乱。

养马受封

非子因养马有功得到了周孝王的赏识，获封秦地，成为秦国始封君。

篡位的王

西周时期，不管是王室还是诸侯，大家都严格遵守嫡长子继承制。而周孝王是周成王之后唯一一位不是嫡长子的王，他夺取了自己侄子的王位。

僭越称王

周夷王时期王室衰微，楚国国君熊渠趁机开疆拓土，将势力范围推进至江汉平原，并相继越礼册封自己的三个儿子为王，镇守国境。

西周食苑图

周人用青铜制作了大量食器，形成了独特的饮食文化。

西周还未普及大米饭和面食，主要吃肉、菜粥、干果等。

西周时期的食物分为主食和副食，包括肉类、谷物、水果、蔬菜等多种类别。

爵：古代饮酒的器皿，三足，以不同的样式显示使用者的身份。

西周建筑呈院落式封闭结构，有中轴线，建筑材料多用木材和瓦。
西周的饮料主要有醴（浊酒）、清酒、浆等酒精类饮料。
西周的主要烹饪方式有烹、炙、蒸、炰、捣、脍、脯、腊等。

德不配位

君主的任性让国家失去威望。

防民之口

周厉王横征暴敛，他规定百姓必须向朝廷交税才能进行渔猎。这违背了民生和祖制，遭到百姓反对，于是厉王下令将反对和议论的人处死。

国人暴动

周人不满厉王的暴政，大家联合起来暴动，将厉王赶下了台。厉王匆忙逃到山西彘地（今山西霍州），后病死在异乡。

换子顶罪

在国人暴动中，厉王出逃，愤怒的国人要将藏在大臣召虎家的太子杀死泄愤。召虎为了保住王室血脉，用自己的儿子顶包，交给愤怒的国人。

共和行政

国人暴动结束后，太子年幼，王室无主。为了稳定朝局，大臣们推举召公、周公为辅相，代替天子处理国政。

不断向东的戎族
带来了劫掠和灾祸
而真正让王朝濒于灭亡的
是逐渐失去的人心

宣王中兴

共和十四年（公元前828年），召公、周公拥立太子静为宣王。宣王励精图治，任用贤能，使王室的实力和威望得以恢复。他晚年的军事失利让王室再次陷入衰微局面。

亡国之兆

周幽王二年（公元前782年），镐京附近的渭水、泾水、洛水地区都发生了地震。这一年，渭水、泾水、洛水枯竭，岐山崩塌。

分封诸侯

由于常年征战、王室失德，各方诸侯各自为政。为了培植自己的势力，周宣王时期又一次大规模分封诸侯。

废长立幼

周幽王为了使褒姒开心，废黜并试图杀害太子和王后。太子的外公申侯联合缯国和犬戎起兵，最终杀幽王于骊山下。至此，西周王朝结束。

西周历史大事记

公元前 1046—前 771 年

约公元前 11 世纪

称霸西境

商中后期，周人协助王室征战，先后征服了鬼方、戎狄、燕京戎、余无戎等方国和部落。商王封周主季历为西伯，并任命其为“牧师”统率西境。

约公元前 11 世纪

武王伐纣

公元前 1046 年，周武王率领诸侯联军起兵伐商，建立周朝，都城在镐京，史称西周。

约公元前 11 世纪

分封天下

周朝建立后，周武王将兄弟、儿子、功臣分封为世袭诸侯，管理封地并负责定期朝贡，保卫王室安全。

约公元前 10 世纪

成康之治

据史书记载，成王到康王这 40 多年间，周朝没有使用过一次刑罚，国力强盛、四方太平。史书上称之为中国历史上记载的最早的太平盛世。

公元前
891年

篡位的王

西周时期，王室和诸侯需严格遵守嫡长子继承制。而周孝王是周朝历史上唯一一位非嫡长子的王，他夺取了侄子的王位。

公元前
841年

共和行政

国人暴动结束后，王室无主，大臣们推举召公、周公为辅相，代替天子处理国政。

公元前
828年

宣王中兴

共和十四年（公元前828年），召公、周公拥立太子静为宣王。宣王励精图治，任用贤能，使王室的实力和威望得以恢复。

公元前
771年

废长立幼

周幽王为讨好宠妃褒姒，废黜并试图杀害王后和太子。太子的外公申侯联合缯国和犬戎起兵，杀幽王于骊山下，西周王朝宣告结束。

图书在版编目（CIP）数据

藏在博物馆里的中国历史．夏商周 / 有识文化，成都地图出版社编著；李红萍绘．-- 成都：成都地图出版社有限公司，2023.12

ISBN 978-7-5557-1863-5

Ⅰ.①藏… Ⅱ.①有… ②成… ③李… Ⅲ.①中国历史—三代时期—通俗读物 Ⅳ.①K209

中国版本图书馆 CIP 数据核字（2021）第 263629 号

藏在博物馆里的中国历史·夏商周

CANG ZAI BOWUGUAN LI DE ZHONGGUO LISHI · XIA-SHANG-ZHOU

策　　划	唐　艳
主　　编	鄢来勇　刘国强　黄博文
副 主 编	姚　虹　范玲娜　唐　艳
责任编辑	陈　红
审　　校	魏小奎　吴朝香　王　颖　赖红英　田　帅
责任校对	向贵香
审　　订	肖圣中　邹水杰　毋有江　李春燕　李青青　聂永芳　刘国强　姚　虹　张　忠　程海港
出版发行	成都地图出版社有限公司
印　　刷	运河（唐山）印务有限公司
经　　销	全国各地新华书店
开　　本	880 毫米 ×1230 毫米　1/16
总 印 张	40
总 字 数	640 千字
版　　次	2023 年 12 月第 1 版
印　　次	2023 年 12 月第 1 次印刷
书　　号	ISBN 978-7-5557-1863-5
审 图 号	GS（2021）8903 号
定　　价	268.00 元（全 8 册）

藏在博物馆里的中国历史

春秋战国

有识文化
成都地图出版社　编著

成都地图出版社

春秋

（公元前 770—前 476 年）

春秋时期地图 …… 2

青铜上的诗意
——莲鹤方壶 …… 4

礼崩乐坏 …… 6

当霸主需要大智慧
——王子午鼎 …… 8

春秋五霸 …… 10

热闹的郢都 …… 12

神秘的古越族
——兽面纹龙流盉 …… 14

社会变革 …… 16

霸业晚成
——吴王夫差矛 …… 18

逐鹿中原 …… 20

天下第一剑
——越王勾践剑 …… 22

万象初始 …… 24

春秋历史大事记 …… 26

战国

（公元前 475—前 221 年）

战国时期地图 …… 28

辟邪飞廉
——错金银双翼神兽 …… 30

魏国独霸 …… 32

天下之礼
——曾侯乙编钟 …… 34

战国打工人 …… 36

巧夺天工
——曾侯乙尊盘 …… 38

曾侯乙夜宴 …… 40

水陆运输免税通行证
——错金鄂君启铜节 …… 42

商业大繁荣 …… 44

指点江山
——杜虎符 …… 46

商鞅变法 …… 48

攻城战 …… 50

齐秦争霸 …… 52

域外来客
——鹰形顶金冠 …… 54

目录

CONTENTS

赵国崛起…………………………………………56

铜壶上的世界

——战国水陆攻战纹铜壶…………………………58

谋士的天堂………………………………………60

修筑长城…………………………………………62

南有乔木

——木雕双头镇墓兽………………………………64

自由年代…………………………………………66

战国“煲仔饭”

——镶嵌几何纹敦…………………………………68

富国强兵…………………………………………70

神龙图腾

——曾侯乙建鼓底座………………………………72

诸子百家…………………………………………74

战国历史大事记…………………………………76

春秋时期地图

城濮之战
晋楚之战，楚国大败，晋国崛起，以求称霸。
日食
云梯
鲁班尺
一种造房所用的测量工具，还有勘测风水的功能。
吴王夫差矛
九九乘法表
《管子》《吕氏春秋》等书中都有九九乘法表的相关记载。
王子午鼎
春秋时期的青铜器形制与西周晚期的基本相同。
左传
空首布
春秋时期主要货币之一。
问鼎中原
楚庄王伐陆浑戎，并在王都附近耀武扬威，还问大夫王孙满象征王权的九鼎的重量，大有取而代之的野心。
牛耕
铁锄

《诗经》
中国最早的一部诗歌总集，编成于春秋时代，共305篇。
初见彗星
《春秋》中有关于哈雷彗星的记载。
大
兴
安
岭
长
白
山
脉
周平王
东周第一任君主。
葵丘会盟
齐桓公召集诸侯在葵丘会盟，成为春秋时期第一个霸主。
孔子
儒家学派创始人，他与弟子的言行语录和思想被收录于《论语》中。
阴山山脉
贺兰山
燕
渤海
河
晋
水
黄
卫
齐
鲁
河
秦
宋
黄海
秦穆公
因称霸西戎而被周天子封为诸侯。
吴
老子
道家学派创始人，与庄子并称"老庄"，著有《道德经》。
江
楚
水
蜀
长
江
越
东海
钓鱼岛
赤尾屿
弭兵之会
会议约定，秦晋、楚两国为共同霸主，平分霸权。
秦晋之好
越王勾践剑
铁剑
南海
南海
南海

青铜上的诗意

——莲鹤方壶

“就像《诗经·郑风》里写的一样，郑国是一个浪漫的诗歌之乡。”

莲鹤方壶一共有 2 件，一件收藏于故宫博物院，一件收藏于河南博物院。壶体四面有鳞纹神兽缠绕，壶托上还有龙形装饰，威严而肃穆。壶盖上却有另外一个唯美的世界，壶盖由 10 组双层并列的青铜莲花瓣构成，花瓣上还有镂空的花纹，壶盖中央站立着一只优雅的仙鹤，整个造型如同《诗经》中所塑造的文学世界一样美好。

专家们认为，莲鹤方壶的主人可能是郑国国君子婴。他的几个哥哥在为了继承权相互厮杀时，他正在陈国当质子。他没有势力强大的外公，也没有精明的母后，可能他从来都没有想过要争夺国君之位。然而，他却成了郑庄公 4 个儿子中在位时间最长的国君。他身上的戾气显然没有他的几个兄弟那样重，所以在他的

墓中会出土莲鹤方壶这样精美而富有诗意的青铜器，也并不奇怪。

壶，盛酒器，也可盛水。青铜壶的制作上起殷商，下至秦汉，商代前期方壶较少见，随着时代的变迁，形制也不断变化，大多为圆形。2002年，国家文物局发布了《首批禁止出国（境）展览文物目录》。国宝莲鹤方壶名列其中，成为首批禁止出国（境）展览文物之一。

文物档案

名称：莲鹤方壶
年代：春秋
材质：青铜
规格：通高117厘米
口长30.5厘米
口宽24.9厘米
出土地：河南新郑李家楼
收藏地：河南博物院

礼崩乐坏

周王室和天子的实力远不如从前。

国家可以失去土地
但不能失去德望
土地可以再去征服
而德望一旦失去便不复存在

挟天子以令诸侯

东周时期，周王室实力下降，地方诸侯为了实现自己的目的，通常会挟制周天子，并假借天子之名号令天下。

夺位闹剧

郑庄公去世之后，由于郑昭公拒绝与齐国的联姻而失去了齐国的政治支持，郑庄公的4个儿子上演了夺位闹剧。

天子威严扫地

郑国是春秋时代的历史记载中第一个敢于挑战周王室权威的诸侯国。郑庄公更是将周天子射落马下，一时间风光无限。

天上掉下的王冠

经过一系列的斗争和动乱，质子子婴被接回郑国继位，成了郑庄公儿子中在位时间最长的国君。

虽然周天子的威望下降
但是**姬姓诸侯**的势力仍旧强大
周王朝的**统治基础**
并没有失去

最美的诗

《诗经·国风》里的《郑风》可以说是《诗经》里最美的篇章，《山有扶苏》《子衿》《野有蔓草》《出其东门》《风雨》等唯美篇章都出自《郑风》。

老马识途

应燕国之请，管仲跟随齐桓公带兵攻退入侵燕国的山戎，回国途中齐军因被假向导引入迷谷而受困，管仲建议用一匹老马带路，最后化险为夷。

“走穴”天子

王权衰落，周王室的财政越来越拮据，天子经常会向诸侯讨要丧葬费、车马费、伙食费、零花钱等，还不得不出席一些诸侯的盟会来“走穴”谋生。

表里山河

晋楚决战之前，谋臣子犯劝晋文公参加决战，他认为即使战败，凭太行山和黄河之险也可固守无虞。后世常用“表里山河”说明国防坚固。

当霸主需要大智慧

——王子午鼎

“既要有胆有识，无所畏惧，又要小心谨慎，避免失误。”

1978年，河南省南阳市淅川县下寺楚墓中出土了一套造型相同、大小依次排列的铜鼎，一共7件，其中最大的一件便是我们现在看到的这件。鼎束腰、圆腹、平底、三足，口沿上有耳，旁边铸有6条龙形兽，腹部有浮雕的龙纹、窃曲纹、弦纹等丰富纹饰。鼎内壁有铭文14行86字，记载了鼎主人铸造列鼎的原因，并希望子孙后代不忘祭祀，继承祖先勇敢而谨慎的品质，施行德政，爱护子民，捍卫国家威严。

列鼎的主人叫王子午。王子午是楚庄王的儿子，楚共王的兄弟，当过楚国令伊（宰相），是名副其实的楚国权贵。依照周朝惯例，能用七鼎的人身份至少是诸侯，而王子午并非楚王，却享有使用诸侯级别的礼制。据此推测，楚王的礼制级别有可能比王子午还要高。

公元前 597 年，楚庄王在邲之战中战胜了晋国，借此一举奠定了其“春秋五霸”的地位，楚国国力在此时达到顶点。历史上有名的“问鼎中原”就发生在这个时期。楚庄王跑到中原去问周天子的鼎有多重，但实际上楚国却是出了名的盛产铜矿。而楚庄王之后，楚国就再也没有出现过第二个像他一样厉害的国君。

文物档案

名称：王子午鼎
年代：春秋
材质：青铜
规格：高 67 厘米
口径 66 厘米
重 100.2 千克
出土地：河南淅川
收藏地：中国国家博物馆

春秋五霸

诸侯间的战争加速了民族融合。

诸侯国君将新征服的土地
分封给卿大夫
一旦**封臣**具备一定实力
就会成为国君的敌人

尊王攘夷

齐桓公时期，齐国国力突飞猛进。由于周天子力量弱小，齐桓公就提出“尊王攘夷”互助协作的主张，号召各诸侯国尊崇周天子，抵御外夷。

秦晋之好

为了扩大政治影响，秦国与晋国数代通婚，秦穆公将女儿嫁给流亡的公子重耳，并帮助他回国继位。后来人们用“秦晋之好”比喻政治联姻。

退避三舍

晋国公子重耳在外流亡时受到楚成王的厚待，楚成王问重耳，如果将来能回晋国当上国君该如何报答自己。重耳说，如果有一天在战场上相见，自己一定会退避三舍。

政治资本

公元前 636 年，周襄王的弟弟太叔勾结狄人将周襄王赶出了都城，晋文公抓住机会协助周襄王平定叛乱，获得了称霸的政治资本。

强大的诸侯国
改变了国家的政治秩序
世袭贵族的野心
决定着时代的命运

城濮之战

城濮之战拉开了晋楚争霸的序幕，晋国利用楚国主帅子玉的轻敌冒进，以少胜多打败楚军，并奠定了晋国的霸主地位。

独霸西戎

由于被强大的晋国挡住了发展空间，秦国不得已向西发展，兼并西戎12国，开疆拓土，开始称霸西戎。

崤（xiáo）之战

晋文公去世后，秦国趁晋丧而派兵偷袭依附于晋的郑国，因为郑国早有防备，秦只能退兵。晋襄公率军在秦军撤退必经的崤山隘道设伏全歼秦军，俘虏秦军三位将领。

一鸣惊人

楚庄王继位之时，国内矛盾重重。庄王三年不问政治，却暗中观察朝局并培植自己的势力，直到庸国发兵攻楚，庄王抓住机会击退外敌并夺回权力。

热闹的郢都

楚国的郢都和齐国的临淄、赵国的邯郸都是当时有名的大都市。

楚国定都郢的400余年间，一共吞并了50个小国，这也是楚国最强大的时期。

郢都商业发达，齐国的珍珠、魏国的绸缎、秦国的皮毛都能在这里买到。

郢都作为楚国都城长达400余年。

楚国的贵族们过着奢华而悠闲的生活，辽阔的疆域给他们带来无尽的财富。
六博棋是当时人们十分热爱的娱乐活动。
郢都有比较发达的水路交通线，商旅们在交织的河道上往来穿行。

神秘的古越族

——兽面纹龙流盉（hé）

“强大的越族部落不仅拥有大量的财富，还学会了酿酒、农耕和铸造青铜器。”

春秋时期，周王室逐渐衰弱，地方诸侯林立，各自为政，夷族、戎族和越族等少数民族也趁机取得发展。随着中原文化对少数民族地区影响的深入，分布在长江中下游以南沿海地区的古越族边民开始学习农耕、酿酒和青铜铸造，一些强大的部落开始国家化和文明化。

兽面纹龙流盉就是春秋中期南方的越族人模仿西周盉并加以创造的杰作。从纹饰上看，这件青铜盉上的兽面纹与中原地区的兽面纹有很显著的区别。不同于中原地区的饕餮纹等，这件器物的纹饰是一种具有典型南方特色的“雷纹”。

兽面纹龙流盉呈钝三角形，长流作龙形，以张开的龙口为流口；盖顶是一个盘旋而出的龙头，与流口的龙头层叠趋前，呈双龙继

起的姿态；三条龙在盉上合为一体。不管从艺术价值还是锻造技术上来看，这件古越族地区出土的青铜器丝毫不逊色于同时期的中原青铜器。

到越王允常和勾践统治时期，国势发展壮大，成为东南强国，为属于南蛮的越族人带来了极高的威望，因而南蛮人开始被统称为“越”。

文物档案

名称：兽面纹龙流盉
年代：春秋
材质：青铜
规格：高 30.1 厘米
长 39.2 厘米
出土地：不详
收藏地：上海博物馆

社会变革

频繁的战争让诸侯们感到疲惫。

贵族对土地需求的增加
导致了人口的流动和增长
新生的**军功贵族**
开始获得显要的社会地位

问鼎中原

公元前 606 年，楚庄王伐陆浑戎，并借机北上在王都附近耀武扬威，还问大夫王孙满象征王权的九鼎的重量，大有取而代之的野心。

弭兵之会

春秋后期连年战乱，各国都疲于应付，最后十几个主要诸侯国一起开会决定，大家不再打仗，并约定除齐、秦外，各国要向晋、楚同样朝贡。

邲（bì）之战

公元前 597 年，楚军围郑三月不下，晋国派兵救援，结果楚晋两军大战于邲（今河南荥阳），楚军大获全胜，楚庄王得以称霸中原。

铁器时代

春秋晚期，人们已经掌握了冶铁技术，并使用铁制农具耕种土地。

由于战争频繁发生
诸侯直接掌握人口和土地的需求增大
集权思想开始萌发

帮天子打官司

晋国大夫郤（xì）至与周天子为争夺一块土地，跑到晋侯那里打官司，天子得到晋侯的支持才得到这块土地。

当兵才能改变命运

春秋早期，只有“国人”才有资格当兵，但是随着战争的频发，各诸侯国不得不让没有土地和身份的自由民参加军队，取得战功和爵位。

立贤不立长

赵襄子的父亲将训诫之辞写在竹简上，让儿子们认真习读，等到考察时只有赵襄子一人对竹简上的训诫背诵如流。庶子赵襄子凭此被他的父亲立为继承人。

周景王造币

周景王铸造大钱，是我国文献中关于铸钱的最早纪录。随着商业的发展，春秋时期各诸侯国纷纷开始铸造货币，以方便商贸。

霸业晚成

——吴王夫差矛

“不是人拥有了一件器物，而是器物见证了一个人的经历。”

吴国是周王族的同姓诸侯国，但是它的历史比西周王朝还要早。在周还是商代方国的时候，周太王的儿子太伯和仲雍为了将王位让给弟弟季历，兄弟二人借为父采药之名远到当时还是一片荒芜的江南，并在江南建立了勾吴古国。武王伐纣成功后，命人寻访到两位伯祖的后人，重新将他们封为诸侯。吴王寿梦时期，吴国开始联晋反楚，国力日益强盛，在吴王夫差时期北上称霸，国力达到鼎盛。

吴王夫差矛上刻有“吴王夫差自乍用鈼（钬）”这 8 个字。据专家考证，钬为矛类刺兵器。这柄矛头是吴王夫差自用的兵器。矛身长 29.5 厘米，矛身与剑身相似而较短，中线起脊，两面脊上均有血槽，血槽后端各铸一兽头，矛身遍饰精美的几何花纹，制

作精良，保存完整。

这支矛在江陵县马山一座小型的楚国墓中被发现，距离越王勾践剑出土地仅仅 2 千米。

文物档案

名称：吴王夫差矛
年代：春秋
材质：青铜
规格：长 29.5 厘米
出土地：湖北江陵
收藏地：湖北省博物馆

逐鹿中原

一场战争并不足以改变历史。

改变历史的
是那些一开始就想要
改变自己命运的人
而时代正好给了他们机会

伍子胥一夜白头

楚国国君听信谗言，下令全国缉捕伍子胥，伍子胥从楚国逃往吴国途中经过昭关，他一边躲避追兵，一边在昭关苦思对策，在极端的忧虑下，竟然一夜白头。

桑叶战争

吴楚两国积怨已久，曾因边境上桑树的归属问题而引发战争。

孙武练兵

吴王为考察孙武的统兵能力，挑选了 100 多名宫女由孙武操练。一开始宫女们嬉笑打闹，孙武便斩杀了作为队长的吴王妃子，结果所有宫女都不敢违令了。

贵族干政

由于分封制度的衰落，很多普通贵族不甘于受嫡长子继承制的局限，各国都出现了贵族通过干预朝政的方式来改变自己和国家命运的事情。

越来越多的贵族开始期待变革
以及通过变革所获得的
顺应时代的先机

卧薪尝胆

越国被吴国打败，越王勾践被囚禁在吴国。为了报仇雪恨，勾践低三下四侍奉吴王，最终得以回国，并打败吴国报仇雪恨。

三家分晋

春秋末年，晋国公室衰弱，权力集中于大夫手中。韩、赵、魏三家联合灭掉其他三家大夫，被周天子命为诸侯，史称“三家分晋”。

鸟尽弓藏

范蠡和文种到越国辅佐被吴王夫差打败的勾践。吴被灭后，范蠡深知勾践为人，就到齐国隐姓埋名经商，还写信劝文种离开，文种不信，最终被勾践逼死。

田氏代齐

陈国公子完因内乱逃往齐国躲避，受齐桓公厚待，后改姓为田。数百年后，齐国国君与田氏的矛盾激化，田氏最终反客为主取代姜氏成为国君，姜齐变成田齐。

天下第一剑

——越王勾践剑

“历史没有最终的胜利者。”

春秋五霸中齐桓公和楚庄王称霸后一代而衰，而吴国在夫差称霸之后更是遭到了亡国的打击，只有晋国和越国两个国家开创了百年霸业。越王勾践是春秋时期最后一位霸主，直到战国时期，越国还对中原地区有一定的影响力。越国的军事力量十分强大，从被誉为“天下第一剑”的越王勾践剑中就可见一斑。这把剑是中国青铜武器中的珍品，体现了当时兵器制造的最高水平。

剑身上布满了规则的黑色菱形暗格花纹，正面近格处有“越王鸠（勾）浅（践）自作用剑”的铭文，剑格正面镶有蓝色琉璃，背面镶有绿松石。越王勾践剑主要用锡青铜铸成，含有少量的铝和微量的镍，灰黑色的菱形花纹及黑色的剑柄、剑格都含有硫。

越王勾践剑出土于一位楚国贵族的墓中。为什么越王勾践的佩剑会出现在楚墓中呢？考古学家们得出了两种解释：第一种说法是，勾践曾把女儿嫁给楚昭王，这把宝剑作为嫁妆到了楚国，后来楚王又将此剑赐给了某个贵族；第二种说法是，战国中期楚国出兵伐越时，一位将军缴获了此剑并带回楚国。

文物档案

名称：越王勾践剑
年代：春秋
材质：青铜
规格：长 55.6 厘米
柄长 8.4 厘米
剑宽 5 厘米
出土地：湖北荆州
收藏地：湖北省博物馆

万象初始

思想是为了解决问题而诞生的。

社会大变革为思想碰撞
提供了历史舞台
诸子们为了心目中的理想社会
各抒己见

轻天重民

随着奴隶制的逐渐瓦解，很多君主开始意识到百姓对一个国家的重要性，轻祭祀、重民生的思想开始萌发。

机械圣人

春秋的著名工匠鲁班，发明了很多机械工具，被后人誉为机械圣人，几千年来很多行业都把他尊为祖师。

初见彗星

《春秋》中有古代中国人关于哈雷慧星的记载，这是人类历史上对哈雷彗星最早的记载。

分庭抗礼

孔子的弟子子贡，是一名非常成功的商人，凭借经商才能出入于各国诸侯的门庭，各国国君“无不分庭与之抗礼”。

这是一个所有人
都在思考如何进步的时代
因为在这个时代
不思进取就要被灭亡

“无为”思想

老子通过对当时社会本质的反思，在《道德经》中提出了“无为”思想，并从内心深处表达了对和平世界及安宁生活的期待与向往。

春秋笔法

孔子整理修订鲁史，写成《春秋》——中国第一部编年体史书。书中文字简短，暗含褒贬，微言大义，由此形成一种特殊的史书风格——春秋笔法。

克己复礼

孔子试图通过恢复和继承周代的礼制精神来改变春秋的时代问题，他的“仁”的思想，虽然不能解决统一天下的问题，但是却影响中国数千年。

《左传》

春秋史学家左丘明双目失明，编著了《左传》，又称《春秋左氏传》，与《春秋公羊传》《春秋谷梁传》合称“春秋三传”。

春秋历史大事记

公元前 770—前 476 年

公元前 770 年

平王东迁

因镐京曾发生过地震而受损，又接近戎、狄等外患威胁，于是平王在即位后第二年将国都迁至洛邑，开启了东周的历史。

公元前 651 年

尊王攘夷

齐桓公时期，齐国国力突飞猛进。由于周天子力量弱小，齐桓公就提出“尊王攘夷”互助协作的主张，号召各诸侯国尊崇周天子，抵御外夷。

公元前 643—前 642 年

春秋大义

齐桓公死后，国内生乱，宋襄公号召诸侯前去齐国平乱，把世子昭送上了国君之位，这是宋襄公称霸的开端。

公元前 632 年

践土会盟

城濮之战后，晋文公为确立霸主地位，在践土会见诸侯，借周天子之力威慑诸侯，遏制楚国。

公元前
627 年

崤之战

晋文公去世后，秦国趁晋丧而派兵偷袭依附于晋的郑国，因为郑国早有防备，秦只能退兵。晋襄公率军在秦军撤退必经的崤山隘道设伏全歼秦军，俘虏秦军三位将领。

公元前
623 年

独霸西戎

公元前623年，秦穆公听从由余的建议，倾全力进攻西戎，先后击败十二个戎狄小国，开疆拓土，史称“益国十二，开地千里，遂霸西戎”。

公元前
597 年

邲之战

公元前597年，楚军围郑三月不下，晋国派兵救援，结果楚晋两军大战于邲（今河南荥阳），楚军大获全胜，楚庄王得以称霸中原。

公元前
546 年

弭兵之会

春秋后期连年战乱，各国都疲于应付，最后十几个主要诸侯国一起开会决定，大家不再打仗，并约定除齐、秦外，各国要向晋、楚同样朝贡。

战国时期地图

屈原
楚国诗人、政治家。楚国郢都被秦军攻破后，自沉于汨罗江，以身殉国。
墨子
墨家学派创始人，主张“兼爱”“非攻”等观点
桂陵之战
魏攻赵都城邯郸，齐将田忌、孙膑率军大败魏军，使赵得救。
阿尔泰山脉
天山山脉
武卒制
魏国变法时期进行的一场军事改革。
丝织业
战国时丝织业发达，数齐国为最，有“冠带衣履天下”之称。
刀币
铁铲
昆仑山脉
圜钱
战国时期各国自铸货币，相互流通，种类繁多，币制混乱。
马陵之战
齐国出兵攻魏救韩，魏国中途拦截，齐将孙膑设伏歼敌的战例。
喜马拉雅山脉
郑国渠
战国末年由秦国穿凿，西引泾水，东注洛河，长达300余千米。
城门立柱
秦国商鞅变法时在城门立柱，让百姓移木得赏金，树立了诚信的形象。
庄子
道家学派代表人物，最早提出“内圣外王”思想。
韩非子
法家学派代表人物，将辩证法、朴素唯物主义与道家思想融为一体。

胡服骑射
赵武灵王推行"胡服"，教练"骑射"，进行军事改革。
纸上谈兵
秦、赵两国决战之时，只会纸上谈兵的赵括主导实战，使得赵国战败。
邹忌劝齐王
大臣邹忌劝谏齐威王变法改革，励精图治。
刑名之学
以韩国申不害等为代表，主张循名责实，慎赏明罚。
乐毅
燕国名将，大败齐国后一举成名。
吴起
楚国变法期间，吴起主导了一系列政策。
孟子
儒家学派代表人物，宣扬"仁政"，最早提出"民贵君轻"思想。
合纵连横
战国时期纵横家所宣扬并推行的外交和军事政策，联合某个国家借势消灭另一个国家。
大兴安岭
长白山脉
阴山山脉
贺兰山
燕
中山
赵
魏
齐
鲁
宋
秦
韩
楚
吴
越
蜀
巴
渤海
渤海
河水
黄河
长江
江水
黄海
东海
东海
钓鱼岛
赤尾屿
南海
南海
南海

辟邪飞廉

——错金银双翼神兽

“飞天神兽，福佑四疆。”

中山国由狄族部落的鲜虞人建立，是春秋战国时期少有的非分封或者册封的少数民族政权。早在春秋中后期就见于各国史书，由于国都内有山，所以称为中山国。百余年间中山国是影响北方政治军事格局的重要力量，燕、晋、魏、赵等国将其视为心腹大患，并长期与中山国进行战争。直到战国后期，赵国才将其灭亡。

错金银双翼神兽于 1977 年在平山县三汲村战国时期中山国王墓出土，在 1 号墓的东西库中各出土一对，共 4 件，东库两件头朝左，西库两件头朝右。神兽腹底铸有铭文“十四祀，左使库，啬夫孙固，工隰，冢”13 个字，可知其制作于中山王厝十四年，制作部门是左使库，工匠名为孙固，工长为隰。河北博物院门前的镇兽就是采用放大版的双翼神兽形象。

在远古神话中，曾流传过一种名为“飞廉”的“风神”。据说，“风神飞廉”身长长毛，并生有双翼，是一种善于飞走的神兽。有学者认为，错金银双翼神兽的形象就是神话传说中的“风神飞廉”。

文物档案

名称：错金银双翼神兽
年代：战国
材质：青铜
规格：高 24 厘米
出土地：河北平山
收藏地：河北博物院

魏国独霸

魏国通过变法率先独霸天下。

新的时代环境迫使人们
选择新的生存方式
落后于时代的人
必将走向灭亡

平籴（dí）法

官府平价收购和出售粮食，以防止商人和少数贵族垄断粮食，抵御自然灾害对国家的震荡。

开凿运河

为了统一天下，魏惠王将国都从安邑迁到大梁，并命人开凿运河——鸿沟，使得魏国国力大增。

《法经》

李悝在魏国制定了一部集各国法律之大成的《法经》，成为了秦汉法律的蓝本。李悝也因此被称为战国法家鼻祖。

武卒制

吴起创立“武卒制”，对军队进行改革，即所有士兵都必须接受严格的军事考核，通过后才能作为专业士兵。这使魏国成为了战国前期最强大的国家。

战国时期**姬姓诸侯**的势力

开始退出历史舞台

周王朝分封制度的统治基础

已经完全崩塌

魏国特种兵（魏武卒）

凡能穿 3 层护甲，头戴铁盔，背一张弓、50 支箭、三天的干粮，手拿长戈或铁戟，腰佩利剑，半天徒步一百里的士兵，即可通过考核。魏国官府会免去武卒一家人的徭役，并奖励田宅。

围魏救赵

公元前 354 年，魏国围困赵都邯郸，赵国向齐国求救。齐军采用避实就虚的策略袭击魏都大梁，迫使魏军回撤，并大败魏军。

三代收爵

吴起在楚国颁布法令，凡是封君三代后就收回爵禄，废除王族远亲的特殊待遇，旧贵族需迁徙至偏远地区。

逢泽之会

公元前 344 年，魏惠王召集诸侯在逢泽会盟，然后率众去朝见周天子，魏国霸业达到顶峰。

天下之礼

——曾侯乙编钟

“礼乐不仅是世俗权力的象征，更是道德秩序的彰显。”

周朝初期依靠分封制度加强了周王室对中原及两河地区的控制力，鼎鼎大名的齐国和秦国都是王室分封的守边诸侯。在南方同样有镇守国境的有功之臣，曾侯乙的祖先南宫适（kuò）就是其中之一。周王将南宫适封于曾，史书上也称其为随国。由于历代曾侯对吞并天下没有多少热情，所以史书对曾国并没有多少记载。然而，现代的考古发现却令人惊叹曾国曾经的显赫和富庶。

1978 年，曾侯乙墓在湖北随县（今随州）擂鼓墩被发现，这个史书上鲜有记载的汉阳小国的墓中竟然出土了 15000 件各式文物，光青铜器就有 6239 件。其中，曾侯乙编钟一套 65 件，是迄今发现的最完整最大的一套青铜编钟。这套编钟被评为国家一

级文物，也成为湖北省博物馆的“镇馆之宝”，2002 年 1 月被国家文物局列入《首批禁止出国（境）展览文物目录》。

文物档案

名称：曾侯乙编钟
年代：战国
材质：青铜
规格：钟架长 748 厘米
　　　高 265 厘米
出土地：湖北随州
收藏地：湖北省博物馆

战国打工人

分封制正在被时代淘汰。

每个想要有所作为的君主
都在打破陈规
并依靠谋臣良将们
提出自己的未来构想

郡县制

为了改变分封制度导致的权力和财力旁落分散的问题，由国君委派和任免官员并定期更换的郡县制孕育而生。

战国绩效考核

地方官吏每年年初会向国君呈交管辖区内户口、田地、赋税方面的具体数据，年终时官员需再次上报，国君核验后再根据情况来进行奖惩。

战国打工人

随着郡县制的推行，诸侯从此不再将土地作为赏赐，而是定期给臣子发工资，并以这种形式管理和控制官员的任命。

专职官员

随着世袭制度的改变，专职官员开始出现。文官管理政事，武官负责打仗，让专业的人做专业的事，君主治国变得更加轻松。

在新的时代里
旧国家的支柱成为了
新国家的敌人

农业技术升级

战国中期，铁质农具被广泛使用。人们还发明了多种农耕工具，并广泛使用牲畜，大幅度提高了农业生产力。

男耕女织

战国时期，普通家庭都已经是独立的农业生产单位，男性负责耕田和服徭役，女性负责织布等，男耕女织的现象从战国时期一直流传千年。

行军口粮

战国时期，军队行军需要每个士兵自己携带口粮，军队口粮以豆、麦为主，有时还会有面饼。

吃香的职业

手工匠人是战国时期比较吃香的职业，不管是行军打仗还是新修城市，国家对手工匠人的需求通常是供不应求。

巧夺天工

——曾侯乙尊盘

“人们会遗忘一位帝王，但是绝对不会忘记一件珍宝。”

曾侯乙尊盘是周王族诸侯国中曾国国君曾侯乙的青铜器，于1978年在湖北随州市擂鼓墩曾侯乙墓中出土，收藏于湖北省博物馆，是中国首批禁止出国（境）展览文物。

尊盘装饰纷繁复杂，铜尊是用34个部件，经过56处铸接、焊接而连成一体，尊体上装饰着28条蟠龙和32条蟠螭，颈部刻有“曾侯乙作持用终”7字铭文。铜盘盘体上共装饰了56条蟠龙和48条蟠螭，盘内底刻有“曾侯乙作持用终”7字铭文。尊盘通体用陶范浑铸而成，尊足等附件为另行铸造，然后用铅锡合金与尊体焊在一起。尊颈附饰是由繁复而有序的镂空纹样构成，属于熔模铸件。

尊是古代的一种盛酒器，盘则是水器，曾侯乙尊盘融尊盘于

一体。这件尊盘的惊人之处在于其鬼斧神工的透空装饰。装饰表层彼此独立，互不相连，由内层铜梗支撑，内层铜梗又分层联结，参差错落，精巧华丽，有着高度的铸造技巧。这一发现，证实了战国早期，中国的失蜡法铸造技术已经成熟。

文物档案

名称：曾侯乙尊盘
年代：战国
材质：青铜
规格：尊高 33.1 厘米
尊口径 25 厘米
盘高 23.5 厘米
盘口径 58 厘米
出土地：湖北随州
收藏地：湖北省博物馆

曾侯乙夜宴

曾国是西周初期周天子分封镇守南方的重要诸侯国，曾侯乙是曾国的国君。

曾国设置了专门掌管音乐事务的乐官。

曾侯乙专用的云纹金盏，是我国目前已发现的最大最重的先秦金器，共重 2156 克。

先秦时期的居室统一称为宫或室，室内有帷幕、烛灯等物品。
青铜冰鉴被誉为“世界上最早的冰箱”。
人们的坐姿为跪坐，座位朝向也有尊卑之别。
人们开始区分饮和食，“饮”指酒、水，“食”指各类谷物。

水陆运输免税通行证

——错金鄂君启铜节

“权力既能够解决问题，也可以制造麻烦。”

错金鄂君启铜节为青铜铸造，形似剖开的竹节，是楚王发给受封于湖北鄂城的鄂君启的水陆通行免税符节。正面阴刻细线 8 条，将节面分隔为 9 行，象征编缀的简册。同时出土的铜节共有 5 件，可分为两组：舟节为水路通行证，车节为陆路通行证。

周王室依靠同姓诸侯来统治天下，而各地诸侯也将自己的兄弟子侄封于各地来巩固地方统治。大国封君就成为了各国政治经济的中坚力量，如赫赫有名的战国“四大君子”就是其中的代表。楚是战国时期疆域最辽阔的国家，通过鄂君启铜节我们可以得知，这位鄂君启可以调动 150 艘货船和 50 辆马车来进行商贸活动，并享有免税的特权。可以说鄂君启是楚国名副其实的实权人物，这样规模的商贸活动能让这位封君拥有巨大的财富。

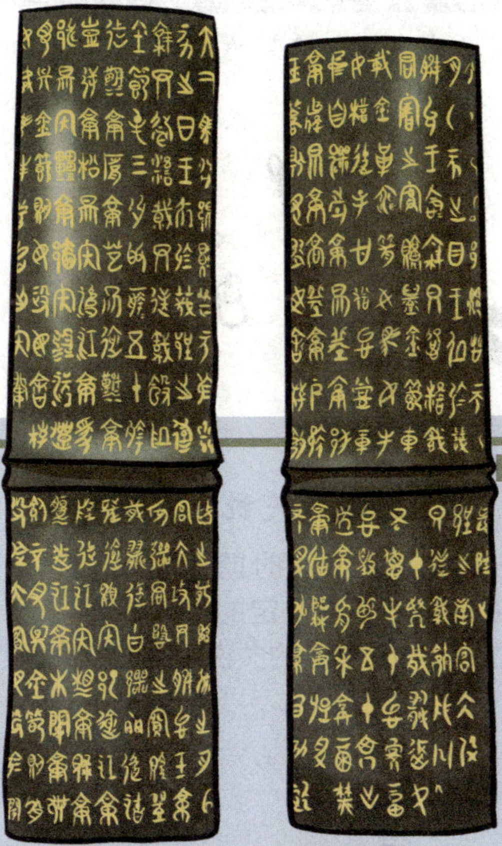

楚国疆域辽阔，各地的封君和贵族们享有各式各样的特权，虽然楚王对封君和贵族们的商贸和政治特权有各种限制，并且规定必须履行对国家的义务。然而在实际情况中，一旦王室力量减弱，分散资源和权力就成为了国家的负担。

文物档案

名称：错金鄂君启铜节
年代：战国
材质：青铜
规格：舟节（左）长 30.9 厘米
　　　车节（右）长 29.6 厘米
出土地：安徽寿县
收藏地：中国国家博物馆

商业大繁荣

这是一个商业大繁荣的时代。

礼法制度
已经失去了存在的基础
几乎每一天
人们都会产生新的想法

设立关税

关税是战国时期各国除了粮食税之外最稳定的收入来源之一，当时各国的关税额度都不一样。

贩夫走卒

除了大商人之外，城市里还出现了一批小商小贩，以满足都市人群和普通国人的生活需求。

富商大贾

失去爵位的贵族往往会利用自身资源开始经营工商业，依靠制盐、冶铁等行业起家。

大都市出现

战争、贸易以及人口的流动，促进了商业的繁荣。战国时期出现了一些有名的大都市，人们在这里求学、行商、娱乐和生活。

人口的流动
带来社会结构的变化
同时也改变着
传统的封建生活方式

货币出现

战国时期，为了适应民间商业活动的发展，各国纷纷发行了自己的货币，其中以刀币、铲币、铜贝和圆形铜板这四种为主。

人口就是生产力

由于战争和贸易的发展，人口流动频繁。为了吸引更多的流动人口为自己效力，新兴的统治者往往会颁布一些有利的政策。

新兴贵族

战国时期出现了很多新兴贵族，这些贵族或因军功而得到封赏，或因土地兼并而做强，他们慢慢成为改变战国格局的重要力量。

自耕农

很多失去爵位的普通贵族，既没有获得军功，也没有行商租田，被迫开始参与农耕。他们拥有自由身份，并且独立劳动。

指点江山

——杜虎符

“兵符可以决定万千将士的生死，以及一个国家的兴衰。”

战国早期和中期，秦国在群雄角逐中实际上是落后的。秦国农产有限、文化贫瘠、贸易落后，在军事方面，也只能勉强自保，然而中原强国之间的战争却给秦国留下了发展的余地。对于秦国来说，他们的祖辈、父辈就生存在西戎和权贵间的夹缝中。所以，建立一支强大的军队，就成为了秦国历代国君的理想。

杜虎符，1973 年出土于陕西西安市郊。它身量小巧，形似老虎，由青铜制成，正面突起如浮雕，背面有槽，虎身有错金铭文 9 行 40 字，是秦国专门用于调动驻扎在杜地的军队的兵符。在古代，兵符分为两半，右半符在国君手中，左半符在驻军统帅手中。调兵时，由使者持右半符前往军队驻地，与军队统帅的左半符验合后，军队即可行动。

兵符证实了战国时期君主的集权，君主直接掌控军队。史书上有魏国信陵君盗取兵符发兵救赵的记载，虽然说信陵君盗取兵符的最终结果是保卫了国家，但是也说明了兵符制度这种将国家兴亡系与一人之手的操作，确实存在不小的隐患和风险。

文物档案

名称：杜虎符
年代：战国
材质：青铜
规格：长 9.5 厘米
　　　高 4.4 厘米
出土地：陕西西安
收藏地：陕西历史博物馆

商鞅变法

商鞅变法奠定了秦国富强的基础。

战国时各国间的**军事竞赛**十分激烈
大国拥兵百万
七雄中最弱的韩国
也有三十万常备军

改革高潮

春秋战国时期，各国为了实现富国强兵，纷纷推行变法，掀起了改革高潮。在这些变法实践中，秦国商鞅变法最为彻底。

《垦草令》

《垦草令》的主要内容：刺激农业生产；抑制商业发展；削弱贵族、官吏的特权，让贵族加入到农业生产中；实行统一的税租制度等改革方略。

统一度量衡

商鞅颁行标准的度量衡器，要求秦国人必须严格执行，不得违犯。这项举措给当时的经济发展提供了便利。

奖励军功

商鞅变法规定，国家按军功的大小授予爵位并赏赐土地，官吏从有军功爵的人中选用。

商鞅变法冲击了分封制
并且拉开了中国历史上
持续千年之久的
地方与中央权力博弈的帷幕

户籍制度

户籍制度把居民五家编为一“伍”，十家编为一“什”，让他们互相监督，否则一家出事，其他各家都要跟着受牵连。

推行县制

设置县一级行政机构。县设县令以主县政，设县丞以辅佐县令，设县尉以掌管军事。县下辖若干都、乡、邑、聚。

被诬谋反

秦孝公死后，公子虔等贵族势力便罗织罪名，诬陷商鞅谋反。商鞅出逃魏国不成功，被迫潜回封邑商於，发动邑兵攻打郑邑，最后兵败被杀。

五马分商鞅

商鞅的尸体被秦惠文王处以车裂之刑，把他的头和四肢分别绑在五匹马上，向不同的方向拉，身体被撕裂为几块。这是古代一种极其残酷的刑罚。

攻城战

技术的进步提升了战争的水平，攻城战开始在历史中出现。

战国时期名将辈出，卓越军事家的战略思想决定着战争的胜负。

步兵身穿盔甲、手持盾牌，以抵御来自敌方的箭镞、石块等攻击性武器。

齐秦争霸

齐秦两霸对峙的局面持续了很长时间。

诸侯国的实力不断增强
英雄们的梦想
不仅局限于封地和爵位
天下才是所有梦想家的舞台

马陵之战

公元前341年，齐国在马陵大败魏国，从此魏国的国势衰落，齐国崛起。

桑丘之战

秦国面对不断强大的齐国，主动发起了桑丘之战。秦国孤军深入齐国，中了齐将匡章的计谋，最终被打败。

纸上谈兵

赵括从小熟读兵书，爱谈论军事，自视甚高，却不被其父赵国名将赵奢看好。在长平之战中，赵括只知据兵书而办，不知变通，最终军败身亡。

秦灭巴蜀

秦王欲攻巴蜀但犹豫不决，司马错进言，得蜀地可扩大疆域，取其财还可富民缮兵，巴蜀水道直通楚国，得蜀便得楚，楚亡则天下一统。最终秦王采纳了司马错的主张，灭了巴蜀。

谋臣们在各国的朝堂上
谋取政治资本
将军们在战场上
赢得他们的爵位和功名

乐毅破齐

燕将乐毅统领赵、楚、韩、魏、燕 5 国军队讨伐齐国，在济水以西打败齐军主力。齐军精锐已失，国内纷乱，乐毅率燕军乘胜追击，5 年内攻下齐国城池 70 多座，他也凭此一战成名。

相约称帝

实力最强的秦国和齐国因称霸天下的野心而相约称帝，昭示着齐国彻底打破与周王室的关系，反映出东周末年礼崩乐坏已呈翻天覆地之势。

白起伐楚

公元前 279 年，秦国将领白起领兵数万入楚境，进逼鄢城，在城西筑堤凿渠，引水灌城，溺死城中军民数十万，乘势攻占鄢、邓、西陵等城。次年，攻破郢都，楚顷襄王被迫迁都。

战车衰落

由于人口数量的增长和生产力的提高，以及战争频发，步兵逐渐代替战车成为这个时代的主要作战力量。

域外来客
——鹰形顶金冠

“东方大陆上，华夏民族与四方诸族一同成长。”

1972年冬，在地处鄂尔多斯高原上的内蒙古自治区杭锦旗阿鲁柴登发现了一批极其珍贵的匈奴金银器，共计200多件，是两千年以前匈奴王的遗物，其特点是以鸟、兽纹为主体的各式金饰牌，有虎咬牛、虎吃羊等场面，在中国匈奴族考古史上是罕见的重大发现。

鹰形顶金冠，是迄今所发现的唯一的匈奴酋长金冠饰，代表了战国时期中国北方民族贵金属加工工艺的最高水平。自战国赵武灵王效胡服骑射以后，胡冠才传入中原，将冠上的雄鹰改为鹖尾，即赤雉长尾，应是武官所服。匈奴人大多是能征善战的兵将，可这件鹰形顶金冠应属于匈奴王或酋长。

中国古代北方草原上活跃着一支强悍的匈奴游牧民族。据《史

记·匈奴列传》等史籍记载，匈奴族的早期活动地域在大漠以南的鄂尔多斯、河套及阴山一带。鄂尔多斯及其周围地区成为匈奴族形成和发展的中心地区。匈奴族流行以动物纹为特征的青铜艺术品，尤以在鄂尔多斯发现的最为著名。

文物档案

名称：鹰形顶金冠
年代：战国
材质：黄金
规格：高 7.1 厘米
额圈直径 16.5 厘米
重 1211.5 克
出土地：内蒙古杭锦旗
收藏地：内蒙古博物院

赵国崛起

赵国成为制约秦国的最后一道防线。

铁制兵器和骑兵
往往能够影响战争胜负
大规模的**粮草运输供给**工作
也是考验各国宰相的难题

胡服骑射

赵武灵王推行军事改革，命军队穿胡人服饰，发展骑兵，训练马上射箭战术。改革增强了赵国的军事实力，使其成为当时的强国。

沙丘宫变

公元前295年，赵章作乱，公子李成、李兑起兵靖难。赵章兵败投奔赵武灵王，武灵王收容了他。李成、李兑围攻武灵王居住的沙丘宫，杀死了赵章，还将武灵王饿死在沙丘宫中。

分王赵代

赵武灵王废太子章而传位于幼子何（即赵惠文王），后又欲将赵国一分为二，封赵何为赵王，封赵章为代王。

白虹贯日

战国著名刺客聂政独身仗剑刺杀韩相，然后自我毁容自杀，传说当时有白色的长虹穿日而过。“白虹贯日”其实是一种大气光学现象。

战国时期的战争规模十分庞大
数十万士兵参加一场战役的情况
屡见不鲜

完璧归赵

赵惠文王得到和氏璧，秦昭王写信给赵王，说愿以 15 座城池换取和氏璧。蔺相如奉命带和氏璧来到秦国，机智周旋，终于完璧归赵。

渑池之会

公元前 279 年，秦王和赵王会于渑池，赵王被迫弹瑟，蔺相如为使赵国地位与秦国对等而据理力争，使秦王不得不击缶。秦又向赵要 15 座城池，蔺相如寸步不让，秦王毫无所得。

怒发冲冠

蔺相如带和氏璧出使秦国谈判，秦王轻蔑无礼，根本没有以城换璧的意思。蔺相如把璧巧取到手后，因过于愤怒以至头发竖起将帽子顶了起来。

负荆请罪

蔺相如官居廉颇之上，廉颇不服并扬言要羞辱他。为使将相和睦，不让外敌有隙可乘，蔺相如始终回避忍让。廉颇醒悟后，亲自到蔺府负荆请罪，二人成为刎颈之交。

铜壶上的世界

——战国水陆攻战纹铜壶

“在战国，礼崩乐坏在另一个角度上代表着万象即将更新。”

战国水陆攻战纹铜壶，1965年出土于四川成都百花潭战国墓，是古人盛酒浆的器皿。该铜壶侈口、斜肩、鼓腹、圈足，肩上有御环两兽耳；其壶身嵌错有丰富多彩的图像，盖饰卷云纹、圆圈纹及兽纹，三鸭形钮鼎立，圈足上饰菱形纹和四瓣纹。

壶身用凸起的箍状带三角云纹饰分为四层画面。以壶肩两耳为左右，壶前后两面图像是对称的。从上至下第一层的左边为习射、厨房操作图像，右边为采桑歌舞图像；第二层场面宏大，左边为宴乐武舞图像，右边为弋射图像；第三层为水陆攻战图像，左边为步战仰攻，右边为水陆攻战；第四层为狩猎图像及饰双兽相背组成的桃形图案一周。

死亡和新生是战争带来的双生子，奴隶们通过逃亡和迁徙获得新的身份，工匠们凭借手艺赢得尊重，商人们在各国边境沟通有无，积累财富，普通贵族和小地主抓住机会博取爵位和名望。这是一个全天下都在渴求进步的时代，不论是王侯将相还是贩夫走卒，努力就能改变命运，偷安则一定会被人取代。

文物档案

名称：战国水陆攻战纹铜壶
年代：战国
材质：青铜
规格：高 40.3 厘米
　　　口径 13.2 厘米
出土地：四川成都
收藏地：四川博物院

谋士的天堂

谋士们带来了
解决问题的办法
也推动了战国形势的发展

各种思想在各国朝堂上碰撞交锋。

郑国渠

公元前246年，韩王派间谍郑国去游说秦王而建郑国渠。该渠西引泾水、东注洛河，长达150余千米，使关中成为沃野。

河东三贤

战国初年，因魏国名士段干木、孔子弟子子夏、学者田子方三人皆出于儒门，又先后为魏文侯的老师，故被后人称为“河东三贤”。

干木富义

魏国名贤段干木富有德行，很有名望，受到魏文侯的敬重。

远交近攻

秦国的谋士范雎向秦王提出了“远交近攻”策略，先把斗争重点放在离秦国较近的韩、赵两国，暂时对较远的齐、燕置之不顾，并稳住楚、魏两国。

战国时期能人辈出
其中最受诸侯贵族们欢迎的
就是能舌战群雄的谋士

折竹抄书

相传，张仪年轻时替人抄书，遇到好句子就写在掌中或腿上，回家后就折下竹子刻写下来，久而久之就集成册子。他后来首创“连横”的策略，游说各国服从秦国。

苏秦刺股

苏秦曾在外游历多年，仍穷困潦倒。他回到家中，埋头苦读，夜里读书欲睡时，就用锥子扎大腿，惊醒后继续学习。

楚幕有乌

楚伐郑，郑国得到诸侯国援助，迫使楚军连夜撤退。为防追击，楚军留下空营作掩护。军幕空虚便有乌鸦栖息，郑军由此得知楚军营内的虚实。

利令智昏

公元前262年，韩国割上党给秦国，守将冯亭不愿降秦国，欲将上党献给赵国。赵王和平原君贪图小利，最终使秦赵在长平大战，赵军40余万被坑杀。

修筑长城

战国时期，各个诸侯国陆续实行变法与改革，并修筑长城防止敌国入侵。

长城的诞生，提高了诸侯国的防御能力。

自战国起，后世一直在不断地修筑长城，其长度也随之不断地增加。

战国时期的长城是诸侯国之间相互防御的工具，规模较小，互不连贯。

修筑长城耗费了大量的人力和物力，参与修筑的劳动力多是奴隶或战俘。

随着长城修筑工艺的不断改进，长城越来越坚固，其实用性也越来越强。

人们根据现有的地形特点，就地取材，用夯土、石块等材料修筑长城。

南有乔木

——木雕双头镇墓兽

“楚国宜人的气候，让楚人的工艺品有着丰富的自然形象。”

木雕双头镇墓兽由实心方木底座，兽和头部插两对成年鹿角组成。镇墓兽背向的双头曲颈相连，两只兽头雕成变形龙面，巨眼圆睁，长舌伸至颈部。两头各插一对巨型鹿角，鹿角杈桠横生，枝节盘错，转侧变幻，意象极为奇异生动。通体髹黑漆后，彩绘兽面纹、勾连云纹、几何形方块及菱形纹等，显得神秘而魔幻。这是楚墓镇墓兽造型中最为怪诞、最为壮观的一件。

木雕双头镇墓兽似人非人、似兽非兽，给人一种狰狞恐怖的感觉。其造型可能与身披熊皮，头套面具，执戈举盾，到墓圹内以戈击四角，驱逐鬼怪的方相氏有关。镇墓兽的头上安装鹿角或木制鹿角，是因鹿角具有某种神异之力，对死者在冥界生活起到保护作用。

东周时期的楚墓流行使用镇墓兽，应与他们对地府的认识有关。镇墓兽在楚地出现后，向外流传，后来各地都出现了镇墓神物，五代以后逐步消失。对于盛产铜矿的楚国人来说，玩青铜器早已不是多么了不起的事情。相较于沉重、严肃的青铜器物，更为实用、便捷、精美的木器和漆器则成为了当地贵族的日常风尚。

文物档案

名称：木雕双头镇墓兽
年代：战国
材质：木
规格：高 170 厘米
出土地：湖北江陵
收藏地：荆州博物馆

自由年代

诸子百家争鸣
思想百花齐放
开启中国思想文化的源头

这是一个思想自由开放的年代。

朝秦暮楚

战国时期，秦楚两个诸侯大国相互对立，经常作战。有的诸侯小国为了自身的利益与安全，时而倾向秦，时而倾向楚。

《离骚》

《离骚》为战国时期诗人屈原所作，是中国古代最长的抒情诗，开创了中国文学史上的“骚体”诗歌形式，对后世产生了深远影响。

九龙之钟

古代上层社会专用的打击乐器——编钟，不仅为祭祀礼仪活动所需，更以随葬乐钟来显示其地位与修养。楚王以“九龙之钟”作为社稷的象征。

《战国策》

《战国策》是一部国别体史书，记述战国时期纵横家的政治主张和策略，展示战国时期的历史特点和社会风貌，是研究战国历史的重要史料，对《史记》的形成具有重大影响。

所有的思想都有生存的空间
所有的主张都有实验的战场
每一天都有新的思想诞生

不败战神

战国初期军事家吴起，文武双全，撰写了《吴子兵法》，创建了魏武卒，有“与诸侯大战七十六，全胜六十四”之说，故被称为“不败战神”。

人之初，性本善

“人之初，性本善”起源于战国时期孟子的主张“性善论”。他认为人生来就具有天赋的“善端”，是人高于动物的本质特征。

申不害

申不害以“术”著称，著有《申子》。他任韩国丞相15年，推行“法”治、“术”治，使韩国国力逐渐强盛起来，成为战国七雄之一。

白马非马

公孙龙认为“马”指各种颜色的马，“白马”专指一种白色的马，所以“白马”不是“马”。这是诡辩学的重要命题。

战国“煲仔饭”

——镶嵌几何纹敦（duì）

“战争带来灾难和死亡，也加速了财富与权力的聚集。”

镶嵌几何纹敦，盛食器，以三角形与长方形的几何纹连续构图，填以红铜丝或细银丝镶嵌的云纹。整体由两个半球相合而成，下半部为器身，上半部为器盖，器身与器盖以子母口相连，结合紧密。上下两部分均有二耳、三足，器盖仰置可以作器物使用。

此敦制作工巧精丽，造型圆柔优美；通体饰以阴阳互托的大三角形云纹，并用红铜丝、银丝或绿松石镶嵌，具有细密流畅、富丽堂皇的效果，显示其装饰工艺已达到登峰造极的地步。

敦，古代青铜食器，用来盛放黍、稷、粱、稻等饭食，由鼎、簋的形制结合发展而成。就饪食器总体的发展变化而言，与鼎中盛肉食相配套的盛饭食的器物，西周是簋，春秋是敦，战国以后则是盒。《礼记·明堂位》记载：“有虞氏之两敦。”说明敦很

早就已经从盛储器演变为礼器，产生于春秋中期，盛行于春秋晚期到战国晚期，秦代以后渐趋消失。

文物档案

名称：镶嵌几何纹敦
年代：战国
材质：青铜
规格：高 25.6 厘米
出土地：不详
收藏地：上海博物馆

富国强兵

战国时期，土地兼并和人口流动现象十分普遍，土地和人口也成为大国之间争夺的重点。

为了逃避重税和徭役，庶民逃亡的现象时有发生。

为了增加税收，并吸纳更多的流动人口，国君们开始允许土地买卖。

铁制农具和牛耕技术的广泛使用，提高了农业生产力。

水利工程的修筑为人们改善了农业灌溉问题，并提高了粮食产量。
很多诸侯国通过重赏军功、提高征兵标准等手段来提升军队的战斗力。
为了增强国力，很多诸侯国出台了有利的人口政策，以此来吸引逃亡的庶民。
战争导致青壮年人口数量锐减，传统社会的经济基础受到威胁。
由于战争、繁重的税收以及人口的逃亡，很多公田都荒废了。

神龙图腾

——曾侯乙建鼓底座

“思想是为了解决问题而诞生的。”

这件建鼓底座结合了分铸、铸接、铜焊、镶嵌等工艺，由 8 对镶嵌着绿松石的大龙簇拥着中心圆柱，圆雕的群龙身上盘绕着数十条小龙，首尾呼应，相互缠绕，圆座的外缘有 4 个对称的铜环提手。整个建鼓底座远看像一盆熊熊燃烧的火焰，是目前考古所见最精美的一件先秦时期建鼓底座。

据史料记载，“植而贯之，谓之建鼓”。建鼓，是以一柱贯通鼓腔，竖立在鼓座上。建鼓底座作为乐器附件，用于承插建鼓贯柱，稳定建鼓。精美繁复的龙饰在曾侯乙墓出土文物中比较普遍，在相当多的青铜器上都出现了相似纹饰。古代人说叶公好龙，看来这位曾国国君也非常喜欢龙。

江汉小国曾国居然出土了规模巨大、工艺精湛的大批文物，

可见战国时期整体工艺制造水平已经达到了非常高的水平。战国时期的文化多元而开放，很多有才华的人得到机会施展抱负。时代给予这些匠人展示天赋的机会，而这些匠人则为历史留下了珍贵的宝藏。

文物档案

名称：曾侯乙建鼓底座
年代：战国
材质：青铜
规格：高 50 厘米
直径 80 厘米
出土地：湖北随州
收藏地：湖北省博物馆

诸子百家

老子

姓李名耳，字聃，楚国人。道家学派创始人，与庄子并称“老庄”。

庄子

名周，宋国人。庄学的创立者，道家学派代表人物。

墨子

名翟，宋国人，曾任宋国大夫。墨家学派创始人，提出“兼爱”“非攻” 等观点。

孔子

名丘，字仲尼，鲁国人。儒家学派创始人。

孟子

名轲，字子舆，邹国人。儒家学派代表人物，与孔子合称“孔孟”。

孙武

字长卿，齐国人。兵家学派创始人，被尊称为“兵圣”。

鬼谷子

姓名传说不一，因隐居在云梦山鬼谷，故自称鬼谷先生。纵横家创始人，被后世尊为“谋圣”。

许行

楚国人。农家学派代表人物，主张“贤者与民并耕而食，饔飧(自理炊事)而治”。

公孙龙

字子秉，赵国人。名家的代表人物，“诡辩学”的祖师。

韩非

又称韩非子，韩国人。法家学派代表人物。

邹衍

又称邹子，齐国人。阴阳家代表人物，提倡五行说、“五德终始说”和“大九州说”。

荀子

赵国人。著名的思想家、哲学家、教育家，儒家学派的代表人物。

战国历史大事记

公元前 475—前 221 年

公元前354年

围魏救赵

魏国围困赵都邯郸，赵国向齐国求救。齐军采用避实就虚的策略袭击魏都大梁，迫使魏军回撤，并大败魏军。

公元前344年

逢泽之会

公元前344年，魏惠王召集诸侯在逢泽会盟，然后率众去朝见周天子，魏国霸业达到顶峰。

公元前341年

马陵之战

公元前341年，齐国在马陵大败魏国，从此魏国的国势衰落。

公元前323年

五国相王

在公孙衍的斡旋下，魏国、韩国、赵国、燕国和中山国结成联盟，各国国君均称王，以对抗秦、齐、楚等大国。该事件标志着周天子权威的彻底削弱。

公元前316年

秦灭巴蜀

秦王欲攻巴蜀但犹豫不决，司马错进言，得蜀地可扩大疆域，取其财还可富民缮兵，巴蜀水道直通楚国，得蜀便得楚，楚亡则天下一统。最终秦王采纳了司马错的主张，灭了巴蜀。

公元前284年

乐毅破齐

燕将乐毅统领赵、楚、韩、魏、燕5国军队讨伐齐国，在济水以西打败齐军主力。齐军精锐已失，国内纷乱，乐毅率燕军乘胜追击，五年内攻下齐国城池70多座，他也凭此一战成名。

公元前279年

白起伐楚

公元前279年，秦国将领白起领兵数万入楚境，进逼鄢城，在城西筑堤凿渠，引水灌城，溺死城中军民数十万，乘势攻占鄢、邓、西陵等城。次年，攻破郢都，楚顷襄王被迫迁都。

公元前221年

秦灭齐

战国末年，秦国军队所向披靡，剪除韩、赵、魏等国后，秦将王贲率兵从北面偷袭齐国，齐王不战而降。至此，嬴政统一全国。

图书在版编目（CIP）数据

藏在博物馆里的中国历史·春秋战国 / 有识文化，成都地图出版社编著；李红萍绘. -- 成都：成都地图出版社有限公司，2023.12

ISBN 978-7-5557-1863-5

Ⅰ. ①藏… Ⅱ. ①有… ②成… ③李… Ⅲ. ①中国历史—春秋战国时代—通俗读物 Ⅳ. ① K209

中国版本图书馆 CIP 数据核字（2021）第 263630 号

藏在博物馆里的中国历史·春秋战国

CANG ZAI BOWUGUAN LI DE ZHONGGUO LISHI · CHUNQIU-ZHANGUO

策　　划	唐　艳
主　　编	鄢来勇　刘国强　黄博文
副 主 编	姚　虹　范玲娜　唐　艳
责任编辑	陈　红
审　　校	魏小奎　吴朝香　王　颖　赖红英　田　帅
责任校对	向贵香
审　　订	肖圣中　邹水杰　毋有江　李春燕　李青青　聂永芳　刘国强　姚　虹　张　忠　程海港
出版发行	成都地图出版社有限公司
印　　刷	运河（唐山）印务有限公司
经　　销	全国各地新华书店
开　　本	880 毫米 ×1230 毫米　1/16
总 印 张	40
总 字 数	640 千字
版　　次	2023 年 12 月第 1 版
印　　次	2023 年 12 月第 1 次印刷
书　　号	ISBN 978-7-5557-1863-5
审 图 号	GS（2021）8903 号
定　　价	268.00 元（全 8 册）

藏在博物馆里的中国历史

秦汉

有识文化
成都地图出版社　编著

成都地图出版社

秦

（公元前 221—前 207 年）

秦朝时期地图……2

一升量天下
——商鞅方升……4

秦国兴起……6

修建阿房宫……8

帝国勇士
——秦始皇兵马俑……10

大一统……12

不朽战车
——秦始皇陵铜车马……14

打天下易，坐天下难……16

秦代历史大事记……18

西汉

（公元前 202—公元 8 年）

西汉时期地图……20

福佑南疆
——角形玉杯……22

楚汉之争……24

封狼居胥冠军侯
——霍去病墓石刻……26

大汉基业……28

打开天外之门
——四神纹玉雕铺首……30

文景之治……32

长信宫夜宴
——长信宫灯……34

汉武大帝……36

大汉骑兵受降图……38

一个人也要好好吃饭
——彩绘猫纹漆盘……40

制度改革……42

西汉太学……44

目录

CONTENTS

海上有仙山

——错金博山炉 …… 46

昭宣中兴 …… 48

西域集市图 …… 50

汉室衰微 …… 52

酒酣宴散后

——错金银云纹青铜犀尊 …… 54

王莽篡汉 …… 56

东汉

（公元 25—220 年）

东汉时期地图 …… 58

大汉铁骑

——铜奔马 …… 60

光武中兴 …… 62

文明的典范

——熹平石经残石 …… 64

柔道治国 …… 66

白虎观会议 …… 68

东汉政局 …… 70

汉代街头表演

——击鼓说唱陶俑 …… 72

大厦将倾 …… 74

汉代历史大事记 …… 76

秦朝时期地图

阿房宫
与长城、秦始皇陵、秦直道合称为“秦朝四大工程”。
小篆
李斯负责创制的全国统一文字的汉字书写形式。
秦始皇陵铜马车
中国考古史上发现最早、体形最大、保存最完整的青铜车马。
十二铜人
秦始皇为控制兵器，防止六国旧部造反，收集天下兵器所铸
半两钱
秦始皇时期国内流通的主要货币，重12铢（即半两）。
秦剑
柳叶状剑身，又细又长又尖，锋利坚韧。
跪射俑
出土于秦始皇陵兵马俑坑，被称为兵马俑中的精华之作。
徭役
人们稍有触犯法律，就要被处徭役之刑。
里耶秦简
记录了秦代生活的政令和文书。
城郭诸国
城郭诸国
乌孙
羌

《吕氏春秋》
吕不韦主持编撰的杂家巨著，于秦始皇统一中国前夕成书。
陈胜、吴广起义
大兴安岭
东夫余
胡
长白山脉
高句丽
秦长城
长城用来抵御北方少数民族的入侵。
匈奴
阴山山脉
贺兰山
求仙船
秦始皇求长生不老心切，设有专门的船队去东海寻找仙药。
渤海
勃海
河
水
黄
河
秦始皇
秦始皇把中国推向大一统时代，奠定中国两千余年政治制度基本格局。
秦
黄海
东
琅琊刻石
刊刻于秦代的摩崖石刻，记述了秦始皇统一天下的功绩。
江
长
江
水
海
东海
钓鱼岛
赤尾屿
驰道
驰道是中国历史上最早的"国道"，始于秦朝。
灵渠
灵渠流向自东向西，建成后加速了南方的统一。
南海
南海
南海
南海

一升量天下

——商鞅方升

"方升，让一个国家开始拥有天下的度量。"

商鞅方升的外形平正垂直，器壁及底部均刻有铭文，左壁刻："十八年，齐遬（率）卿大夫众来聘，冬十二月乙酉，大良造鞅爰积十六尊（寸）五分尊（寸）壹为升。"器壁与柄相对的一面刻有"重泉"二字。底部刻有秦始皇二十六年（公元前 221 年）诏书："廿六年，皇帝尽并兼天下诸侯，黔首大安，立号为皇帝。乃诏丞相状（隗状）、绾（王绾）；法度量则不壹歉疑者，皆明壹之。"右壁刻有"临"字。

商鞅方升是文史界的重量级文物，是中国度量衡史上不可不提的标志性器物，是战国至秦汉时期的容量、长度单位量值赖以比较的标准。秦统一六国后，以商鞅所造量器为标准器具，此器是研究秦国量制的重要资料。

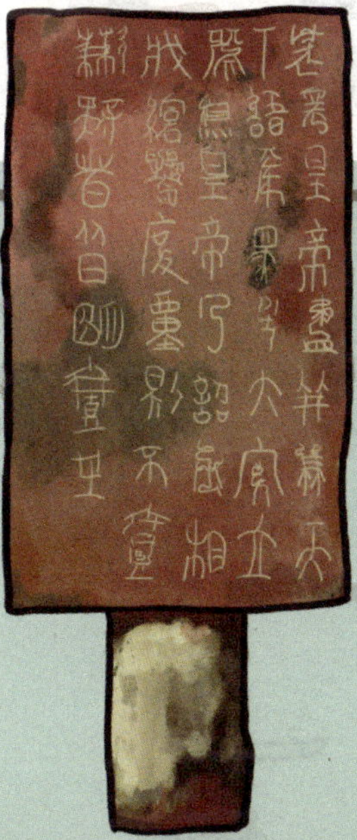

从秦孝公到统一六国，商鞅方升前后经历了 120 多年的实际使用时间。商鞅虽因变法得罪贵族而惨死，但其开创的一系列制度却被承袭下来。商鞅方升见证了秦国走向强大的历史， 在秦始皇统一六国之后， 又随着秦始皇的法令推广至天下， 直到今天，北方的农村地区还存在着与商鞅方升一样大小的木质方升。

文物档案

名称：商鞅方升
年代：秦代
材质：青铜
规格：长 18.7 厘米
内口长 12.5 厘米
宽 7 厘米
高 2.3 厘米
容积 202.15 立方厘米
出土地：陕西蒲城
收藏地：上海博物馆

秦国兴起

秦国拥有当时世界上最开放的胸怀
不论出身和背景
只要你有能力就会得到重用

商鞅变法使秦国的国力大增，为以后秦国统一全国奠定了基础。

伊阙之战

公元前 293 年，韩、魏两军联合攻秦，秦将白起率秦军在伊阙（今河南洛阳）全歼韩魏联军 24 万人，掳韩魏联军统帅——魏将犀武。

阏与之战

公元前 270 年，秦国攻赵，包围了赵国的重镇阏与。赵将赵奢率军救援，使出奇谋，终于打赢了一场原本很难取胜的战争。

周朝灭亡

公元前 256 年，秦国攻入洛邑，西周公投降，周赧王病逝，周朝灭亡。

奇货可居

吕不韦到邯郸去做生意，见到秦国王孙异人后大喜，说："异人就像一件奇货，可以囤积居奇，以待高价售出。"

虽然秦孝公去世后
商鞅很快被旧贵族杀死
但是变法的主张却流传了下来

一字千金

吕不韦把《吕氏春秋》里的文章挂在咸阳城门上，遍请各国游士指正，若有人能增删一字就奖励千金，但终无一人能做到。

平定叛乱

在秦王政举行冠礼时，嫪毐盗用秦王御玺及太后玺调动士兵，准备进攻蕲年宫，发动叛乱。秦王政知道后，命令相国、昌平君、昌文君发兵攻打嫪毐，很快平定了叛乱。

谏逐客书

公元前 237 年，秦王政听从宗室大臣的进言，下令驱逐六国宾客。李斯给秦王上书，劝秦王不要逐客，这就是有名的《谏逐客书》。

远交近攻

远交近攻是秦国采取的一种外交战争策略，即联络距离远的国家一起夹攻距离近的国家。

修建阿房宫

阿房宫被誉为“天下第一宫”，是秦始皇统一中国后在都城咸阳修建的新朝宫。

秦代建筑，屋顶宽大，屋坡有折线但曲度不大，屋檐角没有翘起，看上去十分刚健质朴。

秦始皇在位期间大兴土木，消耗了无数的财物，朝廷对人民的压迫和剥削极为严重，激起了人民的反抗。
秦代有大量奴隶。这些奴隶，一部分是战争中的俘虏，被充作奴隶；一部分是触犯法律的百姓，被罚为奴隶。
秦始皇时期的刑罚非常严酷，人们稍有不慎便会触犯法律，并且实行“一家犯法，什伍连坐”的刑罚政策。

帝国勇士

——秦始皇兵马俑

“始皇帝的军队沉睡在地下宫殿中，帝国的时间仍在行走。”

公元前 221 年，38 岁的秦王嬴政指挥军队完成了统一中国的伟大功业，随后这支强大的军队北伐匈奴、南征百越，为他守护帝国疆土。当所有的敌人都被消灭后，这支军队的最高统帅——始皇帝将欲望和野心伸向了时空之外。他下令扩大自己陵墓的规格，并试图让这支统一天下的军队跟随自己一同前往永生之境，于是兵马俑就这样诞生了。

秦始皇兵马俑目前共发现了三个坑。一号坑出土近 8000 件兵马俑，四面有斜坡门道， 这个坑里的是由战车和步兵组成的联合编队；二号坑里的是由骑兵、战车和步兵组成的多兵种特殊编队，出土陶俑、陶马 1300 多件； 三号坑共出土兵马俑 72 件，从其内部布局和出土人俑的形象来看，应为地下军队的指挥部。考古

发现，一号俑坑和二号俑坑都被火焚烧过，三号坑没被火焚烧过。

兵马俑按官阶品级主要分为士兵与军吏两大类，军吏又有低级、中级、高级之别。一般士兵不戴冠，而军吏戴冠，普通军吏的冠与将军的冠又不相同，铠甲也有区别。按兵种可以分为步兵、骑兵、车兵三类。根据实战需要，不同兵种的武士装备各异。兵马俑的人物形象几乎没有重复的，可以断定这些陶俑都是根据真实的人物形象来创作的。

文物档案

名称：秦始皇兵马俑
年代：秦代
材质：陶
规格：规格不一
出土地：陕西西安
收藏地：秦始皇兵马俑博物馆

大一统

秦始皇开创了华夏族真正意义上的大一统。

刚猛严苛的**法家思想**
帮助秦国征服六国
但是对于**东方的治理**来说
显然水土不服

秦代高速公路

秦始皇统一全国后，下令修筑以咸阳为中心、通往全国各地的驰道。驰道可以说是当时的高速公路。

车同轨，书同文

秦始皇统一全国后，规定车辆两轮之间的距离相同，全国使用同一种文字，同时还统一了度量衡的标准。

秦始皇陵

秦始皇陵是中国历史上第一位皇帝秦始皇嬴政的陵寝，规模巨大的兵马俑是秦始皇陵的陪葬坑。

南征北战

秦始皇北击匈奴、南征百越，建立起真正的大一统王朝。

虽然在政治和军事上
秦已经统一了天下
但是在文化层面的统一
还停留在理想化的层面

郡县制取代分封制

秦始皇统一全国后，下令在全国施行郡县制，将全国划分为36个郡，后来增加到48个郡。

三公九卿

三公九卿是秦汉中央官制。“三公”指丞相、太尉、御史大夫。“九卿”是三公之下的政务官员，实际不止九位，故称列卿。

重农抑商

为了保证中央集权和统一战争的顺利进行，秦国重视农业，以农为本，限制工商业，以此来确保国库粮仓充盈。

控制盐铁

秦政府将盐铁的生产销售权授予行政官僚垄断经营，从而进一步增加了国家的经济收益。

不朽战车

——秦始皇陵铜车马

“皇帝的野心让世界看到大秦制造的高超技艺。”

1980 年 12 月，考古工作者在秦始皇陵封土西侧 20 米、距现地表 7.8 米深的地下发掘出了两乘大型彩绘铜车马。两乘铜车马一前一后放置在一个木椁内，因木椁腐朽，上部的填土塌陷，铜车马出土时均已被压碎，但由于未被盗扰，原位没有大的变动，车马的构件基本齐全。考古学家们花了 8 年时间，才先后将两架马车修复完成。

秦始皇陵铜车马是中国考古史上发现最早、体形最大、保存最完整的青铜车马，是考古所见的最大的组合型青铜器。一号车车前驾四匹铜马，车舆平面呈横长方形，前边两角呈弧形，舆宽 74 厘米，进深 48.5 厘米。车舆内竖立着一把高杠铜伞，伞下有一立姿御官俑，车上配有铜弩、铜盾、铜箭镞等兵器。一号车是

秦始皇乘舆中的立车，又名高车。东汉文学家蔡邕（yōng）在《独断》中曾记载过，立车在皇帝车队中有着开道、警卫和征伐的作用。二号车是单辕双轮，车厢为前后两室，中间有窗，上车的门在后面，上方是椭圆形车盖，车身绘着彩色纹样，车马均有大量金银装饰。车的辔（pèi）绳末端刻有“安车第一”四个字，古代安车是指坐乘的马车，由此可知它是给秦始皇乘坐的马车。

文物档案

名称：秦始皇陵铜车马
年代：秦代
材质：青铜
规格：一号铜车马：
长 2.25 米
高 1.52 米
重 1061 千克
二号铜车马：
长 3.17 米
高 1.06 米
重 1241 千克
出土地：陕西西安
收藏地：秦始皇兵马俑博物馆

打天下易，坐天下难

征服并不能完成真正的统一。

阿房宫

阿房宫与长城、秦始皇陵、秦直道合称为“秦始皇的四大工程”，是秦始皇时期建造的朝宫。由于秦祚太短，只修成了前殿。

移民南越

秦始皇打败百越后，迁移了大量中原人充实岭南，并设置了桂林、象郡、南海三个郡。

十二铜人

为控制兵器，防止六国旧部造反，秦始皇下令收集天下所有兵器，并将之铸成十二个大铜人像。

张良刺秦

韩国灭亡后，韩国贵族张良计划行刺秦始皇以报亡国破家之仇，行刺失败后，他成功逃过秦始皇“大索天下”的追捕。

皇帝通过武力征服天下
而那些**严酷的法令**
却让臣服变成了怨恨

频繁地大兴土木
让秦的生产力遭到极大破坏
民众苦不堪言

焚书坑儒

秦始皇时期，儒生引用儒家经典的言论批评时政，秦始皇下令焚毁诸子之书，坑杀方士和儒生。

指鹿为马

奸臣赵高让人牵来鹿，对秦二世说它是马。秦二世看见的是鹿，却有大臣为附庸赵高，说是马。

沙丘之变

秦始皇最后一次出巡时，在沙丘宫暴病而亡，赵高与李斯勾结伪造诏书，赐死公子扶苏，拥立胡亥继位。

大楚兴，陈胜王

戍卒屯长陈胜、吴广带领戍卒队伍行军途中，因遇大雨，不能按期到达。按照秦律，戍守误期要被处死，为保性命，二人带领戍卒们造反。

秦代历史大事记

公元前 221—前 207 年

公元前 221 年

秦始皇统一中国

秦王嬴政自公元前 230 年至前 221 年十年间，陆续消灭了韩、赵、魏、楚、燕、齐六大诸侯国，统一了全国，并采用“皇帝”的称号。他是中国历史上第一个使用“皇帝”称号的君主，所以世称“秦始皇”。

公元前 220 年

修筑驰道

秦始皇统一全国后，下令修筑以咸阳为中心、通往全国各地的驰道。驰道可以说是当时的高速公路。

公元前 219 年

封禅大典

统一天下后，为了炫耀自己的功绩，秦始皇亲自到泰山举行封禅大典，以祭告天地。

公元前 214 年

修筑长城

秦始皇统一中国后，大规模修筑北方的长城，以防匈奴南侵，耗时耗力巨大。

公元前
213 年

焚书坑儒

秦始皇时期，儒生引用儒家经典的言论批评时政。秦始皇下令焚毁儒家经典，坑杀儒士。

公元前
210 年

沙丘之变

秦始皇在沙丘宫暴病而亡，赵高与李斯勾结杀害公子扶苏，拥立胡亥继位。

公元前
209 年

大楚兴，陈胜王

戍卒屯长陈胜、吴广带领戍卒队伍行军途中，因遇大雨，不能按期到达。按照秦律，戍守误期要被处死，为保性命，二人带领戍卒们造反。

公元前
207 年

咸阳城破

城破后，秦二世被逼自杀，继立的子婴贬去帝号改称秦王，向刘邦投降。刘邦攻占咸阳，秦亡。

西汉时期地图

丝绸之路
汉武帝派张骞出使西域，开辟的以都城长安为起点，经甘肃、新疆等地的陆上通道。
《淮南子》
西汉淮南王刘安主持编撰，在道家思想的基础上，综合诸子百家的精华。
阿尔泰山脉
乌孙
天山山脉
西
昆仑山脉
谷物加工
劳动人民发明工具来提高劳动生产率。
明堂
汉武帝时期所置，是西汉的重要祭祀场所。
角形玉杯
西汉角形玉杯，于1983年在广州市南越王墓出土。
喜马拉雅山脉
唐
旄
羌
发
哀
"T"形帛画
整幅帛画绘制在一张褐色的丝绢上，描绘了天国、人间、地下等三个世界。
指南车
中国古代用来指示方向的一种装置，与指南针有所不同。
司马迁
西汉著名史学家、文学家，著有《史记》。
漆器

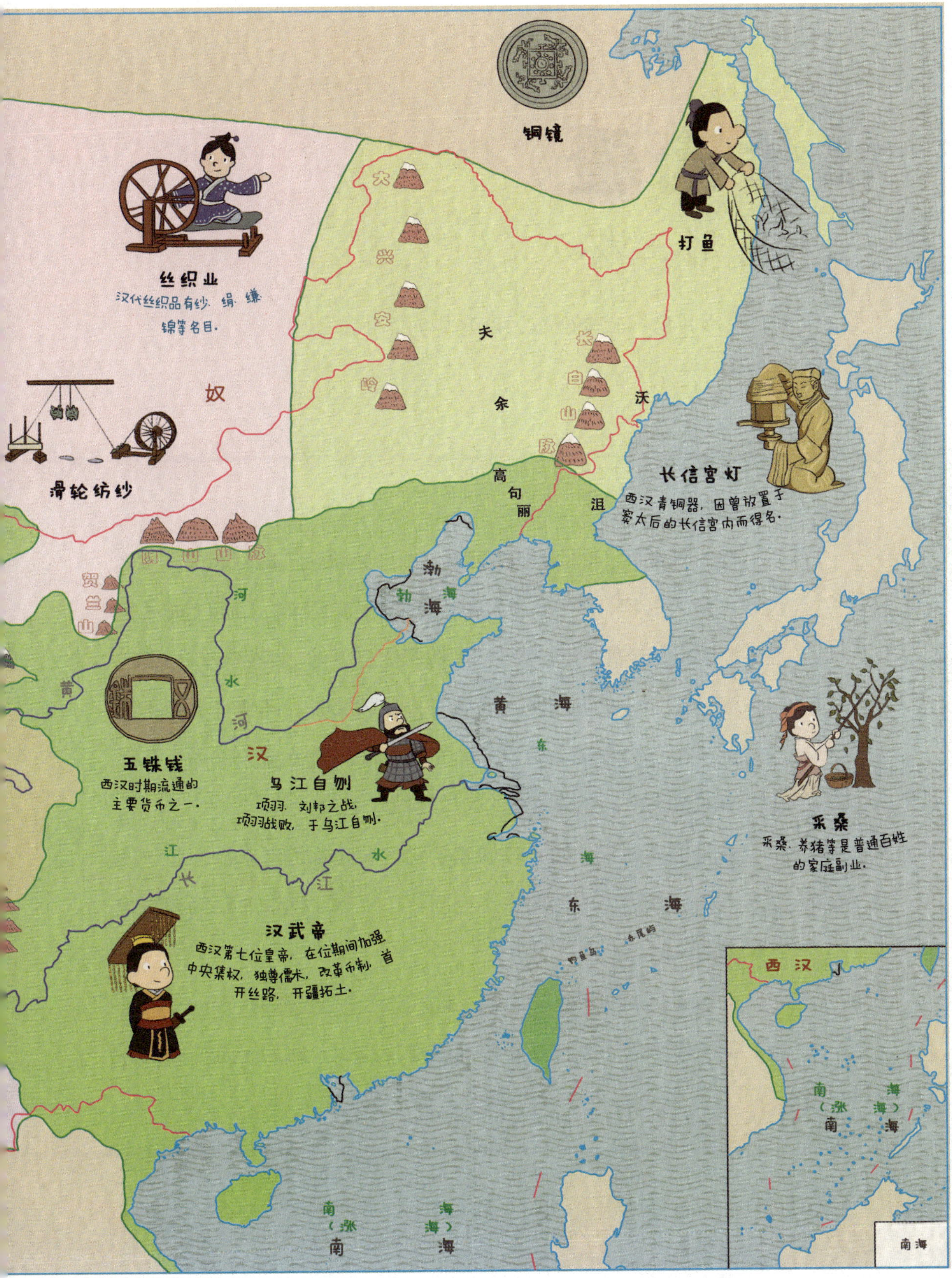

铜镜
打鱼
丝织业
汉代丝织品有纱、绢、缣、锦等名目。
滑轮纺纱
奴
大兴安岭
夫余
长白山脉
沃
沮
高句丽
长信宫灯
西汉青铜器，因曾放置于窦太后的长信宫内而得名。
阴山山脉
贺兰山
渤海
渤海
黄河
河水
五铢钱
西汉时期流通的主要货币之一。
汉
乌江自刎
项羽、刘邦之战，项羽战败，于乌江自刎。
长江
江水
黄海
东海
东海
采桑
采桑、养猪等是普通百姓的家庭副业。
钓鱼岛
赤尾屿
汉武帝
西汉第七位皇帝，在位期间加强中央集权，独尊儒术，改革币制，首开丝路，开疆拓土。
南海
（涨海）
西汉
南海
（涨海）
南海

福佑南疆

——角形玉杯

“生者佩玉，以比其德；亡者殓玉，以慰其灵。”

角形玉杯， 出土自南越王墓。用一整块青玉雕刻而成，整体仿犀牛角的形状，中空，可以盛酒。口呈椭圆形，口沿上微残，往下渐收束，近底处为卷索形，回缠于器身下部。其纹饰十分精美，自口沿处起为一立姿夔龙向后展开，龙体修长，环绕杯身。夔龙的雕刻手法十分精美，由浅浮雕至高浮雕，及底成为圆雕，而且在浮雕的纹饰中，还用单线的勾连雷纹作填空补白。

这件玉杯无法站立，在饮酒的时候要拿起酒杯，从杯口一饮而尽，同普通酒杯的使用方法相同，也反映了西汉时期南越国嗜好饮酒的风俗。

南越王墓发现于 1983 年，是第二代南越王赵眜（mèi）的墓葬。第一代南越王赵佗在岭南地区建立政权，此后一直与西汉保持密切联系，最终在汉武帝时期灭亡。史籍中关于南越国的记载很少，南越王墓的发现对了解南越国的历史和社会具有重要作用，其价值可与河北满城中山靖王墓和长沙马王堆汉墓相提并论，在全国汉墓考古工作中占有重要地位。

文物档案

名称：角形玉杯
年代：西汉
材质：玉
规格：高 18.4 厘米
口径 5.9~6.7 厘米
口缘厚 0.2 厘米
重 372.7 克
出土地：广东广州
收藏地：西汉南越王博物馆

楚汉之争

秦亡后，天下英豪逐鹿中原。

汉朝是在各方政治势力
均衡的基础上建立的
虽然天下迅速统一
但却留下很多的隐患

胯下之辱

韩信被街上的人取笑侮辱，其中一个屠夫让韩信要么杀了他，要么从他胯下钻过，韩信忍一时之辱选择了后者。

斩蛇起义

刘邦借斩白蛇的故事说明身份，作为自己起义的嚎头，使得起义名正言顺，众望所归。

高阳酒徒

刘邦一向不喜欢儒生，但是对儒生郦食其却非常尊重。郦食其自称“高阳酒徒”，跟随刘邦南征北战，立下了汗马功劳。

约法三章

刘邦占领咸阳后，为取得民心，与秦人约法三章，最终取得天下，建立了西汉王朝。

打败楚的并非汉的军队
而是那些因为项羽的刚愎自用
而离去的人心

楚汉之争

楚王项羽与汉王刘邦为争夺帝位，激战数年，史称“楚汉之争”。

鸿门宴

灭秦之后，项羽打算利用鸿门宴的机会除掉刘邦，但是最终却因“心软”，让刘邦逃走。

明修栈道，暗度陈仓

刘邦表面上与项羽示弱谈和，暗地却发展势力，以求争得天下。

霸王别姬

项羽刚愎自用、不听劝谏，最终被刘邦打败，在乌江边与宠姬诀别后自刎。

封狼居胥冠军侯

——霍去病墓石刻

“直曲塞，广河南，破祁连，通西国，靡北胡。”

霍去病墓底部长105米，宽73米，顶部长15米，宽18米，高约25米。霍去病墓是现存最早的有石雕的墓葬。墓上广植林木，其间布设多种人兽石雕，再现了野兽出没、刀光剑影的祁连山真实意境，开创了以墓像山的墓丘封土新形式。

墓前石刻原有总数已不可考，现存共16件。可辨认的石像有14件，其中3件各雕两形，总共有生物17种，不同物像12种，即怪人、怪兽吃羊、卧牛、人抱兽、卧猪、跃马、马踏匈奴、卧马、卧虎、短口鱼、长口鱼、獭蝠等。另有题铭刻石2件，还有更多的岩块是未加雕凿的。这些竖石分别安放于坟墓前面，丛立于坟冢之上，石雕、竖石、坟冢、草木等组成了一个艺术综合体。

霍去病是西汉名将卫青的侄子，但是没有人会说他是坐享其

成的官二代。18 岁时，霍去病便率兵深入大漠，两次功冠全军，被封为冠军侯。19 岁时升任骠骑将军，指挥两次河西之战，直取祁连山，使得丝绸之路得以开辟。22 岁时，与卫青率军深入漠北，追击匈奴，使“匈奴远遁，漠南无王庭”。然而天妒英才，24 岁时，霍去病病逝沙场。霍去病的故事如流星般划过大汉的天空，但却永久留在了中国历史中。

文物档案

名称：霍去病墓石刻
年代：西汉
材质：石
规格：规格不一
出土地：陕西兴平
收藏地：茂陵博物馆

大汉基业

郡县和诸侯国之间的制衡
是朝廷与地方势力角逐的主战场
强大的诸侯很容易威胁皇室

汉朝刚建立的时候并不是很强大。

白登之围

刘邦被匈奴围困于白登山7天7夜，向冒顿单于的阏氏行贿才得以脱险。此后，刘邦认识到不能仅凭武力手段解决问题。

成也萧何，败也萧何

韩信因萧何推荐当上汉朝大将军，后来萧何又与吕后合计杀死韩信，后人称之为“成也萧何，败也萧何”。

平定异姓王

汉朝建立后，地方诸侯手握重兵、尾大不掉。为了真正统一天下，汉高祖和吕后翦灭了这些异姓王。

白马之盟

刘邦登基后与群臣以杀白马的方式订立盟约，约定今后只有刘姓者可为王，否则天下共伐之。

汉代开国之初

外有**匈奴患边**，内有**诸侯林立**

刘邦交给后人的江山

并没有人们想象的那样美好

病榻问相

相国萧何临终之际，汉惠帝刘盈去问他，死后谁可接其位，萧何推荐曹参接替自己的位置。曹参完全遵照萧何的制度行事。

封赏大臣

刘邦称帝后，封赏功臣 140 多位，帐下将领因为军功都得到了厚待，封王拜侯，赐予土地。

诸吕之乱

汉惠帝刘盈优柔寡断，吕后渐渐把持朝纲，培植了一大批吕姓势力，最后吕氏集团被剿灭。

郡国并行制

西汉初年，在地方上继承秦朝的郡县制，同时又分封诸侯王国，郡国两制并行。

打开天外之门

——四神纹玉雕铺首

“天之四灵，以镇四方。”

四神纹玉雕铺首，灰绿色，下有凸钮，四角略弧圆，分别碾琢了青龙、白虎、朱雀、玄武四神像。器物下方以环钮为鼻梁，上连粗眉和暴起双眼，形成大兽面，下缘则以 8 条竖纹勾勒出宽大的排牙。图案化的形象庄严凝重，工艺精美，线条运用刚柔相济。

四神的形象反映了古代四象思想，四象不仅代表了天文学的四大区域，同时还在阴阳五行学说中代表了四大方位，以及四大元素。五行中，青龙属木，白虎属金，朱雀属火，玄武属水，分别代表东、西、南、北四个方向。这四象同时还分别代表了春、秋、夏、冬四个季节。

四神纹玉雕铺首现藏于茂陵博物馆，出土于汉武帝茂陵，是汉代蓝田玉雕中最精美的一件。“铺首”是中国古代装置门环的

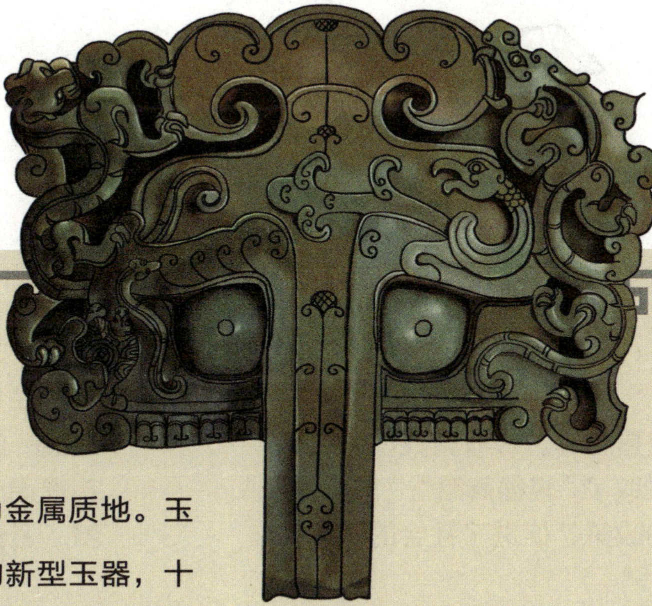

兽首底座，大部分为金属质地。玉铺首是汉代才出现的新型玉器，十分罕见。按照铺首的用途来说，应该是一对，但是目前考古学家们只发现了其中的一件。

文物档案

名称：四神纹玉雕铺首
年代：西汉
材质：玉
规格：通高 34.2 厘米
宽 35.6 厘米
厚 14.7 厘米
重 10.6 千克
出土地：陕西兴平
收藏地：茂陵博物馆

文景之治

汉代出现了中国历史上的盛世。

文景之治最重要的任务
就是恢复自战国以来
不断凋敝的民生
人民需要安宁
国家需要积蓄力量

轻徭薄赋，与民休息

汉高祖及其后的汉文帝、汉景帝等，吸取秦灭国的教训，采取了“轻徭薄赋”“与民休息”的政策，促进了社会的发展。

厉行节约

“厉行节约”是西汉“文景之治”的一个重要措施。皇帝带头提倡节俭，粗食布衣，严禁浪费，避免奢侈。

无为而治

汉文帝刘恒受道家思想影响，采取无为而治的方式治国，使百姓受益无穷，也使西汉王朝逐渐走向强盛。

文景之治

汉文帝、汉景帝时期，国家推行了一系列政治举措，有效改善了国家的整体局面，营造了政治清明的局面。

汉初的中央政府
可以直接控制中央直管的郡县
但是对于地方诸侯
却无能为力

匈奴患边

汉文帝在位期间，为了谋求安定的和平环境，对匈奴一直采取克制忍让的态度，继续执行和亲政策，避免大动干戈。

收服南越

汉文帝遣陆贾再次出使南越。在汉文帝诚意的感召下，南越王赵佗谢罪称臣，归附汉王朝。

和亲政策

匈奴势力强大，西汉因武力不够强盛而采取送公主去匈奴和亲的怀柔政策。

七国之乱

汉景帝接受晁错的主张，削弱诸侯国的势力，引起众诸侯王的不满。众诸侯王联手发动叛乱。

长信宫夜宴

——长信宫灯

“看见这盏灯，就能看见被它照亮的时代。”

长信宫灯，出土于河北省满城县中山靖王刘胜妻子窦绾（wǎn）墓。整体造型是一个跪坐着的宫女双手执灯，由头部、身躯、右臂、灯座、灯盘和灯罩六部分分铸后组装而成。宫女身体中空，头部和右臂可以拆卸。灯罩由两块弧形的瓦状铜板合拢而成，为圆形，嵌于灯盘的槽中，通过铜板的左右开合，可以调节灯光亮度和照射方向。长信宫灯的设计非常具有环保理念，油灯燃烧时油烟会顺着灯罩进入灯体。这样一来，主人的房间里就不会有呛人的油烟味了。灯上刻有“长信尚浴”“阳信家”等铭文，由此而得名。

长信宫灯通体鎏金，灿烂而华丽，其铜器上的鎏金工艺在战国时期已出现。铜器经过鎏金处理后，表面金碧辉煌，而且对于铜器的保护也起着非常重要的作用。

长信宫灯实用、卫生、精巧、优美，是一件世界闻名的文物珍品。2010 年，它作为中国 2010 年上海世界博览会展品展出，现藏于河北博物院。

文物档案

名称：长信宫灯
年代：西汉
材质：铜
规格：通高 48 厘米
重 15.85 千克
出土地：河北满城
收藏地：河北博物院

汉武大帝

汉武帝时期被认为是汉代历史的巅峰。

汉武帝十分会敛财
他制定了新式的税收政策
甚至通过卖官卖爵
来获得军费开支

封狼居胥

西汉大将霍去病大败匈奴后，登狼居胥山筑坛祭天以告成功之事。它成为了历代兵家人生的最高追求。

推恩令

汉武帝下令诸侯王可以将封地分封给其他诸子为列侯，使诸侯国越分越小，以限制和削弱诸侯的权力。

李广难封

名将李广一生屡经磨难，战功卓越却未能封爵。后世用“李广难封”来慨叹功高不爵，命运多舛。

张骞通西域

汉武帝派遣张骞出使西域，打通了汉朝通往西域的道路，张骞也因此被封为博望侯。

汉武帝在位期间
多次发动战争
取得了显赫的军事成就
于是在死后被称为“武帝”

羽林军

为了培植自己的势力，汉武帝建立了一支皇帝禁卫军——羽林军。这一举措，一直被历代王朝保留。

巫蛊之祸

汉武帝晚年迷信长生不老之术，引发了一场政治动乱，导致太子自杀，大量官员受牵连，国力由盛转衰。

安定东南

汉武帝时期，闽越人起兵攻打郡县，骚扰百姓，汉朝无法平定，只能将百姓迁徙至江淮之间。

《轮台罪己诏》

汉武帝多年穷兵黩武，导致国家战乱不止，百姓处于水深火热之中。他晚年反思己过，下诏书《轮台诏》，又称《轮台罪己诏》。

大汉骑兵受降图

汉代以来，一直受到匈奴的威胁，汉武帝在位期间，派遣卫青、霍去病等大将反击匈奴。

汉武帝时期，随着国家经济实力的增强，朝廷开始对匈奴进行反击，从此拉开了西汉对匈奴发动大规模战争的序幕。

匈奴经常侵扰西汉北部边境，掠夺奴隶、战马等供自己使用。

在西汉对匈奴的战争中，贡献最大的是卫青、霍去病等将领，多次取得胜利，歼敌数万人。
汉军追杀匈奴至狼居胥山，举行了祭天封礼，兵锋一直逼至瀚海（贝加尔湖），匈奴势力大为衰退。
虽然西汉和匈奴经常发生战争，但汉匈两族人民却交流频繁。

一个人也要好好吃饭

——彩绘猫纹漆盘

“汉代人生活中的小确幸。”

彩绘猫纹漆盘，用黑漆和朱漆在盘底和内壁勾勒出繁复精美的云纹，细看你会发现云纹中还藏着三只狸猫和一只乌龟。狸猫的眼睛圆睁，四爪潜伏，长长的尾巴向上翘着，看上去活泼而又生动；乌龟昂首匍匐，四爪外露，像是正在爬行。盘子的口沿处用朱漆描绘了几何图案，盘内底部的云纹间隙处书写着“君幸食”三个字，大约是“吃得开心”的意思。

彩绘猫纹漆盘出土于长沙马王堆汉墓的辛追夫人墓。辛追夫人是长沙马王堆出土的“东方第一睡美人”，她命运坎坷，疾病缠身，但是通过这个彩绘猫纹漆盘，我们可以看到她积极乐观的生活态度。

乌龟代表长寿，一直被看作吉祥的象征。我国最早的驯狸捕鼠的记载见于春秋战国时期，驯化的狸被称为“狸猫”，狸便成

为民间普遍的家养动物。

狸猫和乌龟这两种动物在出土的汉代以前的器具上并不多见，可见汉代人对生活有着自己独到的理解。也许他们认为生活需要更加轻松惬意一点，所以青铜器为高雅的汉代贵族所冷落，用起来更为自在舒适的漆器成为了贵族生活的风尚。

文物档案

名称：彩绘猫纹漆盘
年代：西汉
材质：漆
规格：高 6.2 厘米
　　　口径 27.8 厘米
出土地：湖南长沙
收藏地：湖南省博物馆

制度改革

汉武帝时期，国家直接经营工商业。

汉武帝非常重视

人才的发掘和培养

卫青、霍去病、桑弘羊等一批人才

得到重用

罢黜百家，独尊儒术

汉武帝时期，名臣董仲舒建议官方独尊儒家思想，读书人只有学习儒家学术才能当官，有利于国家政治思想统一。

币制改革

西汉以来币制混乱，为加强朝廷对社会经济的控制，汉武帝把铸币权收归中央，统一铸造五铢钱。

均输平准政策

西汉规定将一般贡品折成当地价廉的物产，运到价高地销售；同时利用所存物资，根据物价，贵时抛售，贱时收买。

刺史制度

西汉中期，朝廷设立刺史制度，监察地方二千石高官和地方豪强，年底回京向皇帝报告官僚豪强的动向，加强中央集权。

重农抑商的实质
并不是要抑制商业发展
而是通过国家形式
来掌控国家商贸

察举制度

汉武帝时，由各郡国每年向朝廷推举有道德、有才能的人，经过考察，授予官职，考察最重要的方面是孝与廉，因而又称举孝廉。

乐府

乐府是成立于汉武帝时期的音乐机构，用来训练乐工，制作乐谱和采集歌词，其中还有大量民歌。

太学

汉武帝在京师长安设立太学，由博士教授，初设五经博士专门讲授儒家经典。

告缗（mín）令

西汉实行“重农抑商”的政策，对商人征以重税，如有人告发偷税漏税的情况，则将偷税漏税金额的一半奖励给告发人。

西汉太学

西汉早期，黄老之学盛行，汉武帝“罢黜百家，独尊儒术”之后，在长安建立全国最高学府——太学。

西汉初期，统治者吸取秦代灭亡的教训，奉行道家思想“无为而治”来治国。
“今古文经之争”是儒家思想碰撞的产物，说明西汉儒学知识分子的学术气息十分浓厚。
西汉在史学、文学和艺术等方面有着卓越的成就，包括《史记》、汉赋和乐府诗等。

海上有仙山

——错金博山炉

“人类从未停止过对永恒的探寻与追求。”

博山炉出现于西汉时期，由青铜铸造而成。汉代贵族聚会休闲时有燃香的习惯，于是能工巧匠们将技术和想象以及思想融入了这件器物之中。香炉底座的纹样，看上去像是有三条蛟龙腾出波涛翻滚的海面，龙头托住炉盘上随风飘荡的流云。炉盖和炉盘上部都铸有铭文“博山”，炉盖上的山峦间有许多神兽出没，山间还有许多猎人，他们有的肩负弓弩，有的正在追捕逃窜的野猪。

这件错金博山炉的设计源自人们对“海上有仙山”的想象，同时也是贵族们对理想生活的一种现实构想。特别是点燃熏香之时，袅袅青烟从山形的炉盖中缓缓升起，使整个香炉看上去既像一座烟波浩渺的海中仙山，又像一个微缩版的富饶田庄。工匠们将理想与现实在这方寸之间尽情展示，以获取贵族的青睐。

错金博山炉出土于西汉中山靖王刘胜墓。这位风流不羁的快活王爷在当时似乎风评不佳，但是他留下的这件艺术珍品却让现代人得以见识汉代人生活的风度。

文物档案

名称：错金博山炉
年代：西汉
材质：铜
规格：高 26 厘米
出土地：河北满城
收藏地：河北博物院

昭宣中兴

汉宣帝时期是汉朝最强大的时期。

汉宣帝生长于民间
所以十分**重视百姓疾苦**
他在位期间
汉朝的国力迎来了顶峰

盐铁之议

汉昭帝时，霍光组织了盐铁之议，他坚持进一步推行汉武帝制定的“与民休息”政策，持不同意见的桑弘羊则在政治上受到一定的挫折。

屯田西域

因边境压力，汉昭帝启动“轮台屯田”政策，主要为了解决汉朝军队和官吏的生活所需，减轻中央政府的财政负担。

霍光辅政

汉昭帝、宣帝时期，霍光辅佐朝政，对内养民生息，对外缓和边境关系，使汉朝国力得到一定恢复。

西域都护府

汉朝在西域设立了行政管理机构——西域都护府，将西域正式纳入汉朝的版图，使得西域各地的交流日益增多。

昭宣中兴的实际缔造者是

霍光和汉宣帝

霍光收拢了权力

汉宣帝汇聚了人心

大破西羌

汉武帝后期，西羌经常侵扰内地，攻城掠地。汉宣帝时，赵充国领兵大破西羌。

民间婚宴

汉宣帝之前，婚礼是不举乐的。汉宣帝下诏宣布嫁娶举乐，后来出现了闹新婚的习俗。

为老百姓改名的皇帝

汉宣帝原名“刘病已”，为让百姓避讳更容易，他改名为“刘询”，之前因触讳而犯罪的人全部被赦免。

昭君出塞

汉元帝为安抚匈奴下令和亲，宫中女子们都不愿意去，最终汉元帝选中宫女王昭君完成和亲，史称“昭君出塞”。

西域集市图

汉武帝派遣张骞出使西域，促进了中原与西域诸国的联系和交往。

中原地区与西域往来交流后，促进了商业的繁荣与经济贸易的频繁。
西域的骆驼商队经常运输奇珍异宝到中原销售。
中原的丝绸、瓷器等物品是西域各国人民眼中的珍宝。

汉室衰微

西汉的中央权力结构并不稳定
皇帝、权臣、外戚、宦官
谁都可能成为权力的“独角兽”

帝国的崩塌源于对权力的放任。

明犯强汉者，虽远必诛

西汉名将陈汤出兵大败匈奴后给汉元帝上书，表明击退北匈奴的功绩。

飞燕争宠，皇帝绝后

汉成帝的宠妃赵飞燕与赵合德迫害后宫，导致皇帝没有后代，临终只能让侄儿继位。

恩宠大臣到极点

汉哀帝十分恩宠董贤，董贤所穿的衣服，其级别仅次于皇帝，获赏的金钱数以万计，连董贤的仆人都得到了汉哀帝的赏赐。

避灾星，杀丞相

汉成帝因天灾不断，认为灾星降临，责成三公之首的丞相自杀塞责，以谢天下，这位不幸的丞相就是翟方进。

为了限制权臣和外戚
皇帝开始宠幸没有后代的宦官
然而一旦权力无法制衡
王朝转眼就会倾覆

宦官专政

因皇帝过分信任，宦官把持朝政、盘剥百姓、任人唯亲，其亲属党羽占据了各级官职，朝政日趋黑暗。

好赌皇帝汉哀帝

掷骰子是古人饮酒娱乐时爱玩的游戏。汉哀帝是掷骰子的高手，相传他与宾客饮酒时，必须以骰子助兴。

“自废武功”

汉元帝的老师萧望之想实行改革，被外戚联手逼死。但汉元帝却没有惩治逼死老师的幕后推手，只是进行了口头责问。事后，对外戚宠信如故，无异于“自废武功”，自断臂膀。

西汉最后一位皇帝

西汉最后一位皇帝汉平帝，9 岁即位，权力掌握在太皇太后王政君和大司马王莽手中。后得病而死，年仅 14 岁。

酒酣宴散后

——错金银云纹青铜犀尊

“一头犀牛，从汉代走来。”

错金银云纹青铜犀尊的造型是一头肥硕健壮的犀牛。它目视前方，昂首伫立，头部有一前一后两角，两耳短小耸立，双目为料珠镶嵌，虽小却闪烁有光，神采奕奕，颧骨突起，仿佛可以透过皮肤感觉到骨骼的形状和起伏，口部一侧设有管状流口，用于倒酒。器腹圆鼓中空，腹部皮肉显得松弛但结实有力、富有韧性。背部有椭圆形尊口，上覆素面铜盖，盖有活环，可以开合，用于注酒。犀牛短腿粗壮有力，为三瓣蹄，有力地支撑着沉重的躯体，尾尖稍翘。其骨骼、头部轮廓、肌肉、蹄足比例准确，体态雄健，肌肉发达，酷似真犀。

中国古代做成动物形的酒尊不乏其例，如商代铜器中的牛尊、象尊、豕尊等，西周铜器中的驹尊、兔尊、鸭尊等。到了汉代，

肖形尊虽已不太流行，但仍为人们所钟爱。

中国古代犀牛的数量很多。新石器时代遗址中曾多次发现犀牛骨，殷商甲骨文中有焚林猎犀的记载，春秋战国时期用犀牛皮做成的犀甲是令武士艳羡的装备。由于大范围的捕杀，犀牛这种繁殖率低的野生动物在北方迅速减少，在关中一带最迟到西汉晚期已经绝迹。王莽辅政时，曾用贵重的礼物换取南海黄支国的活犀牛。

文物档案

名称：错金银云纹青铜犀尊
年代：西汉
材质：青铜
规格：高 34.1 厘米
长 58.1 厘米
出土地：陕西兴平
收藏地：中国国家博物馆

王莽篡汉

汉朝陷入一场权力争夺战。

中央的权力
仅限于皇室能直接控制的郡县
诸侯国和地方豪强各自为政

王氏（王太后）专权

汉武帝即位之初，其母王太后联合外戚，独揽朝政大权，决定官员的启用，最终其弟武安侯登上丞相之位。

今古文经之争

汉代人用隶书书写整理的典籍称为“今文”，汉以前用小篆书写并流传到汉代的书籍称为“古文”。汉初，儒生大多使用“今文”，但有个别儒生坚持用古文传道，于是便有了“今古文经之争”。

土地兼并成风

西汉时，农耕生产效率低下，自耕农不得已向豪强借贷，因政府放任不管，土地兼并速度非常之快。

限田限奴婢之议

汉哀帝时，为缓和阶级矛盾，大臣建议实行限制私人占有田地和奴婢数量的政策，因遭到外戚的反对最终未能实行。

刘汉皇室失去了
对天下的影响力
外戚势力迅速将权力揽入怀中

王莽篡汉

王莽以摄皇帝执政，最终让孺子婴禅位而为真皇帝，改国号新，终因急于改革，治国不当，被农民起义军所杀。

更始皇帝

刘玄起初参与“平林军”起义，后与“绿林军”合并，被拥为“皇帝”，年号为“更始”。

绿林、赤眉起义

王莽当政时，政局动荡，灾荒不断，农民起义相继爆发，其中据守绿林山的被称为“绿林军”，用朱色涂眉的被称为“赤眉军”。

抽签当皇帝

赤眉军首领樊崇为避免成为众矢之的，找了几十位刘氏后裔，抽签决定让谁当皇帝，最后抽中的是放牛郎刘盆子。

东汉时期地图

浑天仪
由西汉落下闳发明，
科学家张衡改进。
汉瓦当
汉代瓦当，是用以装饰美化和蔽护建筑物檐头的建筑附件。
白虎通义
《白虎通义》
班固所撰，是中国汉代讲论五经同异，统一今文经义的一部重要著作。
伤寒杂病论
张仲景
东汉末年著名医学家，写出了传世巨著《伤寒杂病论》，被后人尊称为“医圣”。
匈
奴
阿尔泰山脉
乌
孙
天山山脉
东
昆仑山脉
说文解字
《说文解字》
由东汉许慎所撰，他是汉字学的开山鼻祖。
唐
旄
羌
发
喜马拉雅山脉
《汉书》
由东汉时期史学家班固编撰，是中国第一部纪传体断代史，“二十四史”之一。
水排
为中国古代劳动人民所创造，其原动力为水力。
击鼓说唱陶俑
东汉明器，被称为“汉代第一俑”。
古滇人
东汉初期，居住于以滇池为中心的古滇王国，制作有许多精美的青铜器。

铜奔马
东汉青铜器，
又名“马踏飞燕”。
地动仪
由东汉科学家张衡创
造，可以感知地震方位。
熹平石经
刻于东汉，刻成后立于
阳太学门前，所以人们又
称它为“太学石经”。
鲜卑
大
漠
大兴安岭
夫余
挹娄
长白山脉
高句丽
沃沮
低温炼钢法
阴山山脉
贺兰山
渤海
渤海
河
水
黄
河
黄海
东
海
东海
造纸术
中国四大发明之一，发明于
西汉，东汉时由蔡伦改进。
汉
江
水
长江
《论衡》
由东汉思想家王充所著，
是一部中国古代唯物主义
哲学文献。
白马寺
始建于东汉，是佛教传入中
国后兴建的第一座官办寺院。
夷洲
朱崖洲
南海
（涨海）
南海
东汉
夷洲
朱崖洲
南海
（涨海）
南海
南海

大汉铁骑

——铜奔马

“大汉骑兵的铁蹄踏破了天山的云雨，也踏过了千年的历史。”

铜奔马，铜马昂首嘶鸣，躯干壮实，四肢修长，微微偏向一侧的头高昂着，前面头顶的鬃毛和后面的马尾一致向后方飘飞，浑圆的躯体呈流线型，四肢动感强烈，三足腾空，右后方的一足踏着一只正在展翅奋飞的“风神鸟”龙雀。龙雀吃惊地回过头来观望。

汉代盛行车马冥器随葬，视马为财富的象征。铜奔马造型独特，和其他车马相互衬托，体现了汉代墓葬中随葬冥器的普遍性和特殊性的统一。

汉代开拓疆域，打通西域，设河西四郡，马发挥了独特的作用。根据河西汉简中的记载，马被广泛地用于交通驿站、长城防御、军事行动、民族和亲等方面，汉武帝曾经三次派人到西域去求乌

孙马。马匹在汉代可谓战功赫赫，功绩卓著。

出土铜奔马的甘肃省武威市雷台汉墓，约建于东汉晚期。据马俑胸前的铭文记载，这座墓是“守左骑千人张掖长张君”之墓。雷台汉墓出土文物中铸造最为精致的是99件铜车马仪仗俑，而工艺水平最高的是这匹铜奔马。

文物档案

名称：铜奔马
年代：东汉
材质：铜
规格：高34.5厘米
宽13.1厘米
长45厘米
重7.3千克
出土地：甘肃武威
收藏地：甘肃省博物馆

光武中兴

汉光武帝是一位堪称完美的帝王。

光武帝新分封了一批军功元老
但是却不让他们掌握实权
严禁大臣结党营私
努力加强皇权

昆阳之战

更始元年（公元 23 年），刘秀指挥绿林军对战王莽的军队，最终以少胜多。这是绿林军推翻王莽政权的一次战略性决战。

崤底之战

在与赤眉军的会战中，东汉征西大将军冯异以少数士兵伏击赤眉军于崤底，最终大获全胜。

铜马军

铜马军是新莽末年河北的农民起义军，后被刘秀击败并收编。刘秀本人也因此得到了“铜马帝”的称号。

光武中兴

光武帝刘秀以“柔道”治天下，整顿吏治，与民休息，出现了社会安定、经济恢复、人口增长的局面。

汉朝在光武帝时期恢复了往日的荣耀
他的文治武功
能够媲美汉朝任何一位君王

度田行动

为了控制豪强间的土地兼并，增加中央财税收入，光武帝刘秀下诏度田，核实农田和人口数量，并对谎报数据的官员严厉惩罚。

谶（chèn）纬之学

为稳固政权、笼络民心，光武帝把谶纬之学作为一个重要的统治工具，以减少行政命令推行的阻力。

国家图书馆

光武帝下诏复兴文化，并设立专门机构搜集、编纂图书。光武帝迁都洛阳时就运回了2000多车各类典籍。

监察制度

为了加强对各地豪强世族以及各级行政机构的控制，东汉提升了御史中丞、司隶校尉和部刺史等多种监察类官员的权限和地位。

文明的典范

——熹平石经残石

“当人们崇拜精神甚于刀剑之时，文明就进入了另外一个维度。”

东汉末期，汉灵帝试图用文化的力量来收揽天下人心，于是下令校订儒家典籍，并将这些典籍篆刻成石碑，立于太学门前。这 46 块碑，每块高 3 米，宽 1 米，一共花了 8 年时间才全部篆刻完成。篆刻完成后，全国各地的人都前来参观拓印，甚至还一度造成洛阳城交通堵塞。这 46 块碑被统称为熹平石经，它是儒家经典最早的官方范本，同时也是隶书书法的典范之作。

但是当时中央宦官外戚乱政，地方上诸侯豪强割据，石经刻好后第七年，董卓烧毁洛阳宫庙，太学荒废。石经受到严重的摧残，以致荡然难寻。北宋开始有石经残石出土。

虽然熹平石经命运坎坷，但是在将近 400 年的历史中，它却成为文明和正统的代表。在历史上不仅起到了传承文化和统一

思想的作用，还成为汉文化的精神象征。现代人看到的熹平石经，准确地说应该叫熹平石经残石。正是这些在历史中支离破碎的石块，构成了汉文化的精神内核。

文物档案

名称：熹平石经残石
年代：东汉
材质：石
规格：规格不一
出土地：河南洛阳
收藏地：西安碑林博物馆

柔道治国

任何时代都一样
一个国家想要变得富强
最重要的就是稳定经济和民生

偃武修文、以柔治国。

退功臣而进文吏

光武帝统一天下后，开始抑制功臣实权。他予功臣以爵禄，但不任以政事，而把治理国家的政事交给文臣。

尚书台

为削弱相权，光武帝时政归台阁，尚书台成为中枢行政机构，首脑为尚书令，辅佐天子出纳王命、批阅奏章等。

刺史制度

为了加强对地方的控制，光武帝沿用了刺史制度，并取消了地方军队。

三独坐

在东汉，御史中丞、司隶校尉、尚书令为百官之首，朝会时设专席而坐，故称为“三独坐”。

柔道治国是中国古代王朝提出的一种不同的治国思想

拒绝走后门

馆陶公主想让哥哥汉明帝安排自己的儿子做官，汉明帝却认为外甥并不适合，于是并未同意，但赏赐了外甥一笔钱。

爱民皇帝

光武帝在位期间，多次下诏书释放奴婢和禁止残害奴婢，以缓解紧张的社会矛盾。

向国家租田

东汉初年，国家把土地借给流民耕种，租种公田的流民成为佃农，向国家纳税。这就是“假民公田”。假民公田既安置了流民，又增加了国家收入。

白虎观会议

白虎观会议是指汉章帝召集大夫、博士、议郎、郎官和诸生在白虎观召开的一次经学讨论会。班固对会议内容加以整理和总结，写成《白虎通义》。

白虎观会议

东汉是我国哲学发展的重要时期，主要体现为官方太学的兴盛以及对儒家思想的宣扬。

东汉的史学成就在继承西汉的基础上有所进步，著名史学家班固著有《汉书》《白虎通义》等。

东汉时期的饮食，除了肉食外，蔬果食物有所增多，并对饮食的器具和氛围十分讲究。

汉代的漆器以蜀郡、广汉出产最为有名，两地官造的漆器胎质主要有木胎和夹胎两种。

汉代的织绣业很发达，服饰主要有袍、襦、裙等。有钱人家可以穿绫罗绸缎，一般人家穿粗布短衣。

饮茶开始在东汉流行。据《汉书》记载，南方部分地区有种植茶叶的记录，精美的茶器也随之产生。

东汉政局

因为皇帝严厉苛刻的吏治
有了一时的政治清明
地方豪强收敛，治安好转

东汉政权是一个皇权与士族豪门集团共治天下的政权。

单于归汉

东汉时，匈奴内部发生分裂，南单于率领部众归附东汉，并联合汉军多次打败北单于。

田庄经济

东汉豪强地主占有大量的土地和人口，并以田庄的方式实行综合经营。他们经济独立，甚至拥有地方武装。

扫灭窦氏

汉章帝死后，汉和帝刘肇10岁继位，窦太后临朝听政。永元四年（公元92年），汉和帝联合宦官扫灭窦氏戚族，掌握大权。

佛教

相传，汉明帝派使者去西域求取佛经。使者用白马驮回佛经，并在洛阳修建了白马寺。

但这一手段在达到效果的同时
种种弊端也渐渐浮现
东汉的“溃疡”开始逐渐扩大

班超镇西域

公元 91 年，东汉在西域重新设立西域都护府，班超任都护。班超在西域待了 31 年，后被皇室封为定远侯。

清议

东汉末年，官僚士大夫不满宦官专政，对当世人物多有品评，希望引起重视，在对抗当时黑暗的宦官专政方面有积极影响。

部曲佃客制

东汉末年，许多农民被地主控制，战时被武装为私兵部曲，户口附于地主家户籍。但农民有自己的财产，不可以被买卖。

月旦评

东汉末年，汝南地区的许劭兄弟常在每月初一发表对当代人物的品评，故称之为“月旦评”。

汉代街头表演
——击鼓说唱陶俑

“飞将军的弓箭、卓文君的浪漫故事、东方朔的魔术是流行的街头段子。”

东汉击鼓说唱陶俑被称为“汉代第一俑”。它是一件富有浓厚民间气息和地方风貌的雕塑作品，属于国家一级文物。击鼓说唱陶俑用泥质灰陶制成，陶俑的头上戴着帽子，肩膀高耸，穿着裤子光着脚，左臂抱着一扁鼓，右手举着棒槌准备击鼓，两臂戴有璎络珠饰。陶俑动作夸张，生动表现出一个俳优正在说唱的形象。

四川省成都市的天回山崖墓中出土了大量汉代陶器，有谷仓罐、钵、釜、盘、灯台等生活器具模型，井、水田、水塘、楼房、平房、琴、摇钱树座等仿制的生活环境，狗、马、鸡、鸭等家养动物类模型，还有由男女舞俑、抚琴俑、听琴俑、厨丁俑、持瓶女俑、持镜女俑、女坐俑、击鼓俑、持铲俑、武士俑等组成的陶俑阵。这些出土陶器完整地展示了汉代贵族的生活细节。

说唱表演在汉代十分流行，幸运的说唱艺人会成为专职表演人员。汉代说唱艺人大致以调谑、滑稽、讽刺的表演为主。东汉击鼓说唱陶俑的出土从一个侧面反映了东汉的民间生活气息和地方风貌。

文物档案

名称：击鼓说唱陶俑
年代：东汉
材质：陶
规格：高 56 厘米
出土地：四川成都
收藏地：中国国家博物馆

大厦将倾

外戚与宦官是皇权肌体上的毒瘤。

天灾人祸
迫使百姓纷纷揭竿而起
军阀割据
使东汉王朝面临崩溃的边缘

幼帝临朝

东汉中期以后，继位的皇帝大多年幼，大部分年幼皇帝都成为权力的傀儡。

梁冀专权

外戚梁冀先后立了三位皇帝，把持朝政，倒行逆施，最终被汉桓帝处死。

外戚和宦官乱政

东汉后期，外戚和宦官交替专权。他们轮流把持朝政，任用亲信，诛杀异己，导致政治腐朽不堪。

五侯乱权

因为拔除梁冀有功，五名宦官被封侯。皇帝本想依靠这些宦官治理朝堂，没想到朝政又被宦官控制。

党锢之祸

桓帝时，一些有骨气的官员和太学生联合起来反对宦官专政，结果反而被宦官迫害。

公开卖官

汉末，为了填补军费和财政的巨额支出，政府公开标价买卖官爵。地方官比朝官价格高一些，县官价格不一。

羌人起义

由于东汉边境官员暴虐腐败，羌人不断反抗。从汉安帝起，羌人发动了三次大规模的起义。

黄巾起义

黄巾起义是由张角、张宝、张梁等人领导的。起义虽然以失败告终，但沉重打击了东汉的统治。

汉代历史大事记

公元前 202—220 年（包括王莽和更始帝）

公元前 202 年

君临天下

项羽兵败自杀，汉王刘邦即皇帝位，是为“汉高祖”，定都咸阳以东的长安。

公元前 193 年

病榻问相

相国萧何临终之际，汉惠帝刘盈问他，死后谁可接其位，萧何推荐曹参接替自己的位置。

公元前 154 年

七国之乱

七国之乱是诸侯王势力与中央专制皇权之间矛盾的爆发。七国之乱的平定，标志着西汉诸侯王势力的威胁基本被清除，中央集权得到巩固和加强。

公元前 138 年

张骞第一次出使西域

因匈奴边患，汉武帝派遣张骞出使西域，联络大月氏夹攻匈奴。

公元 8 年

王莽篡汉

王莽逼太子禅位而称帝，改国号新，终因急于改革，治国不当，为农民起义军所杀。

公元 23 年

昆阳之战

更始元年（23 年），刘秀指挥绿林军对战王莽政权，以少胜多。这是绿林军推翻王莽政权的一次战略性决战。

公元 92 年

戚宦之争

大将军窦宪被宦官郑众诛杀，汉和帝宠信郑众，东汉进入宦官外戚交替干政的时代。

184 年

黄巾起义

黄巾起义是由张角、张宝、张梁等人领导的。起义虽然以失败告终，但沉重打击了东汉的统治。

图书在版编目（CIP）数据

藏在博物馆里的中国历史·秦汉 / 有识文化，成都地图出版社编著；李红萍绘 . -- 成都：成都地图出版社有限公司，2023.12

ISBN 978-7-5557-1863-5

Ⅰ. ①藏… Ⅱ. ①有… ②成… ③李… Ⅲ. ①中国历史—秦汉时代—通俗读物 Ⅳ . ① K209

中国版本图书馆 CIP 数据核字（2021）第 263631 号

藏在博物馆里的中国历史·秦汉

CANG ZAI BOWUGUAN LI DE ZHONGGUO LISHI · QIN-HAN

策　　划　唐　艳
主　　编　鄢来勇　刘国强　黄博文
副 主 编　姚　虹　范玲娜　唐　艳
责任编辑　陈　红
审　　校　魏小奎　吴朝香　王　颖　赖红英　田　帅
责任校对　向贵香
审　　订　肖圣中　邹水杰　毋有江　李春燕　李青青
　　　　　聂永芳　刘国强　姚　虹　张　忠　程海港
出版发行　成都地图出版社有限公司
印　　刷　运河（唐山）印务有限公司
经　　销　全国各地新华书店
开　　本　880 毫米 ×1230 毫米　1/16
总 印 张　40
总 字 数　640 千字
版　　次　2023 年 12 月第 1 版
印　　次　2023 年 12 月第 1 次印刷
书　　号　ISBN 978-7-5557-1863-5
审 图 号　GS（2021）8903 号
定　　价　268. 00 元（全 8 册）

藏在博物馆里的中国历史

三国两晋南北朝

有识文化
成都地图出版社 编著

成都地图出版社

三国、西晋

（220—280 年、266—316 年）

三国时期地图 …… 2

飞来的梦想

——青釉褐彩羽人纹双系壶 …… 4

群雄争霸 …… 6

“瓷”老虎

——“赤乌十四年”款青釉虎子 …… 8

赤壁之战 …… 10

庶民的理想

——“永安三年”款堆塑谷仓罐 …… 12

三国鼎立 …… 14

古代的“小编”

——青瓷对书俑 …… 16

浮华盛世 …… 18

战场上的御风者

——骑马陶俑 …… 20

西晋灭亡 …… 22

东州神兽

——青釉神兽尊 …… 24

魏晋风流 …… 26

风雅的生活 …… 28

三国、西晋历史大事记 …… 30

东晋、十六国

（317—420 年、304—439 年）

东晋十六国时期地图 …… 32

天下第一行书

——冯承素行书摹兰亭序卷 …… 34

偏安一隅 …… 36

所谓伊人，在水一方

——顾恺之洛神赋图卷（宋摹） …… 38

政权更迭 …… 40

金色花开，万束光来

——花树状金步摇 …… 42

纷乱的北方 …… 44

士族门阀 …… 46

文化成就 …… 48

东晋十六国历史大事记 …… 50

目录

CONTENTS

南北朝

（420—589 年）

南北朝时期地图 …… 52

石窟行军图 …… 54

南朝更迭 …… 56

人类故事大剧场

——云冈石窟佛像 …… 58

北魏一统 …… 60

勿以恶小而为之

——《九色鹿王本生图》 …… 62

分裂与复统 …… 64

冶铁技术 …… 66

神圣的匠心

——龙兴寺佛教造像 …… 68

社会制度 …… 70

十八乱冢的传奇

——青釉仰覆莲花尊 …… 72

科技与文化 …… 74

南北朝历史大事记 …… 76

三国时期地图

青瓷羊形烛台
三国时期的青瓷器在产量、种类和质量上都比东汉时期有所提高。
赤壁之战
孙刘联军在长江赤壁用“火攻”大破曹军，奠定了三国鼎立的基础。
三国赵濯青铜私弩
国家一级文物，上面的铭文反映了三国孙吴的世袭领兵制度。
曹植墓组玉佩
三国时期，玉佩出现了新形制，组合形式也发生了变化。
三顾茅庐
刘备想要兴复汉室，三次前往隆中拜访诸葛亮，请他出山。
匈奴
阿尔泰山脉
乌孙
天山山脉
昆仑山脉
羌
茈
葱
羌
发
喜马拉雅山脉

霹雳车
由曹操命工匠所造，用于战场上向对方发射石块，威力巨大。
大兴安岭
卑
夫余
挹娄
长白山脉
沃沮
高句丽
阴山山脉
贺兰山
羌胡
河水
黄河
渤海
魏
黄海
东海
神兽纹青铜镜
三国时期，吴国拥有丰富的铜矿，青铜镜制造业最发达。
蜀
汉
长江水
吴
大泉五千
三国孙吴所铸的大钱，圆形方孔，存世极少。
钓鱼岛
赤尾屿
夷洲
朱崖洲
南海
（涨海）
蜀汉
吴
夷洲
朱崖洲
南海
（涨海）
南海

飞来的梦想

——青釉褐彩羽人纹双系壶

“飞来的梦想，将前生与来世的故事都说透。”

青釉褐彩羽人纹双系壶是南京六朝博物馆的镇馆之宝，也是国家文物部门规定的“禁止出国（境）展览的文物”，任何人想要目睹它的真容，只能亲临六朝博物馆。

青釉褐彩羽人纹双系壶造型完美，细颈盘口，壶腹圆鼓。盖贴塑一鸾鸟为钮，周围绘两柿蒂纹及四组人首、鸟、仙草纹图案。双系壶描绘有 21 个羽人，上层 11 人，下层 10 人，两两相对。羽人双手持节，其间以仙草和云气纹点缀，笔墨流畅，气韵生动。彩绘图案充满神奇怪异气氛，反映了当时的社会思想和习俗。

这件青釉褐彩羽人纹双系壶集陶瓷工艺与绘画技巧于一身，该壶采用了釉下彩绘工艺。整个壶体是用褐黑彩在瓷胎上作画，然后施以青釉，入窑经 1300℃的高温烧成，是已出土的东吴时期

最完整的绘画艺术珍品，也是我国迄今为止最早以绘画技术美化瓷器的器物，堪称瓷器中的极品。

文物档案

名称：青釉褐彩羽人纹双系壶
年代：三国
材质：瓷
规格：通高 32.1 厘米
口径 12.6 厘米
腹径 31.2 厘米
底径 13.6 厘米
出土地：江苏南京
收藏地：南京六朝博物馆

群雄争霸

混乱的时局成为了野心家的舞台。

诸侯割据，烽火连天
时代造就英雄
有人崛起，有人谢幕
天下已经没有共同的主人

董卓之乱

东汉末年，陇西豪强董卓率军进入洛阳，另立刘协为帝，各地诸侯起兵讨伐，董卓兵败，洛阳被烧成一片废墟。

吕布

吕布，字奉先，董卓义子，英勇无比。董卓赞其武艺而赠予赤兔马，后人称“人中吕布，马中赤兔”。

“挟天子以令诸侯”

196 年，曹操迎接汉献帝刘协到许昌建都，独揽朝政，开始“挟天子以令诸侯”。

官渡之战

200 年，河北军阀袁绍起兵攻打曹操，两军对峙于官渡，曹军声东击西，偷袭乌巢，大败袁绍。此战奠定了曹操统一北方的基础。

东汉就像是一个垂暮的老人
狼烟四起的大地
预示着这个王朝的结局

三顾茅庐

刘备想要复兴汉室，三次前往隆中请诸葛亮辅佐自己。诸葛亮最终被刘备的诚心感动，出山辅佐刘备。

割据江东

孙坚之子孙策、孙权，继承父业，举贤任能，爱护百姓，终于在江东建立割据政权。

孙刘联盟

曹操南征荆州，势如破竹，刘备败走，求救于江东。鲁肃说服刘备与孙权联合，但孙权持观望态度。诸葛亮请命出使东吴，说服孙权联盟抗曹。

赤壁之战

208年，孙刘联军在长江赤壁用“火攻”的计策大破曹军。这是中国历史上以少胜多、以弱胜强的著名战役，此战奠定了三国鼎立的基础。

“瓷”老虎

——“赤乌十四年”款青釉虎子

“越瓷中的精品之作，引领了三国时期的艺术潮流。”

初看这件文物，会让人心生疑惑，因为它像极了夜壶（尿壶）。夜壶在唐朝以前叫虎子，虎子起源于战国时期，流行于汉及六朝，因外形似虎而得名，总体造型基本一致，每个时代在细节刻画上有所不同。

关于虎子的用途，通常认为是一种尿壶，但此器腹部刻有“赤乌十四年会稽上虞师袁宜作”和“制宜”的铭文，表明袁宜于东吴赤乌十四年（251 年）制作了这件瓷器。它是中国现有纪年铭文的古瓷中，时间最早的一件。同时，它明确地标明吴帝的年号和瓷工自己的姓名，不应该作为尿壶，而应是当时盛水的水器。

这件青釉虎子由越窑烧制，全身饰淡青釉，通体浑圆，斜颈圆口，腹上有弓背奔虎状提梁，尾随器弯曲下垂，似一只蹲伏的

猛虎。铭文是先划在器坯上的，然后再涂上青釉烧制而成，说明是特意精心制作的。

魏晋以来，战乱不已，文人士大夫对生命和人生有着深刻的感受，开始追求现实生活的精细与艺术，由此助推了青瓷的生产。

文物档案

名称：“赤乌十四年”款青釉虎子
年代：三国
材质：瓷
规格：高 15.7 厘米
长 20.9 厘米
出土地：江苏南京
收藏地：中国国家博物馆

赤壁之战

为了阻止曹操南下，孙权和刘备组成联盟，在长江赤壁一带击败了南下的曹操大军。

黄盖提出火攻敌船的计策，烧毁了曹军的大量战船，孙刘联军大破曹军。

曹军撤退前将剩余的战船都烧毁了，又因饥疫，导致大半战士都被饿死。

赤壁之战是东汉末年最著名的一场战役，也是史上第一次大规模的长江作战。
赤壁之战对当时整个局势有关键性的影响，为三国鼎立局面的形成奠定了基础。

庶民的理想

——“永安三年”款堆塑谷仓罐

“丰衣足食，是每个乱世小民的生活理想。”

谷仓罐盛行于三国和西晋时期，由东汉时的五联罐演变而来，形状如坛，是当时越窑烧制的殉葬品。罐上堆塑的内容复杂，亭台楼阁、飞禽走兽、乐舞杂技、当时贵族豪门生前居住的城堡式楼阁建筑，以及奢侈的生活场景等，其目的在于“所堆之物，取子孙繁衍、六畜繁息之意。以安死者之魂，而慰生者之望”。

这款“永安三年”款堆塑谷仓罐由大小罐重叠而成，大罐上面置有四小罐。器身堆贴多组纹饰，上半部一面为崇楼飞檐，楼下有碑阙、走兽，阙下有八位侍仆各执不同的乐器，正面席地而坐；四小罐上飞鸟栖落。谷仓的下半部是一个完整的青瓷罐形，罐肩部位雕塑乌龟驮碑，碑面刻“永安三年”等二十四字，均为古语。龟周围有人物及鹿、猪、龟、鱼等动物。整个胎体呈灰白色，平

底略显内凹。

1700多年前的庄园五谷丰收的场景在这个谷仓罐上得到淋漓尽致的展现，生活气息浓郁。由此也可以看出，当时农业得到长足发展。这件精美的随葬品，跟随主人于泥土中千余年之久，可能在祈求主人仍能享受生前五谷丰登的喜悦吧。

文物档案

名称：“永安三年”款堆塑谷仓罐
年代：三国
材质：瓷
规格：高 46.4 厘米
口径 11.3 厘米
底径 13.5 厘米
出土地：浙江绍兴
收藏地：故宫博物院

三国鼎立

天下乱了太久
百姓最卑微的愿望
是迎来太平的日子

三国鼎立局面的出现实现了几个大范围的局部统一，是历史的一大进步。

统一北方

官渡之战后，曹操取代袁绍统一了北方地区，后来又陆续平定汉中张鲁和西凉马腾、韩遂、马超等割据势力，统一了关中和西北地区。

夺取益州

割据益州的刘璋因惧怕曹操而请占据荆州的刘备率军入川抵御曹操，后来二人反目，刘备乘势夺取了益州。

败走麦城

吕蒙趁关羽北上进攻樊城之际，率军偷袭荆州。关羽腹背受敌，退守麦城，后被东吴擒获，宁死不屈，被孙权斩杀。至此，孙刘联盟宣告破裂。

三国鼎立

220年，曹丕篡汉称帝，国号魏；221年，刘备称帝，史称蜀汉；229年，孙权称帝，国号吴。三国鼎立的局面形成。

分久必合，合久必分
群雄并立，大浪淘沙
却终归逃不过天下一统的结局

司马代曹

曹魏后期，司马氏排除异己，逐步控制朝政。266 年，司马炎取代曹魏称帝。

诸葛亮北伐

诸葛亮先后对曹魏发起五次进攻战，均未取得重大进展，没能实现“兴复汉室”的目标。

乐不思蜀

曹魏攻打蜀汉，后主刘禅（shàn）投降，被安置在洛阳。司马昭设宴款待，席间刘禅欢喜如常，毫无亡国之痛。

“楼船”下益州

280 年，司马炎派遣王濬率领拥有高大的战船“楼船”的西晋水军，从益州沿长江而下，讨伐吴国，吴军节节败退。吴主投降，吴国灭亡。至此，西晋统一天下。

古代的“小编”

——青瓷对书俑

“一人读书，校其上下得谬误，为校；一人持本，一人读书，若怨家相对，为雠（chóu）。”

俑，是一种殉葬用品，春秋战国时期已经出现，早期的俑材质多为陶或木。这件青瓷对书俑是西晋时期的瓷器，也是迄今为止发现的唯一的对书俑，十分难得。

对书俑是先捏制，而后雕刻成型，通体施青釉，人物头戴晋贤冠，这是汉代以来文官的通用官帽，身着长袍，相对而坐，距离很近，显得十分亲密，且人物神态栩栩如生。一人执笔和简，作书写状；另一人双手捧案，案上置简册。两人之间放置长方形书案，一端置箱，一端放有砚台和笔架，架上置笔两支。对书俑形象地反映了古人校对书籍的情景，也为研究西晋文官制度提供了实物证据。

对书俑所展示的工作——“对书”，相当于我们今天的编辑。

晋代以前，文献都是抄在简牍、布帛之上，抄写过程中，不时会出现一些错误，于是抄写后的校对工作显得尤为重要。东汉时期，校对正式成为了一种正式官职。这对略显风趣和憨厚的“小哥俩”相对而坐，进行着典籍的校对工作，显得非常认真和敬业。

文物档案

名称：青瓷对书俑
年代：西晋
材质：瓷
规格：高 17.2 厘米
宽 7.8 厘米
出土地：湖南长沙
收藏地：湖南省博物馆

浮华盛世

把私生活过到了极致
统治者的荒淫与残酷
又开始搅乱了这个国家

西晋的繁华犹如昙花一现。

太康盛世

太康年间，社会经济发展，民生富庶，天下安宁，西晋进入了“昙花一现”的繁荣时期。

占田、课田制度

这是西晋政府为恢复农业生产、增加财政收入而制定的土地、赋税制度，既承认了农民对原有土地的合法使用权，又提高了农民的开荒积极性。

奢靡成风

晋武帝时期，王公大臣生活奢侈，挥金如土，争奇斗富，竞相攀比，导致政治腐朽，社会风气败坏。

天子谋私利

晋武帝不仅生活奢侈成风，还卖官捞钱，卖官所得钱财居然不入国库，反而进自己腰包。

司马炎造就了帝国

也埋下了隐患

皇族相互攻讦，贵族不务正业

何不食肉糜

晋惠帝听闻灾荒中饿死了许多吃不起饭的百姓，居然诧异地问："他们为什么不吃肉粥？"

门阀政治

西晋时，世代为官的名门望族把控着朝廷中显要的官职，朝堂之上，"官二代"和"官三代"比比皆是。

贾后专政

"丑八怪皇后"贾南风长相黑丑，凶狠狡诈，拉拢外臣，挑起内乱，把持朝政，引发了"八王之乱"。

八王之乱

西晋司马氏同姓王为争夺政权而爆发了历时16年的混战，社会经济遭到严重破坏，西晋政权摇摇欲坠。

战场上的御风者

——骑马陶俑

“人骑合一，马镫问世。”

骑马陶俑出土于一个墓葬中，该墓一共出土 29 件陶俑，其中 23 件为仪仗俑。魏晋之际是世家大族势力的鼎盛时期，其出行必然是车马喧哗、仪仗威严。仪仗人员的多少是官员身份高低的标志。这件陶俑为我们展现了豪门贵族仪仗骑士的风采。骑俑的面部及冠服雕刻细腻传神，马体矮小，额饰当卢，有辔无缰，头顶上弯曲的长角，供骑者扶手。马颈前佩有“挡牌”，尾下垂。背上设有马鞍，鞍左前缘上系有三角形马镫，供上马踏足之用。此器为研究西晋衣冠和马饰的精品。

此俑马鞍的两端已从平坦转为高翘，表明西晋时期已出现了鞍桥。鞍桥的使用限制了骑手身体前后滑动，为骑手提供了纵向的稳定。

中国古代在很长时间里并无马镫，骑乘者上马费力，骑乘时要双腿夹紧马腹。此墓中出土的骑马陶俑中，有的马匹一侧有三角形马镫，是目前所见最早的马镫模型。

至 4 世纪，单侧马镫逐渐发展为双侧马镫。马镫的出现，为骑乘技术的发展和组建重装骑兵奠定了基础。

文物档案

名称：骑马陶俑
年代：西晋
材质：陶瓷
规格：通高 22~24 厘米
出土地：湖南长沙
收藏地：中国国家博物馆

西晋灭亡

一个看似强大的王朝
把一盘大好的棋局下得稀烂

西晋的灭亡，象征着又一个乱世的开始。

流民起义

西晋末年，天灾不断，兵连祸结，流离失所的百姓因受不了西晋统治者的压迫而纷纷起义。

五胡乱华

西晋末年，匈奴、鲜卑、羯、羌、氐五个游牧民族联盟趁八王之乱之际向内地迁徙，逐渐盘踞华北地区，势力不断壮大。

李雄称帝

陕西、甘肃的流民领袖巴氐族人李特、李流兄弟打败了官军。后来李特之子李雄占领成都称帝，国号成。

刘渊称帝

匈奴族首领刘渊自称是汉代皇帝的外甥，在西晋内乱时起兵反晋，于308年称帝，国号汉。

西晋内部的腐朽不可逆转
游牧民族纷纷开始反抗

临阵脱逃

刘渊之子刘聪派兵围攻洛阳，执掌大权的东海王司马越以讨伐石勒为借口，率军离开。

洛阳城破

刘聪的部将刘曜攻破洛阳后，俘虏晋怀帝，大肆烧杀抢掠，洛阳再度成为一片废墟。

永嘉南渡

永嘉年间，北方战祸不断，南方相对安定，洛阳失陷后，大批贵族官僚、平民百姓纷纷渡江南下。

西晋灭亡

316 年，刘曜攻陷长安，晋愍帝哭着出城投降，西晋灭亡。

东州神兽

——青釉神兽尊

“兽尊张牙舞爪、威风八面，似乎要将一切凶险和邪气驱离。”

青釉神兽尊是一尊造型独特的神兽，有人说它与神兽“貔貅”极为相似，也有人说它很像上古神兽“穷奇”。

神兽尊造型奇特，体量大，略微呈梨形，又像个大鱼篓。器表堆塑形象狰狞的神兽纹饰，正面塑出兽头及四肢。神兽头部昂起，双眼仰视，鼻孔朝天，张口含珠，吐舌露齿，颈下有胡须垂至腹部，四肢紧贴前胸及腹部，前肢上举外翻，后肢下撑伏地蹲坐，背后有五个小半圆形扁横凸脊。这尊神兽显示了工匠高超的雕塑技艺和丰富的想象力，代表了当时瓷器工艺的最高水平，确是独具一格的青瓷精品。

青釉神兽尊并非是一件普通的日常酒器，而是一件精美的冥器，出土于江苏宜兴的周氏家族墓葬，墓主人是三国东吴时期的

名将周鲂。神兽有避灾去邪的作用，当时社会动荡，民不聊生，人们大多有避世思想，所以对神兽的崇拜成为当时普遍的现象。周鲂的儿子将这件神兽尊放入父亲的墓穴之中，就是希望神兽能护佑家人九泉之下的平安，不受妖邪侵扰。

文物档案

名称：青釉神兽尊
年代：西晋
材质：瓷
规格：高 27.9 厘米
　　　口径 13.2 厘米
出土地：江苏宜兴
收藏地：南京博物院

魏晋风流

士人们特立独行，风流潇洒
寄情于山水，不拘于俗世
打开了中国历史上最精致的
古典生活方式

魏晋是一个动乱的时代，也是一个思想活跃的时代。

建安文学

建安年间，以曹氏父子、建安七子为主要代表，开创了一代文学新风，史称“建安文学”。

竹林七贤

魏晋时期，嵇康、阮籍、山涛、向秀、刘伶、王戎、阮咸七人常在竹林之中喝酒、纵歌，肆意酣畅，世谓七贤。

玄学清谈

当时的文人雅士把对“三玄”的研究与解说形成的学问，称为“玄学”。他们时常聚在一起，讨论阐述玄学见解，品评人物，言谈清雅，故称“清谈”。

《三国志》

史学家陈寿的著作《三国志》，是研究三国历史最出色的一部，也是二十四史中评价最高的“前四史”之一。

魏晋南北朝时期，战乱频发
却也是一个思想活跃的时代

不信鬼神的“另类”

范缜不相信佛教的因果报应，写了《神灭论》驳斥佛教观点，成为当时人们眼中的“另类”。

鄙视权贵

权贵钟会造访在家门口大树下打铁的嵇康，嵇康不理不睬，旁若无人。钟会觉得无趣，悻悻地离开。

画家曹不兴

著名画家曹不兴擅长画龙、人物和佛像，他画的苍蝇连孙权看了都忍不住举手去弹。

醉酒避亲

司马昭想和阮籍结为亲家，阮籍为了躲避亲事，每天都喝得酩酊大醉，让前来提亲的人根本没法开口，司马昭不得不放弃。

风雅的生活

魏晋时期，新兴门阀士族阶层的生存处境极为险恶，同时其思想行为又放逸潇洒和不拘礼节。

“竹林七贤”是指嵇康、阮籍、山涛、向秀、刘伶、王戎、阮咸七人。

由于统治者的血腥残暴，士人不能直抒胸臆，只好采用比兴、象征等手法，隐晦地表达思想。

“竹林七贤”的作品在精神上继承了“建安风骨”，也出现了危机感和幻灭感，反映了残酷的政治现实。

以魏晋风度为开端的儒道互补的士大夫精神，从根本上奠定了中国知识分子的人格基础，影响相当深远。

三国、西晋历史大事记

220—280 年、266—316 年

220 年

曹丕篡汉

东汉丞相曹丕迫使汉献帝禅让帝位，自称皇帝，定都洛阳，国号“魏”，史称曹魏，标志着三国时代从此正式开始。

229 年

三国鼎立

220 年，曹丕篡汉称帝，国号魏；221 年，刘备称帝，史称蜀汉；229 年，孙权称帝，国号吴。三国鼎立的局面形成。

264 年

乐不思蜀

曹魏灭蜀汉后，魏帝将蜀汉后主刘禅迁至洛阳居住。司马昭设宴款待，席间刘禅欢喜如常，毫无亡国之痛。

266 年

司马代曹

魏国权臣司马炎迫使魏元帝禅让帝位，建立西晋。

280—289年

太康盛世

太康年间，社会经济发展，民生富庶，天下安宁。历史上称这个时期为“太康盛世”。

291年

八王之乱

西晋皇族展开了一场历时16年之久的皇权争夺战。这是历史上最严重的皇族内乱之一。

308年

刘渊称帝

刘渊建立了赵汉政权，公开对抗西晋王朝。

316年

西晋灭亡

洛阳失守后，被迫在长安即位的晋愍帝被俘，西晋灭亡。

东晋十六国时期地图

晋太元七年、前秦建元十八年（382 年）

东晋"颜綝"六面铜印

六面印多为晋代私印，该印刻有"颜綝""颜綝白事"等六种印文。

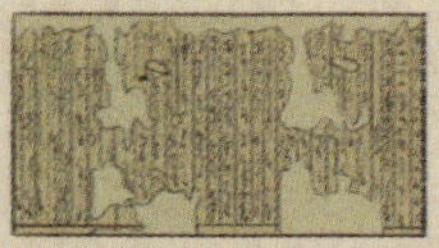

残写经纸

纸张的白度增加，表面平滑，结构紧密，有帘纹，纸质明显提高。

玄武砚滴

砚滴是文房用具，龟蛇古称玄武，是"四神"中的南方之神。

东晋陶牛车

陶牛车再现了东晋时期豪门贵族出行时的交通工具。

德清窑黑釉鸡首壶
浙江德清窑擅长烧黑釉瓷，开辟了古代颜色釉瓷器的新领域。
抱朴子内篇
抱朴子外篇
《抱朴子》
晋代葛洪编著的一部道教典籍，总结了魏晋以来的神仙家的理论。
大兴安岭
挹娄
夫余
长白山脉
车
柔然
高句丽
东晋金嵌金刚石指环
指环金质，斗内镶嵌有金刚石，为中国目前已发现最早的钻石戒指。
阴山山脉
贺兰山
渤海
河
前秦
黄
水
河
白玉蟠螭环
浑
黄海
东海
东海
东晋铜方炉
炉上纹饰粗放简括，制工精良，为东晋贵族的生活用具。
长江
水
钓鱼岛
赤尾屿
东晋
桓温北伐
荆州刺史桓温灭亡成汉之后，率军北伐，收复洛阳。
夷洲
朱崖洲
南海（涨海）
东晋
朱崖洲
夷洲
南海（涨海）
南海

天下第一行书

——冯承素行书摹兰亭序卷

“一死生为虚诞，齐彭殇为妄作。”

东晋穆帝永和九年（353 年）三月初三，大书法家王羲之与谢安、孙统、孙绰等 41 位文人雅士、亲朋好友在浙江绍兴会稽山阴的兰亭溪畔集会“修禊（xì）”（古代的基本祭祀之一），饮酒赋诗。王羲之在酒酣意畅、神采飞扬之际用蚕茧纸、鼠须笔为会上所得之诗作序，写就了千百年来令无数书法爱好者为之倾倒的“天下第一行书”——《兰亭序》。宋代书法家米芾称《兰亭序》为“天下第一行书”，王羲之更被后世公认为“书圣”。

《兰亭序》全文 28 行 324 字，字字精妙，潇洒飘逸，点画犹如舞蹈。作品布局疏密有致，笔法变化多端，刚柔相济，非心旷神怡者不能为之。王羲之用他的书法技巧将良辰美景描绘得超凡脱俗，人生感悟与自然之美和谐交融，令后世临摹者往往赞叹

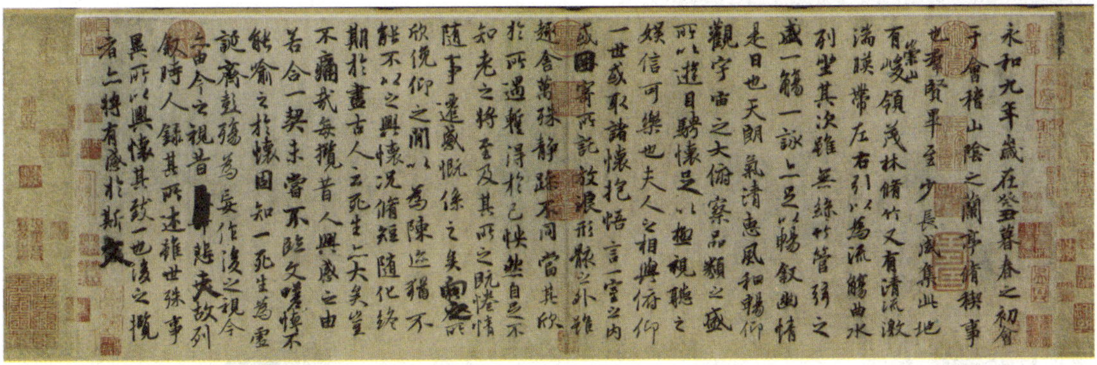

于王羲之出神入化的书法技艺，如水般流畅的文采。

相传王羲之的《兰亭序》原作葬入了昭陵。唐代多有摹本，此卷原题《唐摹兰亭》（传为冯承素摹），因有唐中宗神龙年号小印，故被称为“神龙本”。摹本精妙，非他本所及，最能表现王羲之书法的艺术特点。

文物档案

名称：冯承素行书摹兰亭序卷
材质：纸
规格：纵 24.5 厘米
横 69.9 厘米
出土地：不详
收藏地：故宫博物院

偏安一隅

占据南方半壁江山，也仍然无法避免动乱。

东晋建立

317年，西晋皇族司马睿在建康称帝，重建晋王朝，史称“东晋”。

祖逖北伐

闻鸡起舞的名将祖逖领导的北伐，得到了北方人民的响应，一度收复大片故土，但后来被司马睿猜疑，忧愤离世。

南北士族矛盾

东晋建立后，北方士族与南方士族之间矛盾重重，争权夺利，内乱频发。

“窝囊皇帝”司马睿

司马睿面对王敦叛军的要挟，不仅无力阻止大臣的逃离，还想着让出皇位，以保性命。

文明虽然得以存续
但苟安的晋王朝并没有励精图治
草草结束的北伐，无休止的内斗
人们只能得过且过

中原文化在南方落地生根
而北方战乱不断
中原汉人大规模南迁

“王与马，共天下”

司马睿建立东晋后，为了对琅琊王氏表示感谢，大力封赏王氏。王氏之盛，有“王与马，共天下”之说。

苏峻之乱

苏峻在平定王敦叛乱后，借口铲除庾亮发动叛乱，攻占建康，后来为平叛大军所杀。

桓温北伐

东晋权臣桓温率军北上，拉开了自永嘉之乱以来的最大规模北伐。在第二次北伐过程中，收复洛阳。奈何统治者苟安东南，无意北还。

废帝立威

大权在握的桓温第三次北伐失败，为了挽回威望，他废掉皇帝司马奕，立司马昱为新皇帝。

所谓伊人，在水一方

——顾恺之洛神赋图卷（宋摹）

“斯人哀伤的究竟是洛神，还是那座伟大的洛城。”

《洛神赋图》传为东晋著名画家顾恺之所作。它根据三国时期曹植的著名文学作品《洛神赋》创作而成，用连续的画面层次分明地描绘出曹植与洛神真挚纯洁的爱情故事，被认为是第一幅改编自文学作品的画作。

《洛神赋图》原图现已遗失，现存故宫博物院的为宋人摹本。

画面中，黄昏之时，曹植率领随从从洛阳返回封地，抵达洛水之滨时暂歇车马。微风泛起之时，洛神从烟波浩渺之中走来，曹植被洛神的绝世之美所深深吸引，遂解玉佩相赠表达对洛神的深切爱慕。奈何人神殊途，洛神乘云车而去，曹植目送洛神，洛神不舍地回望，彼此流露出不舍与依恋。曹植乘舟溯流而上追赶洛神，踪影难觅，无奈在洛水边苦苦等待，最后怅然踏上归途。

（局部）

整幅画卷人物安排疏密有致，景物描绘相得益彰，使曹植无限惆怅的情意生动地呈现在画卷上，使观者被洛神与曹植间的真情所感染。

《洛神赋图》开辟了中国传统绘画长卷的先河，使中国人的审美境界提升到了一个新的层次，不愧为中国古典绘画中的瑰宝。

文物档案

名称：顾恺之洛神赋图卷（宋摹）

材质：绢

规格：纵 27.1 厘米

横 572.8 厘米

出土地：不详

收藏地：故宫博物院

政权更迭

北方的统一给了百姓短暂的和平
但前秦也在忘乎所以中
埋下了失败的种子

前秦顺应了民心与世道，逐步结束乱世，统一北方。

刘汉内乱

刘聪灭西晋后，沉湎酒色，统治残暴，导致地方割据势力与皇族内部争权夺利，内乱不断。

前赵另立

刘聪的族弟刘曜被拥立为帝，消灭叛军，迁都长安，次年改国号为“赵”。

石勒勤政

羯族人石勒南征北战，建立后赵。他在位期间，吸收汉族文化，重视农业生产，促进了北方的经济发展和民族融合。

石虎乱政，冉魏立国

石勒的侄儿石虎自立为帝，其统治残暴，父子兄弟之间相互残杀。大将冉闵趁机夺权，自立为帝，国号魏，史称冉魏。

此时的南北方如同两个世界
北方的政权更迭像变魔术一样

前燕灭魏

生活在辽东的鲜卑族慕容部建立了前燕政权，继而进攻冉魏。冉闵率兵抵抗，兵败被俘，冉魏宣告灭亡。

前秦灭燕

370年，由氐族建立的前秦大举进攻前燕，前燕兵败而亡。

前秦统一北方

前秦皇帝苻坚任用贤臣，励精图治，先后灭掉了前凉和代国，基本统一了北方地区。

名相王猛

王猛是前秦皇帝苻坚眼中的“诸葛亮”。他文武双全，善于谋略和用兵，为前秦统一北方作出重大贡献。

金色花开，万束光来

——花树状金步摇

“美可以畅通无阻地越过遥远而艰险的边境。”

步摇，是中国古代妇女钟爱的头戴饰品，起源很早。“步摇”一词最早出现在战国时期。形制多为凤凰蝴蝶类，有的点缀有流苏，随着佩戴者走路而摇曳摆动，故名步摇。《释名·释首饰》曾记载：“步摇，上有垂珠，步则动摇也。”

这对金步摇出土于北票市房身村，底部呈方形，用来缠绕固定头发。连接底部的树杆呈椭圆花形，中部有花形镂孔，树枝均由树杆延伸出去，工匠以金博山上缭绕的步摇枝为托，经手工弯曲后做出几个圆环，薄如蝉翼的金叶片挂在圆环上。它们佩戴于贵妇头顶，当主人走动时一步一摇动，金叶片随风轻摆，像一树金色的花，光耀四方。

在当时的中原地区，金步摇已经较为普遍，但在鲜卑族中，

这种金步摇只有鲜卑族的贵妇才能拥有，是一种阶级和身份的象征。

这对金步摇在 1600 多年前妆点着它们北燕国的主人，见证了鲜卑慕容氏的兴衰。这些薄如蝉翼的金叶片在历史的明明灭灭中，也记录着政权的频繁交替。

文物档案

名称：花树状金步摇
年代：十六国
材质：金
规格：高 27.3 厘米
出土地：辽宁朝阳
收藏地：辽宁省博物馆

纷乱的北方

分分合合，才是动荡时代的常态。

北魏崛起

鲜卑族拓跋珪（guī）建立了北魏，逐步消灭了周边政权，崛起于北方。

后燕复国

前燕皇族的后代慕容垂是苻坚的部将，他趁苻坚淝水之战失败，联系旧部，建立了后燕。

淝水之战

苻坚骄傲自满，率大军进攻东晋，结果在淝水之战中大败。这是苻坚一生中栽过的最大跟头。

西燕建立

前燕皇族的后代慕容泓，起兵攻打前秦，建立了西燕。

姚苌（cháng）叛前秦

羌族军阀姚苌背叛了前秦，在苻坚背后捅刀子，建立了后秦。

鲜卑族人建立的北魏
开始崛起于漠北的草原
如雄鹰一样展翅欲飞

这是一个动荡的时代
前秦在淝水的溃败让北方再度分裂
中原大地到处都剑拔弩张
混乱不能这么一直下去

赫连勃勃

南匈奴人赫连勃勃，性情残暴，喜怒无常，先后投靠各方势力，反叛后秦，起兵自立，建立了夏。

西燕灭亡

后燕皇帝慕容垂起兵向同族的西燕大举进攻，可怜的西燕立国只有 11 年就被灭亡了。

北魏灭燕

崛起于北方的北魏，磨刀向后燕，后燕被一分为二，苟延残喘，最终仍为北魏所灭。

后燕分裂

后燕都城被北魏攻下后，分裂为北燕和南燕，从此一蹶不振。

士族门阀

魏晋之际，封建官僚贵族世代为官，把持政权，形成了强大的社会政治势力。

士族门阀，是指在经济、政治、意识形态上具有强大实力的家族。

魏晋时期的人才选用一般只看重家族门第，很少看中人的真正才能。

士族官僚与自己的门生、旧臣结成集团，增强了自己的政治力量，成为士大夫的领袖。
普通平民阶层只能通过获得军功等其他方式来改变身份地位。

文化成就

东晋思想文化玄佛合融
追求率真与坦诚

无论政治、经济如何停滞，科学文化一直在进步。

书法家王导

王导是东晋政治家、书法家，擅长行草，书法自成一格，在当时颇有声望，有草书作品《省示帖》《改朔帖》传世。

《搜神记》

干宝为东晋文学家、史学家，被称作“中国志怪小说的鼻祖”。他撰写的志怪小说《搜神记》在中国小说史上有着极其深远的影响。

最会炼丹的男人葛洪

葛洪是东晋著名的炼丹家和医药学家，他所写的《抱朴子》不仅总结了炼丹术，还为医药学积累了宝贵的资料。

习凿齿

习凿齿为东晋著名史学家、文学家，所著的《汉晋春秋》是一部编年体史书，记述三国史事，以蜀汉为正统。

东晋偏安江南
在文学上却有一定成就
各类诗文歌赋都大盛于东晋

顾恺之

顾恺之是东晋著名画家，被称为“画绝”，代表作有《洛神赋图》。

亲田园的诗人

东晋陶渊明是田园诗派的领头人，他本性率真，写了大量的饮酒诗。

书圣王羲之

东晋书法家王羲之的《兰亭序》被称为“天下第一行书”，他本人有“书圣”之称。

李充与《翰林论》

李充是东晋时期学者、文学评论家、书法家、目录学家。他所著的《翰林论》是文体论在东晋发展的重要表现，对后世文学影响巨大。

东晋十六国历史大事记

东晋（317—420 年），十六国（304—439 年）

306 年

李雄称帝

306 年，李雄在成都称帝，国号成。338 年，李寿改国号为汉，史称成汉。

317 年

东晋建立

西晋灭亡后，司马睿在建康重建晋王朝，是为晋元帝，史称“东晋”。

354 年

桓温北伐

东晋将领桓温统率四万晋军从江陵出发，攻打前秦，最后无奈军粮不济，只得抱恨而归。

376 年

前秦统一北方

前秦皇帝苻坚任用贤臣，励精图治，先后灭掉了前凉和代国，基本统一了北方地区。

383年

淝水之战

苻坚骄傲自满，率大军进攻东晋，结果在淝水之战中大败，这是苻坚一生中栽过的最大跟头。

386年

北魏崛起

鲜卑族拓跋珪建立了北魏，逐步消灭了周边政权，崛起于北方。

409—417年

刘裕灭南燕、后秦

东晋将领刘裕率军北伐灭南燕，破北魏，亡后秦，收复失地，光复洛阳、长安两都。

420年

东晋灭亡

刘裕废晋恭帝后，自立为帝，建立宋国，是为宋武帝，东晋至此灭亡。

南北朝时期地图

宋元嘉二十六年、魏太平真君十年（449 年）

梵文贝叶经

北朝时期，由印度人采集贝多罗树的叶子来书写的梵文经书。

《文心雕龙》

南北朝刘勰（xié）所著，是中国第一部系统的文艺理论巨著。

织成金刚经

以往佛经多是刺绣品，后梁出现了用织机织成的《金刚经》。

北朝红地云珠日天锦

该锦为红地黄花两种色彩，图案以日天（太阳神）及狩猎纹为主。

鎏金鞍桥、马镫

侯景之乱

东魏叛将侯景被梁武帝萧衍收留后又反叛萧衍，将萧衍活活饿死。

北魏司马金龙墓漆屏风画

南北朝时期的重要画迹，画面内容沿袭汉代以来传统故事。

敦煌莫高窟

始建于前秦时期，以彩塑和壁画闻名于世，是现存最大的佛教艺术圣地。

青釉覆莲座烛台
可同时插5支蜡烛，是极为罕见的北朝青瓷。
魏碑
南北朝刻石以北魏最精，有"魏碑"之称，刻石上的书法对后世产生了巨大的影响。
然
高句丽
绞缬绢衣
这是一件北朝流行的襦，面料采用绞缬绢，绞缬又称扎染。
阴山山脉
玻璃瓶
南北朝时期，玻璃发展成为独立的工艺门类，实用玻璃瓶已出现。
贺兰山
北魏
渤海
黄
河
黄海
东
海
赤金帽花
古代帽子上的装饰物，有鲜明的北方游牧民族风格。
莲草纹砖
南北朝时期，佛教得到发展和普及，建筑上有了许多莲花的身影。
长
江
宋
东海
钓鱼岛
赤尾屿
夷洲
北周复统
北周武帝改革军队，出兵灭亡了北齐，统一了北方。
朱崖洲
南海
（涨海）
宋
夷洲
朱崖洲
南海
（涨海）
南海

石窟行军图

北魏是佛教思想盛行的时期，政府组织兴建寺庙，雕刻佛像，石窟造像是这一时期的代表产物。

石窟群中遗存到今天的雕像，主要是释迦牟尼和各大菩萨的单独形象，还有一部分则表现的是佛经故事。

石窟造像吸收了印度的艺术精华，也融合了中国绘画和雕塑的传统审美，反映了佛教思想汉化的过程。

龙门石窟、敦煌莫高窟、云冈石窟
和麦积山石窟并称为中国四大石窟。
石窟艺术以造像和壁画为主，是
一种取材于佛教故事的宗教文化。

南朝更迭

草草北伐的结局
使得南北朝隔淮河相望
在门阀士族制度下
权臣往往左右着王朝的生死

群雄逐鹿，多个政权争夺唯一的胜利旗帜。

孙恩、卢循起义

孙恩、卢循是失势的北方次等士族，因不满东晋的统治，领导了东晋时期最大的农民起义。

刘裕代晋称帝

东晋元熙二年（420年），刘裕代晋称帝，国号宋。他当政时，崇尚俭约，减轻赋税，奠定了元嘉之治的基础。

元嘉之治

刘裕的儿子刘义隆在位期间，政治清明，经济文化繁荣，形成了魏晋以来最好的社会局面。

萧道成夺权

刘宋皇室内部相互残杀，萧道成趁机掌握大权，经过多年谋划，登基称帝，建立南齐。

南朝维系了中华文化
但无论是宋齐还是梁陈
都没有统一天下的雄心与实力

梁武帝萧衍事佛

萧衍建立梁朝后，开始信仰佛教，还鼓动王公贵族一起信佛，导致国内政治涣散。

梁武帝北伐

梁武帝命弟弟萧宏出兵讨伐北魏。萧宏是个“公子哥”，只擅长敛财，这次北伐也因为他的逃跑而失败。

侯景之乱

东魏叛将侯景被梁朝萧衍收留，结果又反叛萧衍，将其活活饿死，上演了南北朝“农夫与蛇”的故事。

陈霸先称帝

梁朝大将陈霸先平定“侯景之乱”后，逐步取得了朝廷大权，于557年称帝，国号陈。他是历史上唯一一个用姓氏作王朝国号的皇帝。

人类故事大剧场

——云冈石窟佛像

“人类用自己短暂的生命，赋予文明更长久的精神。”

在山西大同武周山麓的断崖上，东西绵延 1 千米左右的云冈石窟依山开凿。石窟从北魏文成帝时期开始开凿，历时 60 余年。现存有主要洞窟 45 个、大小窟龛 252 个、石雕造像 51000 余尊，为中国规模最大的古代石窟群之一。

云冈石窟佛像多为宗教人物，形态端庄，宏伟巨大，佛像大小不一，最小的仅高 2 厘米，最大的高达 17 米。尤其是第 20 窟那尊露天大佛，是依照北魏开国皇帝道武帝的形象雕刻的，高达 17 米，是云冈石窟的代表之作。这尊大佛保存完好，双眸炯炯有神，面相丰润，神态肃穆。他微微前倾的身躯和棱角分明的嘴角，仿佛在向众生宣讲着佛法的真谛。大佛背光的大焰纹和飞天等浮雕十分华美，把大佛衬托得更加气韵雄放。

早期石窟（第 16 到 20 窟）由著名和尚昙曜奉北魏文成帝旨意主持开凿，人称昙曜五窟。五个石窟的中央都雕刻了巨大的如来佛像，象征北魏五朝的五代皇帝。

云冈石窟形象地记录了印度及中亚佛教艺术向中国佛教艺术发展的历史轨迹，反映出佛教造像在中国逐渐世俗化、民族化的过程。

文物档案

名称：云冈石窟佛像

年代：北朝

材质：石

规格：高 17 米

北魏一统

孝文帝推崇汉文化
决定对鲜卑进行全面汉化
使得北方的民族日趋融合

除了领土归属权外，还需达成文化、思想的统一。

坞壁

坞壁是一种防卫性建筑，起源于汉代。在魏晋南北朝时成为了一种应对战乱的民间防卫性建筑，是乱世中幸运者的“度灾之府”。

统一北方

北魏的君主励精图治，南征北战，于439年消灭北凉，统一了北方。

南北对峙

北魏统一北方后，与南方的刘宋政权并立，形成了南北对峙的政治格局。

国史之狱

北魏丞相崔浩主持编纂国史，直书了拓跋氏皇帝一些不愿人知的历史，因而被下令处死，许多北方大族被株连。

北凉的灭亡宣告了十六国乱世的终结
北魏创造了少数民族的奇迹
但北魏的统治者明白
马上打天下，却不能马上治天下

盖（gě）吴起义

胡人盖吴聚众反抗北魏的统治，各族人民纷纷响应，但盖吴不善于打仗，不久就被北魏消灭。

孝文帝改革

为了缓和民族矛盾，孝文帝拓跋宏实施了一系列汉化改革措施，连他自己也取汉名为“元宏”。

说鲜卑语就免官

孝文帝的改革措施中最重要的一条就是“禁胡语”，要求30岁以下的人和当官的人不准说鲜卑语，否则就会被免官。

迁都洛阳

为了推进改革，实现统一，加强社会统治，孝文帝借口讨伐南齐，迫使大臣们同意迁都洛阳。

勿以恶小而为之

——《九色鹿王本生图》

“诸恶莫作，诸善奉行。如影随形的善恶果报，是古人心中最质朴的理想。”

《九色鹿王本生图》是敦煌莫高窟第 257 窟的北魏时期的壁画，以横幅长卷形式连续画出佛的前身九色鹿王故事的八个情节，即：救人、溺水者行礼、国王与王后、溺水者告密、捕鹿途中、休息的九色鹿、溺水者指鹿、九色鹿陈述。

传说有一人掉入恒河，九色鹿将他救上岸，此人便许诺不将九色鹿行踪向外泄露，若违此誓，便口吐白沫、周身生疮。后来，这个国家的王后梦见九色鹿，要求国王猎杀九色鹿，用鹿皮做衣服。国王布告悬赏，溺水之人见利忘义，立即前去告密，并带领国王捕捉九色鹿。等溺水之人带国王军马来到时，九色鹿神通护

体不为刀剑所伤，并向国王诉说了溺水之人的誓言。国王深感羞愧，撤军回朝。溺水之人因违背了自己的誓言，口吐白沫、全身生疮而死。

壁画整体上，以鹿的白与国王的黑马形成对比，马所表现出的姿态多样且富有动态又与九色鹿的纯净安详相衬托，使画面张力十足。图中所选部分是“九色鹿陈述”的场景，生动地描绘了九色鹿富有人格的神态，表达了九色鹿控诉溺水者，不向邪恶屈服的性格。

文物档案

名称：《九色鹿王本生图》

年代：北魏

材质：石

规格：不详

分裂与复统

真正的强者，才有实力结束乱世。

与从前的分裂不同的是
文化的混合产生了
各种思想、政治、种族冲突
为后来的民族融合奠定了基础

元嘉北伐

南朝刘宋政权为收复河南失地，展开了第二次北伐，却被北魏军队反攻到长江北岸，从此刘宋实力大损。

六镇大起义

北方六镇的边防士兵和百姓因不满北魏的汉化改革，在遭遇天灾人祸后爆发了大起义，北魏统治面临崩溃。

河阴之变

北魏权臣尔朱荣以“匡扶帝室”为名，大肆屠杀北魏皇族和百官公卿，控制了北魏朝政。

北魏分裂

北魏内乱不止，高欢拥立元善见建立东魏，宇文泰拥立元宝炬建立西魏。至此，北魏一分为二。

北魏日益腐败的政治

不断爆发的大起义

让北方又开始重新陷入分裂之中

北齐纵容贪腐

北齐统治者为了调和鲜卑人与汉人的矛盾，对贪污现象采取纵容的态度。

北周复统

北周武帝通过一系列政策充实了军事力量，出兵灭亡了局势混乱的北齐，统一了北方。

宇文泰辅政

西魏的实际控制者宇文泰，在掌权期间整顿吏治，发展经济，团结各方，为后来的北周取代西魏奠定了基础。

隋国公辅政

北周静帝继位时才 7 岁，隋国公杨坚辅政，控制了北周的军政大权。

冶铁技术

冶铁业由政府管理经营，促进了社会经济的发展，最大的铁器生产地在江南地区。

人们将铁矿石作为原材料冶炼成铁，再把铁铸造成铁制用具。

战国时的铁具一般是农具，西汉时出现了大量铁制兵器，南北朝时期的冶铁技术达到了高峰。

冶铁业的发展，为社会提供了更多的就业机会和消费市场，提高了国家的财政收入。
鼓风机的发明是冶铁技术的一大进步。
南北朝时期已经出现了灌钢法，用此法制作的兵器坚韧锋利。

神圣的匠心
——龙兴寺佛教造像

“我们哭着降临世界，却可以笑着走向永恒。”

在青州一所学校修建操场的施工工地上，轰鸣的推土机扒开了龙兴寺地窖的尘土，窖藏千年的佛像重现于世间。

龙兴寺始建于北魏时期，是一处延续千余年的著名佛教寺院。窖藏各类佛教造像400余尊，其中最大的高320厘米，最小的仅高20厘米。这些佛教造像的年代从南北朝时期跨越到了北宋，其雕刻技巧高超，造像整体光洁平滑，衣着华贵，体态雍容典雅，雕刻细致入微，自然真实。在工艺上，造像采用了彩绘贴金工艺。彩绘都按标准画框、施彩，这种做法在佛教造像中是极为少见的，显得弥足珍贵。

佛教自印度传入我国后，佛教的塑造历史从未断绝，即便是在战火纷飞的南北朝时期，佛教文化依然蓬勃发展。地处交通要

冲的青州，文化交汇，佛教造像的风格异彩纷呈，表现出不同的审美情趣。龙兴寺佛教造像窖藏是迄今为止中国发现的数量最多的窖藏佛教造像群，为研究佛教在我国的传播及雕塑、绘画艺术的发展提供了珍贵资料，也为研究中国佛教美术史提供了极为重要的实物资料。

文物档案

名称：龙兴寺佛教造像
年代：南北朝
材质：石、陶等
规格：大小不一
出土地：山东青州
收藏地：青州博物馆

社会制度

这些当时出现的制度和现象深远地影响着后世

乱世催生出了新的制度和社会现象。

九品混通

北魏前期实行的赋税制度"九品混通"，把农户按财产的多少分为九等，再把国家规定正税的平均税额按等级分摊给各户。

均田制

为了保障国家税收的来源，北魏政府把国有土地分配给农民，农民向政府交纳租税，并承担一定的徭役和兵役。

三长制

北魏的"三长制"规定五家一邻长，五邻一里长，五里一党长。他们的职责是检查户口，监督农业生产，征收赋税，征发徭役和兵役。

部曲

"部曲"的产生和战争密切相关，他们是既要种地，又要保卫地主豪强的武装耕种者。

在强敌环伺的背景下
只有革新制度
王朝才能延续下去

佃客

依附于世家豪强，靠租种土地来谋生的佃农，被束缚于土地上，忍受着残酷的剥削。

交聘

南北朝对立时期，除了战争之外，双方还会互派使者访问，和平往来。

互市

在政府的主持下，中原王朝与周边各族之间的商品交易，被称为“互市”。南北朝时期，它有效地促进了南北方的经济发展，但常常因为南北关系的破裂而告终。

府兵制度

府兵平时是农民，农闲时参加训练，战争爆发时自备武器和马匹参战。

十八乱家的传奇
——青釉仰覆莲花尊

"流水的王朝，铁打的世家。"

青釉仰覆莲花尊出土于河北景县封氏墓群。该尊通体施青灰色玻璃质釉，长颈溜肩，圆腹。口沿贴六个团花，肩部贴六双环形系。上下部莲瓣相呼应。口上附一雕刻莲花状的器盖。此尊集堆塑、镶贴、雕贴诸技于一器，造型雄伟，装饰富丽，是研究北朝瓷器及其装饰工艺不可多得的重要实物资料。

莲花尊成型和烧制都是比较困难的，成型采用分段拉坯和泥条盘筑两种方法，烧造过程中对窑炉的湿度和温度要求很高，说明北齐时制瓷工艺已经具备相当高的水平。莲花尊装饰的莲花瓣、忍冬、宝相花、瓔珞等纹饰与佛教密切相关，用于随葬代表逝者的一种精神寄托。

封氏家族是北魏至隋朝时的门阀士族，其官位之高，人数之多，在当时是十分少有的。当时朝廷选拔官员主要参考家族门第，因而社会的权力大都集中在名门望族手里。这种门阀制度始于三国时期的曹魏政权，隋朝以后才慢慢结束，延续了400多年。

文物档案

名称：青釉仰覆莲花尊
年代：北朝
材质：瓷
规格：高 63.6 厘米
口径 19.4 厘米
底径 20.3 厘米
出土地：河北景县
收藏地：中国国家博物馆

科技与文化

此时的科技与文化，在艰难的境地里生存发展。

范晔与《后汉书》

南朝刘宋著名史学家范晔所著的《后汉书》，博采众书，结构严谨，与《史记》《汉书》《三国志》合称“前四史”。

《文心雕龙》

《文心雕龙》是南朝文学理论家刘勰创作的一部文学理论专著。

魏碑

南北朝刻石以北魏最精，刻石上的书法对后世产生了巨大的影响。

《诗品》

因看不惯贵族公子哥写诗刻意雕琢，钟嵘写了《诗品》来批评这种社会风气。

南北朝是一个分裂、动荡的时代
也是一个民族大融合
文学艺术获得巨大成就的时代

南北朝的绘画艺术
从简明单一到风格多样

历法进步

《大明历》是南北朝科学家祖冲之创制的一部历法，提高了历法计算的精确度，为后世的天文研究提供了正确的方法。

数学进步

南北朝数学家祖冲之首次将“圆周率”精算到小数点后面第七位，领先世界近千年。

郦道元与《水经注》

北魏地理学家郦道元所著的《水经注》，是中国古代最全面、最系统的综合性地理著作。

贾思勰与《齐民要术》

北魏著名农学家贾思勰所写的《齐民要术》，是中国现存最早、最完整的农书，被称为“中国古代农业百科全书”。

南北朝历史大事记

420—589 年

439 年

统一北方

北魏太武帝统一北方后，中国历史正式进入南北朝时期。

471—499 年

孝文帝改革

北魏孝文帝通过一系列改革措施将北魏政权汉化，稳固了北魏的统治。

482—493 年

永明之治

齐武帝在位期间，为政清明，外御强敌，内保民生，史称“永明之治”。

523 年

六镇大起义

北魏北方六镇戍卒和各族人民发动起义，致使北魏政权受到极大冲击。

534 年

北魏分裂

北魏分裂为东魏和西魏，魏的统治名存实亡，不久后东魏、西魏也相继灭亡。

549 年

侯景之乱

降于梁的东魏将军侯景攻占都城建康，并将梁武帝活活饿死，掌控了梁朝军政大权。

577 年

北周复统

周武帝东征混乱的北齐，于次年攻克邺城后统一北方。

589 年

隋统一全国

隋文帝灭掉陈朝，统一全国。

图书在版编目（CIP）数据

藏在博物馆里的中国历史·三国两晋南北朝 / 有识文化，成都地图出版社编著；李红萍绘 . -- 成都：成都地图出版社有限公司，2023.12
ISBN 978-7-5557-1863-5

Ⅰ. ①藏… Ⅱ. ①有… ②成… ③李… Ⅲ. ①中国历史—三国时代—通俗读物②中国历史—魏晋南北朝时代—通俗读物 Ⅳ. ① K209

中国版本图书馆 CIP 数据核字（2021）第 263632 号

藏在博物馆里的中国历史·三国两晋南北朝

CANG ZAI BOWUGUAN LI DE ZHONGGUO LISHI · SANGUO–LIANGJIN–NANBEICHAO

策　　划	唐　艳
主　　编	鄢来勇　刘国强　黄博文
副 主 编	姚　虹　范玲娜　唐　艳
责任编辑	陈　红
审　　校	魏小奎　吴朝香　王　颖　赖红英　田　帅
责任校对	向贵香
审　　订	肖圣中　邹水杰　毋有江　李春燕　李青青　聂永芳　刘国强　姚　虹　张　忠　程海港
出版发行	成都地图出版社有限公司
印　　刷	运河（唐山）印务有限公司
经　　销	全国各地新华书店
开　　本	880 毫米 ×1230 毫米　1/16
总 印 张	40
总 字 数	640 千字
版　　次	2023 年 12 月第 1 版
印　　次	2023 年 12 月第 1 次印刷
书　　号	ISBN 978-7-5557-1863-5
审 图 号	GS（2021）8903 号
定　　价	268.00 元（全 8 册）

藏在博物馆里的中国历史

有识文化
成都地图出版社 编著

成都地图出版社

隋

(581—618年)

铜镜映无邪

——“灵山孕宝”瑞兽铜镜……2

盛世的基础……4

可移动的宫殿……6

山水画的开山之作

——《游春图》……8

王朝的兴亡……10

唐

(618—907年)

盛唐时期地图……12

天可汗的战马

——昭陵六骏……14

开基立业……16

最好的年纪想胖就胖

——唐三彩女立俑……18

天可汗……20

大唐天可汗……22

沉睡的盛世

——青釉褐彩“一别行千里”诗文壶……24

贞观盛世……26

万国来朝

——《步辇图》……28

万国来朝……30

热闹的大明宫……32

粮食档案

——含嘉仓刻铭砖……34

盛世的传承……36

行走的演唱会

——唐三彩载乐骆驼俑……38

女皇治国……40

目录

CONTENTS

时间管理大师

——唐彩绘陶十二生肖俑 42

宫廷内斗 44

唐隆政变 46

西域新声

——鲁山窑花瓷腰鼓 48

安史之乱 50

唐末时期地图 52

投龙祈福

——唐赤金走龙 54

帝国的衰落 56

玄宗出逃 58

皇帝的祈祷

——唐鎏金飞天仙鹤纹银茶罗子 60

朱温代唐 62

愿众生得饱

——韩滉五牛图卷 64

科技和文化的繁荣 66

梨园夜宴 68

五代

（907—960 年）

九秋风露越窑开

——秘色瓷莲花碗 70

合久必分 72

盛筵难再

——《韩熙载夜宴图》 74

隋、唐、五代历史大事记 76

铜镜映无邪

——“灵山孕宝”瑞兽铜镜

“铜镜映衬着倾城之色，也护佑主人吉祥。”

铜镜是青铜制成的用以照容的生活用具。铜镜一般为圆形（唐代中期以后，多见方形、菱花形、荷花形等），照面磨光发亮，背面常铸花纹。与其他青铜器相比，铜镜的锡含量较高，这有利于使镜面光亮，宜于映照。齐家文化墓葬中出土的约为公元前2000年的铜镜，是我国目前发现的最早的铜镜。

隋唐时期是我国铜镜发展史上的高峰期，该时期十分流行瑞兽镜。瑞兽镜一般为四兽，也有五兽、六兽和八兽。

“灵山孕宝”瑞兽铜镜呈圆形，镜背中央有圆钮，方便使用者或手持或将青铜镜悬挂在镜台上。镜背内区为规矩配置，钮周环列形态各异的四瑞兽。瑞兽丰腴柔健，行走跳跃，充满生气，立体感强，但从形态看，很难分辨为何种兽类。外区铭文带有32

字铭文：“灵山孕宝，神使观炉，形圆晓月，光清夜珠，玉台希世，红妆应图，千娇集影，百福来扶。”大意是对这面镜子的赞美和对使用者的祝福。

文物档案

名称：“灵山孕宝”瑞兽铜镜
年代：隋代
材质：铜
规格：直径 18.4 厘米
出土地：不详
收藏地：中国国家博物馆

盛世的基础

隋文帝建立规模庞大的官僚机构
开创了
封建社会政治体制的新阶段

隋代结束了两百多年来战乱不止、南北分治的局面。

最大的战船

五牙战船高 5 层，最多可以容纳 900 多人。战船在隋统一全国的战争中发挥了重要的作用。

大兴城

大兴城是隋朝的国都，由左庶子宇文恺精心设计并组织施工，是当时世界上规模最大的城市。唐朝定都大兴城后，将大兴更名为长安。

科举制

隋朝创立科举制后，官吏选拔范围扩大，有才学的人能通过考试参政。

恢复社会经济

隋代继续推行按人口分配土地的均田制，露田在耕种者去世后会被政府收回，永业田可以让耕种者世代使用。

虽然立国时间短暂
但是隋代创立的三省六部制、科举制
最终奠定了唐帝国盛世的基础

隋朝大运河

隋朝大运河全长 2700 多千米，是当时沟通南北的重要交通路线，也是古代世界上最长的运河。

隋五铢

为了改变混乱的币制，隋文帝时发行了一种合乎标准的五铢钱。

世界第一石拱桥

由李春设计的赵州桥，开创了世界敞肩圆弧拱的先例，是世界现存最早、跨度最大的石拱桥。

“十恶”重罪

隋朝的律法《开皇律》中有“十恶”重罪，分别是: 谋反、谋大逆、谋叛、恶逆、不道、大不敬、不孝、不睦、不义、内乱。

可移动的宫殿

隋炀帝杨广在位期间大兴土木，开凿运河。

隋炀帝命宇文恺等人设计了一座有轮子的可移动宫殿，名叫观风行殿。

隋炀帝登上观风行殿，盛陈文物，奏九部乐，宴请高昌王、吐屯，三十余国使者陪列出席。
观风行殿闲时停放在洛阳皇宫内，皇帝出行时会命大量的士兵随从护送。
隋
觀風行殿
观风行殿可以分离、聚合，殿上可容纳数百名侍卫，殿下有轮轴，能快速移动。
可移动宫殿所到之处，都会吸引百姓围观。

山水画的开山之作

——《游春图》

“远近山川，咫尺千里。”

《游春图》是一幅山水画，描绘了人们在风和日丽、春光明媚的季节，到山间水旁踏青游玩的情景。全画以自然景色为主，人物点缀其间。湖边曲折的小径，蜿蜒于幽静的山谷之中。人们有的骑马，有的步行，沿途观赏着青山绿水的胜境。湖面上波光粼粼，美丽的仕女泛舟湖上，流连忘返。山腰和山坳间建有几处房屋，树木掩映，十分幽静，令人神往。

画家运用细而有力的线条勾画出物象的轮廓，人物虽然小如豆粒，但一丝不苟，形态毕现。山石树木只用线条画出，可以看到行笔轻重、粗细、顿挫、转折的变化。作品的色彩浓丽厚重，以青绿的色彩为主调，建筑物、人物和马匹间配以红、白诸色，既统一和谐，又富有变化。亮丽的色彩亦更好地衬托出大好河山

盎然勃发的春天气息。

该画作者是隋代绘画大师展子虔。他有极高的绘画天赋，在山水画的研究上成就显著，创立了“青绿山水”的绘画形式，被后世誉为“唐画之祖”。《游春图》是现存的古代山水画的重要代表。

文物档案

名称：《游春图》
年代：隋代
材质：绢本
规格：纵 43 厘米
横 80.5 厘米
收藏地：故宫博物院

王朝的兴亡

大量的天灾与人为的祸乱并存，使得刚刚建立的统一王朝很快走向灭亡。

隋朝建立

北周末年，外戚杨坚掌握大权，581年，杨坚逼周静帝让位，夺取北周政权，改国号隋，定都长安。

隋朝灭陈

陈后主贪图享乐，荒废朝政。隋军大举南下时，陈后主犹恃长江天险，不作戒备。589年，隋灭陈朝，统一全国。

三省六部

隋朝初期，隋文帝在中央设三师、三公、五省。三师、三公是荣誉虚衔，五省之中，只有尚书、门下、内史（中书）三省才是真正的中枢权力机构。三省各有分工。

杨广杀父弑兄

隋炀帝杨广是隋文帝的次子。相传他杀害了隋文帝，之后又假造文帝遗诏缢杀兄长杨勇。

隋炀帝好大喜功
纵情享乐
随意压榨百姓
强盛的帝国日渐衰落

爱尽苦难的百姓
终于奋起反抗
盛极一时的隋朝灭亡

三征高句（gōu）丽

隋炀帝在位初期，凭借国富力强，三征高句丽，未能攻破，却因连年兴兵激化了社会矛盾。

炀帝暴政

隋炀帝为了满足自己骄奢淫逸的生活，大兴土木，修筑宫殿，奴役民众多达几百万人。

农民起义

隋朝末年，统治者征敛无度，加之灾年饥馑，百姓困苦，最终爆发大规模的农民起义。

隋炀帝之死

首先在山东爆发的农民起义迅速蔓延至全国，隋炀帝计划迁都丹阳（今南京），身边的侍卫因思念故乡而计划逃跑。宇文化及等借机煽动军士进入宫中，缢杀隋炀帝。

盛唐时期地图

618—755 年

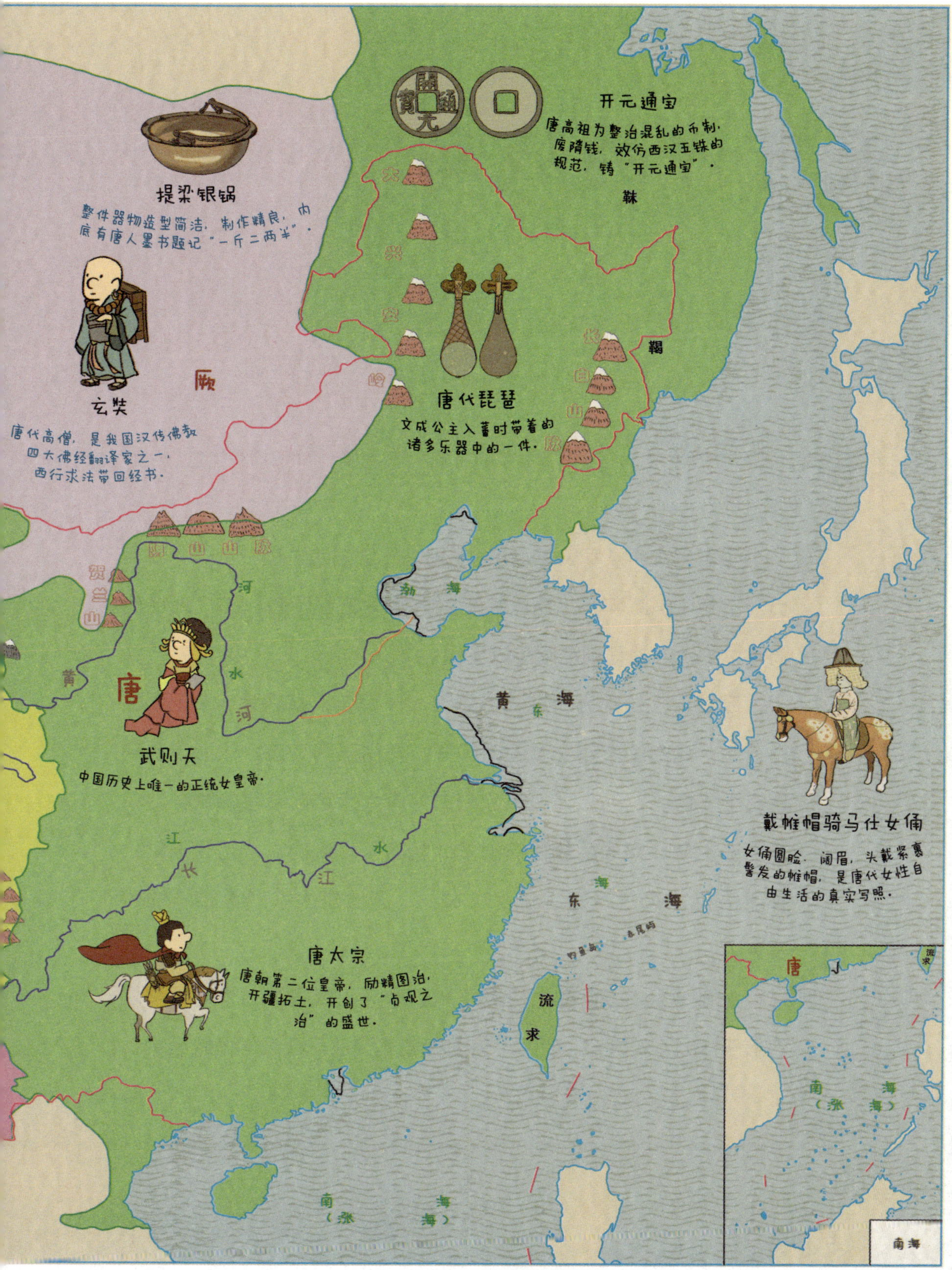
开元通宝
唐高祖为整治混乱的币制，废隋钱，效仿西汉五铢的规范，铸"开元通宝"。
靺
鞨
提梁银锅
整件器物造型简洁，制作精良，内底有唐人墨书题记"一斤二两半"。
玄奘
唐代高僧，是我国汉传佛教四大佛经翻译家之一，西行求法带回经书。
唐代琵琶
文成公主入蕃时带着的诸多乐器中的一件。
贺兰山
河
水
河
唐
武则天
中国历史上唯一的正统女皇帝。
渤海
黄海
东海
江
长
江
水
唐太宗
唐朝第二位皇帝，励精图治，开疆拓土，开创了"贞观之治"的盛世。
戴帷帽骑马仕女俑
女俑圆脸，阔眉，头戴紧裹髻发的帷帽，是唐代女性自由生活的真实写照。
流求
南海
（涨海）
唐
南海
（涨海）
南海

天可汗的战马

——昭陵六骏

“足轻电影，神发天机，策兹飞练，定我戎衣。”

李世民少年从军，在唐朝建立和统一全国的过程中功勋卓著。贞观十年（636 年），唐太宗李世民下令营建昭陵，并令人将他骑乘过的六匹战马刻在昭陵以记功。

昭陵六骏分别为特勤骠、青骓、什伐赤、飒露紫、拳毛䯄、白蹄乌，是由画家阎立本画图起样，再由雕刻工艺家依形复制刻于石上，由当时的大书法家欧阳询将唐太宗亲自书写的赞美诗书于原石上角，完成后放置在昭陵北麓的祭坛之内。“足轻电影，神发天机，策兹飞练，定我戎衣。”这便是太宗对青骓马的赞美诗。

昭陵六骏在 20 世纪初遭到严重破坏，飒露紫、拳毛䯄两块石板于 1914 年被盗，现存于美国费城宾夕法尼亚大学博物馆中。

昭陵六骏继承了秦汉以来雕刻重神采气势的传统，采用高浮雕的形式将六匹骏马生动地再现在石板上，六马姿态各异，但均雄劲有力，高度体现了中国古代雕塑的艺术水平。

2001 年，国家邮政局发行了一套名为《昭陵六骏》的特种邮票。

文物档案

名称：昭陵六骏
年代：唐代
材质：青石
规格：每块高 250 厘米
　　　每块宽 300 厘米
出土地：陕西咸阳
收藏地：西安碑林博物馆

开基立业

唐朝建立中期
关陇集团退出历史舞台

唐朝吸取了隋朝灭亡的教训。

群雄并起

隋朝末年，社会时局颇为混乱，国内涌现出了各路能力超群的人物。

巡游江都

隋炀帝特别喜欢外出巡游，从东都到江都的运河刚刚完工，隋炀帝就带着 20 万人的庞大队伍到江都去巡游。一来是游玩享乐，二来也是向百姓摆威风。

起兵晋阳

李渊在镇压农民起义的过程中，招降纳叛，不断扩充自己的实力，于 617 年在晋阳（今太原）起兵反隋。

瓦岗寨起义

隋末的暴政导致了全国性的起义爆发，其中翟让、李密领导的瓦岗军实力最强。

唐代的政治制度
基本上沿袭了隋朝的格局
包括科举制度和三省六部制

“自黑”皇帝

李渊怕隋炀帝怀疑他造反，就假装自甘堕落，每天毫无节制地饮酒，还收受贿赂，用“自黑”的方式得以自保。

“女汉子”公主

李渊第三女平阳公主是个会打仗的“女汉子”。李渊起兵时，她曾率7万人响应，时称“娘子军”。

唐朝建立

617年，李渊率军攻克长安，并拥立代王杨侑为帝。618年，隋炀帝被杀后，李渊趁机称帝，建立唐朝。

秦王李世民

618年，李渊称帝，封李世民为秦王。李世民在唐的建立和统一全国的过程中立下了许多战功。

最好的年纪想胖就胖

——唐三彩女立俑

“大唐的女子，拥有相对较多的选择。”

唐代的陶瓷器生产水平较高，闻名中外的唐三彩，造型精美，色彩亮丽。

这件三彩女立俑是唐代的陶器作品。女立俑面庞丰润，双眼微眯，下颌微抬，微微向上仰视；红唇微启，露出甜美的微笑，似乎让人看到了她对现实生活的满足和对美好未来的遐想。她站姿优雅，穿着落地长裙，轻薄的衣裙与丰腴肥美的体态完美结合在一起，衣裙自然流畅的丝绸质感和优美的曲线条，充分体现出唐代女性的柔美、端庄、矜持、风雅和高贵。

唐代经济高度繁荣，社会自由发达，女性地位明显提高，主要体现在女性参政、参与社会交往、接受教育和一定的婚姻自由权等方面。但我们必须认识到，唐朝仍然是“男尊女卑”的社会，当时女性地位的提高，是源于特殊的历史背景，并不意味着女性地位发生了根本改变。

文物档案

名称：唐三彩女立俑

年代：唐代

材质：陶

规格：高 42 厘米

出土地：陕西西安

收藏地：陕西历史博物馆

天可汗

吸取隋亡教训
消除前朝之弊端
调整统治政策

明君的出现，预示着一个盛世即将到来。

箭术无双

李世民年轻时力大无比，箭术高超，曾在他的大将军面前说：“我拿着弓箭，你手持马槊相随，即使有百万大军又奈我何！”

大难不死

唐朝建立后，太子李建成与秦王李世民之间展开了激烈的斗争。李建成曾在李世民的酒里下毒，幸而李世民中毒不深，大难不死。

玄武门之变

626 年，秦王李世民在玄武门设伏，射杀了太子李建成和齐王李元吉。李渊眼看无法挽回，只得禅位于李世民。

贞观之治

唐太宗李世民继位之后，勤于政事，广纳贤才，虚心纳谏，开创了有名的贞观盛世。

厉行节约
使百姓休养生息
以缓和阶级矛盾
稳定社会秩序，恢复经济

鱼符调兵

唐代法律规定，需要调动军队时，使者带着“鱼符”的左半边前往军营，军营的副统帅拿出“鱼符”的右半边，二者相合一致才能发兵。完成任务后，使者必须马上将左半边“鱼符”带回。

唐代百姓义务

除了要种田缴税之外，唐朝百姓每年还需要向朝廷缴纳粟、布匹、棉花、麻布等物资，并且要服役 20 天，也可以用物资代替服役。

帝国名人堂

为了表彰开国功臣，唐太宗修建凌烟阁来陈列阎立本所绘二十四位功臣画像。

天下十道

为了加强中央对地方的控制，唐太宗将天下分为十道，并派官员巡查各个区域，以起到监察管理的作用。

大唐天可汗

唐代是中国历史上一个意气风发的时代。

唐太宗时期，大唐帝国四面出击，金戈铁马，气吞万里如虎，四夷皆服。

唐太宗李世民对少数民族采取了比较开明的怀柔政策，促进了民族间的融合。

唐太宗李世民得到了周边各民族的拥戴，都尊称他为“天可汗”。
在唐太宗逝世的消息传出后，少数民族首领们为之伤心，有的还请旨自杀殉葬。

沉睡的盛世

——青釉褐彩“一别行千里”诗文壶

“一别行千里，再见是暮年。”

在唐朝，吟诗作赋不仅是贵族间的高雅活动，而且社会各阶层都能够参与进来，在宫廷别院、茶楼酒肆到处可见热闹的诗词表演。人们赋以旋律，配以歌舞，佐以茶酒，生活的激情在觥筹交错间肆意奔涌。诗词承载了唐代人的喜怒哀乐，反映了唐代人的生活。

据不完全统计，现已发现长沙窑瓷器上书有通俗诗或诗句近百首，开创了独具特色的“瓷诗文化”。据考古学家考证，这些器物都是酒器，也可以当作茶壶，是一种风靡盛唐的生活器具。大都市的商人们发现这种将诗词烧制在壶身上的酒壶，能给酒馆带来更好的销量，很多小康家庭也非常乐意为这种雅致而新鲜的潮流买单。

这把壶用褐彩在流嘴下的腹部题写了诗歌一首：“一别行千

（注：原件壶口已损坏，图为修复件）

里，来时未有期。月中三十日，无夜不相思。”盛唐时，长沙窑的瓷器遍布亚洲各地，出口至 29 个国家和地区，通过水运，从湘江入长江，经扬州、宁波、广州等口岸，开辟了一条通往南亚到北非的“海上陶瓷之路”。唐代诗人李群玉的《石渚》描绘道：“古岸陶为器，高林尽一焚。焰红湘浦口，烟浊洞庭云。回野煤飞乱，遥空爆响闻。地形穿凿势，恐到祝融坟。”

文物档案

名称：青釉褐彩“一别行千里”诗文壶
年代：唐代
材质：瓷
规格：高 25.1 厘米
　　　口径 11.1 厘米
　　　底径 13.3 厘米
出土地：湖南长沙
收藏地：湖南省博物馆

贞观盛世

政治比较清明
经济进一步发展

民依于国，国依于民。

唐朝门神

相传，太宗生病，闻门外有鬼魅呼号，秦琼请求与尉迟敬德戎装立于门下，夜果无事。于是命人画二人像，悬挂于宫门左右。后世沿袭为门神以镇邪。

程咬金

程咬金，唐朝开国名将，凌烟阁二十四功臣之一，骁勇善战，参与了玄武门之变。

最幸运的“枪手”

唐太宗常令百官上书谈论朝政得失，将军常何不涉经学，便让门客马周帮自己出主意。太宗知道后大力提拔马周，最后马周官至宰相。

醋坛子

相传，房玄龄纳妾但夫人不同意，太宗便对她说：“要么同意纳妾，要么喝下这坛毒酒！”结果房夫人真喝了酒，其实“毒酒”是醋，从此她就有了“醋坛子”的外号。

知人善任，用人唯贤
虚怀纳谏，整顿吏治
增加科举考试科目
完善三省六部制，制定法律

兼听则明，偏信则暗

唐太宗曾问魏征：“作为君主，怎样做才算明辨是非？”魏征答：“听取多方面意见才能明辨是非，听信一方面的话，就会作出错误的判断。”

最佳拍档

房玄龄擅长出谋划策，杜如晦敢于决断，他俩经常一起为皇帝解决疑难问题，后人称他们“房谋杜断”。

皇帝怕大臣

唐太宗曾得到一只很好的鹞鹰，把玩时见魏征前来，便将其藏在怀中。魏征故意逗留，最后鹞鹰被闷死在太宗怀中。

一代贤后

魏征因说话太直惹怒了唐太宗，太宗扬言要杀了他，长孙皇后反倒恭贺太宗说：“因为陛下圣明，才能让大臣直言意见。”唐太宗听完怒气全消。

万国来朝

——《步辇图》

“不论何种肤色，这座城市里的人只有一个身份——大唐人。”

7 世纪时，吐蕃领袖松赞干布统一了吐蕃地区，并建立了王国。这位杰出的领袖仰慕中原文化，多次派使者向唐朝皇帝提出和亲的请求。唐太宗答应了他的请求，决定将宗女文成公主许配给他。641 年，松赞干布派遣相国禄东赞到长安迎娶文成公主。

《步辇图》描绘的是唐太宗接见禄东赞的情景。它由著名画家阎立本绘制，被称为“中国十大传世名画”之一，现藏于故宫博物院。

图卷右半部分是在宫女簇拥下坐于步辇上的唐太宗，图卷左半部分从右至左三人依次为身穿红袍的引见官员、拱手而立的吐蕃使臣禄东赞、身穿白袍的内官。全画以细致的线条塑造人物形象，

展现了太宗的威严、使臣的谦和、引见官员和内官的恭谨、宫女的活泼，禄东赞和太宗等在服饰上的差异也有所体现。

文物档案

名称：《步辇图》
年代：唐代
材质：绢本
规格：纵 38.5 厘米
横 129 厘米
收藏地：故宫博物院

万国来朝

驱逐东突厥

因东突厥不断侵扰唐朝边境，唐太宗派兵打败东突厥，并设立都督府。

北庭都护府

武则天时期，在庭州设立了北庭都护府，管辖天山以北包括阿尔泰山和巴尔喀什湖以西的广大地区。

黑水都督府

唐朝在东北设立了黑水都督府，并任命靺鞨首领为都督，管辖范围相当于现在的黑龙江中下游地区。

安西都护府

唐军灭亡高昌国之后，在高昌设立了安西都护府。

接受册封的回纥人

骨力裴罗统一部落之后，唐朝先后封他为“奉义王”“怀仁可汗”“右骁卫员外大将军”。

渤海都督府

粟末部首领大祚荣统一了渤海，建立了震国，被唐帝国封为渤海郡王。

云南王

南诏王皮逻阁在唐帝国的支持下，统一六诏，被封为云南王。

安东都护府

唐朝和新罗联军在灭亡高句丽之后，设立了安东都护府。

波斯王子

7 世纪中期，波斯国被阿拉伯帝国灭亡，波斯王子逃到长安寻求帮助，后来回乡复国失败。

西天取经

贞观初年，玄奘西行天竺取经，带回大小乘佛教经律论书共 657 部。

文成公主入藏

唐蕃和亲促进了吐蕃经济和社会的发展，也增进了汉藏两族的友好关系。

遣唐使

唐朝时，日本多次派遣使节到中国学习先进的制度、天文历法、文字等，对日本社会发展产生了深远影响。

鉴真东渡

鉴真接受日本僧人的邀请东渡日本，不仅在日本传授佛经，还传播中国的医学、文学等。

热闹的大明宫

大明宫是长安城内规模最大的一座宫殿，也是唐朝的政治中心和国家象征。

大明宫有前朝和内庭两部分，前朝以朝会为主，内庭以居住、游玩为主。

太液池，位于大明宫北部中央，有东池和西池两部分，西池中央有蓬莱岛。

大明宫的中心建筑有含元殿（皇帝举行外朝大典）、宣政殿（皇帝进行常朝）、紫宸殿（皇帝召见臣子议论朝事）。
大明宫的选址和修建讲究一定的象征意义，不仅符合封建礼制的规定，还考虑实际应用的需求。

粮食档案

——含嘉仓刻铭砖

“帝国粮仓掌管着朝廷官员的俸禄，也是国家兴亡的命脉。”

含嘉仓刻铭砖，是唐代一个名为“含嘉仓”的粮仓中的一块石刻铭砖，记录了仓窖位置、储粮来源与数量、入窖年月，以及授领粟官的职务、姓名等，现被洛阳隋唐大运河博物馆收藏。含嘉仓刻铭砖是国家一级文物，含嘉仓也于 2014 年成功入选世界遗产名录。

唐朝以前，大城市的粮仓大多建在城墙外，存在许多安全隐患。唐朝统治者为消除隐患，确保城内的粮食供应，在洛阳城内皇城外东北方精心谋划修建了含嘉仓。含嘉仓是当时全国最大的粮仓，不仅能储存粮食，还能像物流中心一样连接关东和关中之间的粮食运输。

经考古发掘，含嘉仓遗址面积有 40 多万平方米。仓窖口径

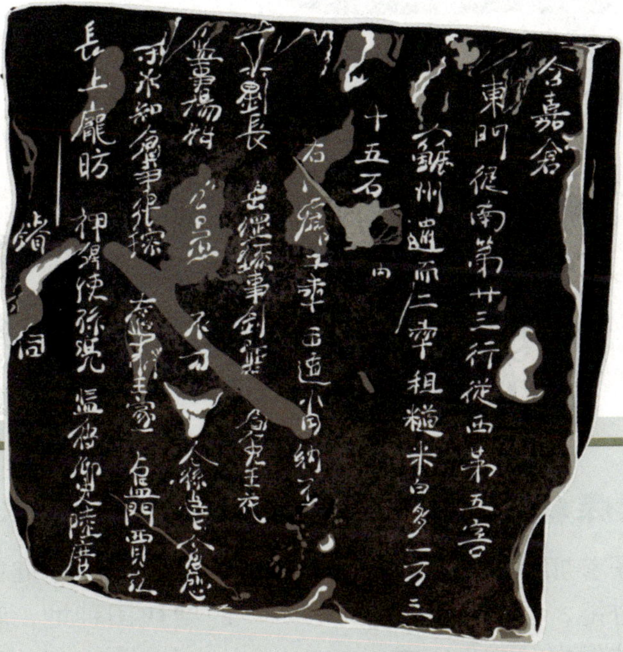

最大的达 18 米，最深的达 12 米。含嘉仓共有圆形仓窖 400 余个，大窖可储粮 1 万石以上，小窖也可储粮数千石。唐天宝八年（749 年），含嘉仓的总储粮量为 580 余万石。开元年间，裴耀卿整顿漕运后，其地位渐为汴口的河阴仓所替代。

文物档案

名称：含嘉仓刻铭砖
年代：唐代
材质：石砖
规格：长 32.5 厘米
宽 32.5 厘米
厚 6.5 厘米
出土地：河南洛阳
收藏地：洛阳隋唐大运河博物馆

盛世的传承

继承贞观之遗风
治国平天下

科举制是王朝选拔人才的基本制度。

投牒自应

唐代士子参加科举，只要身家清白且有才能，都允许自我推荐，而不必非得由公卿大臣或州郡长官特别推荐。

不会打仗的农民不是好士兵

唐朝前期推行府兵制。府兵平时要耕田种地，农闲时操练，战时从军打仗。

永徽之治

唐高宗即位之初，继续执行太宗制定的政治经济制度，当时唐朝的疆域拓展到最大，政治稳定，经济发展，被称为“永徽之治”。

官员证

唐朝每位官员都有一个官员证，类似饭卡大小的“鱼符”，分左、右两半，左符放在内庭，右符官员随身携带。

六学二馆

唐朝非常重视教育，在长安设立了六学二馆。“六学二馆”均为官学，具体是指国子学、太学、四门学、律学、书学、算学和弘文馆、崇文馆。

从尼姑到皇后

唐太宗去世后，武则天被安排到感业寺当尼姑，后来被唐高宗李治接回皇宫做了昭仪，后被立为皇后。

大唐第一运动

马球运动是唐朝名副其实的第一运动，不仅是皇帝和贵族积极参与的活动，而且在对外文化交流中也发挥了重要作用。

帝后同朝

唐高宗身体不好，常常让皇后武则天协助他处理国事。上元元年（674年），高宗称“天皇”，武则天称“天后”，宫中称之为“二圣”。

行走的演唱会
——唐三彩载乐骆驼俑

“八人乐团，随着骆驼的脚步，悠游四方。”

唐三彩载乐骆驼俑是盛唐时期的三彩釉陶器。到目前为止，类似主题的唐三彩器物被考古发现的较少。它属于国家一级文物，现藏于陕西历史博物馆，2013 年 8 月被国家文物局列入《第三批禁止出境展览文物目录》。

这件文物描绘了一支当时流行于长安的西域风民谣乐队——胡部乐队。乐队中的笙、箫以及排箫乐手负责乐曲的低声部分，主要表现伤感和苍凉的特色；箜篌、笛子、琵琶是相对中高音的部分，活泼和热闹的曲调是他们最在行的；拍板手控制着整个乐队的节奏；乐队中间那名站立的女歌手则是整个乐队的灵魂——女声独唱。八名乐队成员在一匹骆驼驼峰的移动舞台上进行这一

场精彩的演出。唐朝社会风气较为开放，能歌善舞的各国艺人在长安的大舞台上，演绎着人们对太平盛世的赞美和对美好生活的追求。

文物档案

名称：唐三彩载乐骆驼俑
年代：唐代
材质：陶瓷
规格：高 58 厘米
　　　长 43 厘米
出土地：陕西西安
收藏地：陕西历史博物馆

女皇治国

奖励农桑，改革吏治
收复失地，安抚边境
为盛世奠基

武则天，是中国历史上唯一正统的女皇帝。

扬州兵变

为了反对武则天专权，徐敬业联合部分官员聚集了十几万大军在扬州举兵造反，武则天派兵很快镇压下去。

唯一的女皇帝

在唐高宗李治去世后，武则天接连废掉两个已经做了皇帝的儿子，自己取而代之，改国号为周，成为中国历史上唯一的女皇帝。

鼓励告密

武则天大开告密的渠道，还给告密的人发奖励，相当于建立了一个情报中心。

酷吏横行

为了惩罚和告诫反对者，武则天任命了周兴、来俊臣等酷吏掌管刑狱，以震慑天下。

知人善任，重视选拔人才
开创殿试、武举制度
使得政治一片清明

中国版福尔摩斯

狄仁杰任大理寺丞时，一年内判决了大量积压案件，且无一人诉冤。

女皇的女秘书

上官婉儿是唐代有名的才女，因聪慧善文而得到武则天重用，掌管宫中制诰，有“巾帼宰相”之名。

重视农业

武则天重视农业。朝廷规定凡是耕地增加、家有余粮的州县，官员就可以得到奖赏；反之，则要受到相应的惩罚。

皇家擂台

以前的科举制只有文化考试，武则天创立了“武举”，以选拔有能力的武官。

时间管理大师

——唐彩绘陶十二生肖俑

“时间代表着秩序和规则，守护时间就是在守护秩序。”

十二生肖俑是古人用来“除邪”“辟邪”的随葬品，多见于隋唐、五代及宋代的墓葬。俑的形象中有的是人俑带生肖，有的是人身生肖头，有的是人捧生肖，其姿态有立姿和坐姿。隋唐时期的生肖俑多为陶质，也有个别铁质、石质、瓷质的。宋代时瓷质的生肖俑增多，但总体来看，还是以陶质为主。

现收藏于陕西历史博物馆的唐彩绘陶十二生肖俑，共十二件，均为兽首人身，头部分别为鼠、牛、虎等十二生肖动物形象；身体为人形，着敞领宽袖袍服，双手拱于胸前。整组俑组合完整，造型生动，是难得的艺术精品。

中国古代用十二种动物与十二地支相配，称“十二生肖”，即子鼠、丑牛、寅虎、卯兔、辰龙、巳蛇、午马、未羊、申猴、酉鸡、

戌狗、亥猪。唐代的部分铜镜、金银器及墓碑上也有十二生肖形象，墓葬中出土的生肖俑较多。

十二生肖简直就是时间管理大师，十二生肖代表着十二个时辰、十二个月、十二年，与我们未曾有一刻的分离。

文物档案

名称：唐彩绘陶十二生肖俑
年代：唐代
材质：陶
规格：共12件，高38.5~41.5厘米
出土地：陕西西安
收藏地：陕西历史博物馆

宫廷内斗

宫廷内斗不断，政局动荡
直到唐玄宗即位才稳定了局面

李隆基成为残酷的宫廷内斗中最后的胜利者。

女人的天堂

唐朝女性地位较高。她们热爱运动，风行一时的马球运动也有许多女性参加。

“二张”得势

武则天暮年时，宠臣张昌宗、张易之兄弟专权，李显的儿女私议张昌宗兄弟二人，被武则天下令杖杀。

神龙政变

武则天卧病后，宰相张柬之等人联合禁军发动政变，诛杀“二张”，逼迫武则天退位，迎立中宗复位。

韦氏专政

唐中宗李显继位后，皇后韦氏妄图效仿武则天，暗中排除异己，培植自己的势力。

蛇蝎美人

唐朝美人安乐公主十分骄横，为了一己私利，和皇后韦氏合谋毒死了中宗。

唐隆政变

唐中宗李显死后，韦皇后拥立幼子登基并临朝摄政。李隆基联合禁军将领发动宫廷政变，杀死韦皇后和安乐公主。

退位让贤

韦皇后集团倒台后，唐睿宗李旦继位，太平公主与太子李隆基之间矛盾日深。后来，唐睿宗将皇位传给了太子李隆基（即唐玄宗）。

开元盛世

唐玄宗初期整顿吏治、精简机构，并任用贤能，唐代进入鼎盛时期，史称“开元盛世”。

唐隆政变

唐中宗末期，韦皇后专权，扰乱朝政，李隆基等人联合禁军发动政变。

韦氏集团的残酷手段，使不少臣子深受迫害，他们非常支持李隆基发动政变。
李隆基带领禁军闯入皇宫，杀了韦皇后、安乐公主，彻底剿灭了韦氏集团。

西域新声

——鲁山窑花瓷腰鼓

“生活和梦幻，都在这舞姿和鼓点中交织、旋转。”

腰鼓是由西域传入中原的一种木腔乐器，历经两晋南北朝与隋唐的发展，不仅被吸收进唐乐，还被烧制成陶瓷腰鼓，别具特色。该腰鼓广口细腰，鼓身凸起弦纹 7 道。通体以花釉为饰，在漆黑匀净的釉面上显现出许多蓝白色斑块，宛如黑色绸缎上的纹饰，优美动人。

鲁山窑花瓷腰鼓的装饰工艺属于瓷器中的彩瓷装饰。所谓彩瓷装饰，就是在一种色釉上再洒上另一种色釉，形成大小各异的斑纹。它是唐代工匠在继承两晋时青釉褐斑装饰技艺基础上的发展与创新。

根据相关资料证明，这类瓷腰鼓采用动物皮作为鼓皮，所绷的鼓皮略大于腰鼓圆面，鼓皮周边等距离留孔，以便用皮条拴系。

唐代腰鼓演奏有两种形式：一是原地击拍，乐师席地而坐或跪坐，腰鼓放在腿上，双手拍打；另一种形式是在舞蹈中击打，腰鼓挂在乐师的胸前。一般来说，击腰鼓的乐师在奏乐时位于整个乐队的前方，起到指挥乐队的作用。

唐代流行腰鼓，日本、朝鲜深受唐文化影响，所以也有使用腰鼓的历史。现藏于日本正仓院的腰鼓，系对中国唐代陶瓷腰鼓的仿制，朝鲜仍在使用长鼓，这些都可看作唐朝社会风尚以及对外文化交流的历史见证。

文物档案

名称：鲁山窑花瓷腰鼓

年代：唐代

材质：瓷

规格：长 58.9 厘米

鼓面直径 22.2 厘米

出土地：河南鲁山

收藏地：故宫博物院

安史之乱

居安思危

才能避免灭亡的结局

盛唐的升平景象，在玄宗统治后期急转直下。

端五更名

端五原泛指初五日，为了避开唐玄宗的生日（八月初五），当时人们把“端五”改成了“端午”，后世沿袭。

《霓裳羽衣曲》

唐玄宗富有音乐才华，他创作的《霓裳羽衣曲》堪称音乐史上的杰作。

贪图享乐的唐玄宗

开元末年，唐玄宗沉迷享乐，并任用善于阿谀奉承的李林甫为宰相，朝政日趋腐败。

被误解的含羞草

传说，杨玉环初入宫时无意中用手碰到了含羞草，草的叶子立刻卷了起来。宫女们就说是因为她的美貌让花草都羞得低下了头。

贪图享乐，听信谗言
一个无心朝政的昏君
社会矛盾越来越尖锐

贵妃哄干儿子

安禄山请求当了杨贵妃的干儿子。他生日过罢的第三天，杨贵妃让人给他洗澡，洗完再用一条锦绣大襁褓包住他，并把他放在一顶彩轿里抬着转来转去。

范阳起兵

安禄山善于讨好皇帝，当时有很多大臣对唐玄宗说安禄山要造反，但唐玄宗并不相信，直到安禄山在范阳起兵后唐玄宗才如梦初醒。

灵宝之战

在灵宝之战中，安史叛军用柴草车堵住道路，并顺风放火烧车，烈焰腾空，烟雾漫天，熏得唐军士兵睁不开眼，互相推挤掉进河中，死伤累累。

逃跑皇帝

安史叛军从河北大举南下，先攻占了东都洛阳，又攻入潼关，逼近长安。唐玄宗仓皇出逃到四川。

唐末时期地图

755—907年

鲁山窑花瓷腰鼓
腰鼓造型硕大规整，线条柔和，纹饰奔放，是唐代瓷器的传世精品。
鹘
泾原兵变
中四年（783年），泾原
士卒兵变，攻陷长安。
德宗仓皇出逃至奉天。
黑
水
靺
鞨
海
长
渤白
山
脉
契
丹
四镇之乱
唐德宗打算压制藩镇，重振中央权力，却引发了四镇节度使的叛乱。
阴山山脉
贺
兰
山
河
渤
海
黄
水
河
唐
黄
东
海
三彩武士俑
武士俑右手握拳上举，左手叉扶于腰际，形神兼备，气宇轩昂。
青瓷鸟埙
埙有陶制、石制和骨制等，以陶制最为普遍，青瓷鸟埙则十分少见。
江
水
长
江
东
海
海
钓鱼岛
赤尾屿
大秦景教石经幢
经幢是在石柱上雕刻经文的多角石柱。景教经文的出现，表明了唐代宗教融汇的现象。
流
求
诏
南
海
（涨
海）
唐
流
求
南
海
（涨
海）
南海

投龙祈福

——唐赤金走龙

“唐人将祈福文简和金龙、玉璧扎在一起投入名山大川，并祈求上天回应。”

唐德宗时期，唐帝国的荣耀和强盛也已不复存在。黄河流域又出现了一批新的割据势力，中央皇室与地方豪强再一次出现了剑拔弩张的局面。虽然唐德宗拥有再次复兴大唐的雄心，但是却没有能力驾驭过于复杂的政治局面。由于利益分配不均，几个节度使再次联合造反，将唐德宗赶出长安。虽然叛乱很快被平定，但是帝国最后的尊严已经不复存在。

长安陷落时，掌管金龙的刘震将金龙私自埋藏了起来。半年后，德宗皇帝返回时将被迫投降的刘震处死，这一组金龙从此就消失不见了。直到 1970 年，考古学家才在陕西西安南郊发现这组珍宝。

据推测，这组金龙是皇帝用来祭祀的法器。唐朝有将篆刻着自己的愿望的金龙或者玉简投掷到名山大川以求长生的习俗，包括皇帝在内的很多王公贵族都有到名山大川中“投龙”祈福的习惯。在“投龙”时还会举行一些道教的仪式，金龙则会被当作人死之后升入仙界的信物。除了投掷之外，还可以将祈福之物就地埋藏起来。

文物档案

名称：唐赤金走龙
年代：唐代
材质：金
规格：共 12 件，高 2.1~2.7 厘米，长 4.1~4.3 厘米
出土地：陕西西安
收藏地：陕西历史博物馆

帝国的衰落

唐朝后期
政治衰败、经济衰退、战乱不断
李唐政权岌岌可危

当政权逐渐被宦官势力掌控，偌大的王朝变得岌岌可危。

马嵬驿兵变

安史之乱爆发后，唐玄宗西逃至马嵬驿时，禁军兵变，杀死宰相杨国忠，玄宗被逼下令勒死了杨贵妃。

另起炉灶

与唐玄宗一起出逃的太子李亨，在半路北上讨伐叛军，并在灵武称帝，命李光弼、郭子仪等名将讨伐叛军，逐渐扭转了局势。

太监封王

李辅国因在平定安史之乱中立了大功而逐渐掌握了兵权，还被封为博陆郡王。他是唐朝第一个被封王的太监。

宦官跋扈

唐肃宗时期，宦官李辅国专横跋扈，竟然斩杀了想要除掉他的张皇后。

内乱不止

外乱迭起

一个国家的颓势开始显露出来

四镇之乱

唐德宗时，魏博镇、淄青镇、山南东道、成德四镇举兵叛乱，最终被唐德宗剿灭。

甘露之变

唐文宗在位时，曾联合宰相李训等人想要铲除宦官势力，因埋伏的甲兵暴露而失败。李训等人被宦官杀害，株连千余人。

毒死皇帝的宦官

唐朝后期，宦官不仅掌兵权，甚至皇帝的拥立都由宦官决定。宦官王守澄和陈弘志一起暗杀唐宪宗，另立新君。

牛李党争

唐朝末期，皇宫被宦官掌控，而朝堂也被朝臣把持。以牛僧孺和李德裕为首的两个势力强大的派系经常在朝堂上争权夺利。

玄宗出逃

唐玄宗晚年荒废朝政，追求享乐，各地节度使势力膨胀，兵变频发。

唐朝中期，节度使势力膨胀，中央与地方的力量对比失去平衡。

唐玄宗时期，边将安禄山与部将史思明发动叛乱，这就是历史上著名的“安史之乱”。

安史之乱爆发后，安禄山指挥主力军迅速进军长安。
长安沦陷后，唐玄宗率从官及杨贵妃等仓皇西逃。
逃难途中，在将士的逼迫下，唐玄宗下令缢死杨贵妃，杀死杨国忠，史称“马嵬驿兵变”。

皇帝的祈祷

——唐鎏金飞天仙鹤纹银茶罗子

“大唐皇帝虔诚祈求帝国永恒兴旺。”

唐僖宗李儇（xuān）是唐朝倒数第三位皇帝，他在位期间平定了黄巢起义。这位贪玩爱踢球的天子在位 15 年间，两度被赶出长安城。在他短暂而动荡的一生里，唐帝国已经到了大厦将倾、风雨飘摇的地步。年轻的皇帝无力挽回王朝的衰落，只能将内心的期望寄托于虚无的神佛。

在法门寺地宫出土了一套用金银制成的茶器。根据同时出土的《物账碑》记载，有“茶槽子、碾子、茶罗子（如唐鎏金飞天仙鹤纹银茶罗子）、匙子一副七事，共八十两”。“七事”是指茶碾、茶碾轴、罗身、罗斗、罗盖、银则、长柄勺。从茶碾、茶碾轴、茶罗子等茶器的铭文看，这些茶器制作于唐咸通九年至十二年（868—871 年），又有“文思院造”的字样。在茶罗子、

银则、长柄勺等茶具上，还有“五哥”字样，而五哥正是唐僖宗李儇儿时的小名。由此可推知，这套茶具是僖宗向法门寺提供的供养物。

文物档案

名称：唐鎏金飞天仙鹤纹银茶罗子
年代：唐代
材质：银
规格：长 13.45 厘米
高 9.8 厘米
重 1472 克
出土地：陕西宝鸡法门寺
收藏地：法门寺博物馆

朱温代唐

新势力的崛起加速了王朝的瓦解。

巨大的王朝陨落
烽烟四起
流离失所的百姓
陷入了动荡之中

裘甫起义

唐朝后期，农民们实在受不了官员的压迫，有个叫裘甫（仇甫）的人领导农民向唐王朝发起反抗。

不轮换就造反

唐朝末年，八百戍守桂州（桂林）的兵士因远戍六年（戍期一般为三年）思乡心切而集体起义，引发桂州兵变。

背叛兄弟是要被骂的

唐末，王仙芝率数千人起义，黄巢起义响应，并与王仙芝合兵。后来，王仙芝想接受朝廷的招安，被黄巢大骂了一顿才未接受。

黄巢起义

黄巢率领义军攻下了洛阳和长安，建立了大齐政权。原为起义军将领的朱温后来投降朝廷，被封为节度使，与其他藩镇一起镇压了黄巢起义。

政权飘摇
民心不稳
实力是一切政治斗争的基础

猖狂的宦官

由于唐昭宗想要削弱宦官势力，宦官刘季述便派人将他软禁在一座宫殿里，只留一洞用来递送食物。

引狼入室

唐昭宗被软禁后，宰相崔胤向朱温求救。朱温迎唐昭宗复位，并诛杀了几百名宦官和大臣。

长安遭毁

朱温挟持唐昭宗后，下令营建洛阳宫室，拆除长安城的旧宫殿，再将建筑材料丢进渭水，随渭水流到洛阳。

朱温代唐

朱温迁都洛阳后杀死唐昭宗，立唐昭宗的儿子李柷为帝。不久，他又废除了这个傀儡皇帝，自立为帝，唐帝国宣告灭亡。

愿众生得饱

——韩滉五牛图卷

“耕犁千亩实千箱，力尽筋疲谁复伤？但得众生皆得饱，不辞羸病卧残阳。”

《五牛图》是唐朝韩滉所作的黄麻纸本设色画，是中国十大传世名画之一，也是少数几件唐代传世纸绢画作品真迹之一，更是现存最古老的纸本中国画。

图中的五头牛从右至左按一字排开，状貌姿态各不相同。一头俯首在荆棵上蹭痒；一头翘首前仰，慢步前行；一头站立张嘴，似在嘶叫；一头回首吐舌；一头络首而立。整幅画面除最后右侧有一棵树外，再无其他的背景，因此每头牛也可独立成篇。

唐代初期，以牛、马为主要对象进行创作的画家逐渐增多，到中晚唐达到高峰，不少画家专以画牛、马而闻名于世。《五牛图》

相传为韩滉在出游时目睹田间耕牛情景所画；又有另一说法，即五牛代表韩滉兄弟五人，表达其坚韧、勤劳、温顺的品性，更含有爱国忠君的真情实感。同时，史书中记载，韩滉就任宰相期间非常注重农业的发展，以牛为画题，也很可能是有鼓励农耕的深意。

在技巧的运用上，画家用粗壮有力的墨线勾勒牛的轮廓。同时，画家将牛眼适当夸大，着意刻画，使牛的瞳眸炯炯有神、神采奕奕。元代画家赵孟頫评价这幅画说："五牛神气磊落，稀世名笔也。"

文物档案

名称：韩滉五牛图卷
年代：唐代
材质：纸
规格：纵 20.8 厘米
横 139.8 厘米
收藏地：故宫博物院

科技和文化的繁荣

唐朝可以说是中华文化科技繁荣发展的黄金时期。

《坛经》

唐代佛教的禅宗领袖慧能创立了禅宗南宗，被推为禅宗六祖。其说教在死后由弟子汇编成书，称《六祖坛经》，略称《坛经》。

《唐本草》

随着外域文化的传入，唐代的药品和物种数目不断增加。为了完善医药体系，唐朝官府下令收录编纂了《唐本草》，该书也是中国第一部药典。

国字号编书团队

唐太宗开设史馆，由宰相监制，专门编修前代史书，共编写了《晋书》《梁书》《陈书》《北齐书》《周书》《隋书》等六部史书。

吴带当风

吴道子被人称为“画圣”。他画的人物看上去都有一种被风吹拂的飘逸感觉，人们便用“吴带当风”来形容他的画风。

多种科技发明的出现
推动了社会的进步
对后世影响深远

《史通》

《史通》是中国古代首部系统的史学评论著作。书中总结了历代史书的优劣得失。

测量子午线

僧人一行根据南宫说等人的测量，归算出了地球子午线一度的长度。

颜筋柳骨

颜真卿和柳公权的书法造诣极高，二人合称“颜柳”。后世以“颜筋柳骨”来称道他们的书法。

政治开明、经济繁荣、社会太平
造就了盛唐独特的文化艺术魅力

火药

唐朝时，中国人已经发明了火药。唐朝末年，火药被广泛运用于军事。

雕版印刷术

雕版印刷术发明于唐朝，它是一种在板上刻字和图画，再刷墨水，盖上纸印刷的技术。《金刚经》是雕版印刷的典型代表作。

医学百科全书

唐代的孙思邈被称为“药王”。他不仅医术高超，还撰写了著名的医书《千金方》。

梨园夜宴

唐玄宗精通音律，晚年爱好乐舞，为此专门设立训练乐工的机构——梨园。

唐玄宗挑选了大量的乐舞艺人，在梨园教授编曲，因此也有“皇帝梨园弟子”的说法。

后世将梨园与戏曲联系在一起，称戏曲界为梨园行，称戏曲从业人员为梨园子弟。

梨园是唐玄宗训练乐器演奏人员的场所，与负责礼乐的太常寺和串演歌舞散乐的教坊三足鼎立。
唐玄宗是梨园的主要领头人，每逢节日宴会，他都会带领艺人排乐编舞。

九秋风露越窑开

——秘色瓷莲花碗

"跨越千年，再现秘色瓷的神采风韵。"

越窑，也称秘色窑，这里所产的秘色瓷配方是保密的，专用于皇家瓷器的烧造。秘色瓷是越窑青瓷精品之一，这件秘色瓷莲花碗就是越窑青瓷的代表作，可称得上秘色瓷中的稀有作品，精美绝伦，出类拔萃。

莲花碗由碗和盏托两部分组成。碗为直口深腹，外壁饰浮雕莲花三组。盏托的形状如豆，上部为外翻口盘，刻划双钩仰莲两组；下部为向外撇的圈足，饰浮雕覆莲两组。瓷胎呈灰白色，胎质细腻致密，颗粒均匀纯净，托心平整，正中镂有一小圆孔直通器底，孔边刻"项记"二字。莲花碗通体施青釉，釉层厚，光洁如玉，如宁静的湖水一般，清澈碧绿，器形敦厚端庄，比例适度，线条流畅，丰腴华美，通体恰似一朵盛开的莲花，构思巧妙，浑然天成，

被认为是五代、北宋年间秘色瓷标准器。

这件越窑秘色瓷莲花碗于 1956 年出土于苏州虎丘云岩寺第三层，属于第三批禁止出国（境）展览文物。

文物档案

名称：秘色瓷莲花碗
年代：五代
材质：瓷
规格：通高 13.2 厘米
　　　口径 13.8 厘米
出土地：江苏苏州
收藏地：苏州博物馆

合久必分

合久必分，分久必合
五代十国虽政权分立
但统一始终是客观存在的必然趋势

政权分裂，社会动荡不安，文化艺术却百花齐放。

梁晋争霸

后梁内乱后，北方的晋王李存勖趁机做大，与后梁连年征战，之后在魏州称帝，建立后唐。

儿皇帝

后唐末期，太原留守石敬瑭向契丹求援，后得以灭后唐，并被册封为帝，建立后晋，称契丹主为“父皇帝”，自称“儿皇帝”。

后唐政变

后唐李存勖灭梁后横征暴敛、穷奢极欲，后为变兵所杀。原部将李嗣源入洛阳称帝，略减赋税，社会有所安定。

短命的后汉

契丹人灭后晋后，刘知远趁机称帝，仍属后晋。契丹人北还后，刘知远攻下洛阳，建立后汉，定都汴（今河南开封）。后汉政权只存在了 4 年。

文化兴盛

由于兴科举、建学校，南唐文化兴盛，不仅朝堂上人文鼎盛、名人辈出，就连皇帝李煜都是名传千古的大诗人。

警枕

吴越王钱镠为了不让自己睡太熟，就用圆木作枕头，叫作“警枕”。如果睡太熟了，头会从枕头上滑下，人也就醒了。

长乐老，不倒翁

五代名臣冯道处世圆通，在五代乱局中一直在朝为官，共侍奉过四朝八姓十个皇帝。

抢劫贡物

五代的南平国力弱小，但却是南北交通要冲。为了增加收入，皇帝常令人劫掠南方各国的贡物。

《花间集》

《花间集》是中国文学史上的第一部文人词选集，收录了温庭筠、韦庄等晚唐五代词人的词作 500 首。

五代四大家

五代四大家指五代时的荆浩、关仝、董源、巨然四位画家。他们的画风承唐启宋，形成了独特的时代风格。

盛筵难再

——《韩熙载夜宴图》

“洞穿世事的智慧带给人的往往不是快乐而是悲哀。”

《韩熙载夜宴图》是五代十国时期南唐画家顾闳中的绘画作品，现代流传下来的是宋代摹本，绢本设色，现藏于故宫博物院。《韩熙载夜宴图》描绘了官员韩熙载在家中设夜宴，歌舞行乐的情景。全图分聆听琵琶、擂鼓起舞、盥手小憩、重奏管籥（yuè）、再开歌舞等五个场景。

整幅作品线条遒劲流畅，工整精细，构图富有想象力。作品中人物的造型准确精微，线条工细流畅，色彩绚丽清雅。不同物象的笔墨运用又富有变化，尤其设色更见丰富、和谐，仕女的素

妆艳服与男宾的青黑色衣衫形成鲜明对照，是五代时期十分具有代表性的人物画作。

文物档案

名称：《韩熙载夜宴图》
年代：五代
材质：绢本
规格：纵 28.7 厘米
横 335.5 厘米
收藏地：故宫博物院

隋、唐、五代历史大事记

581年

隋朝建立

杨坚逼周静帝让位，自己当了皇帝。

589年

统一全国

隋文帝逼降陈后主，陈亡。隋文帝完成了大一统。

618年

唐朝建立

隋炀帝被杀，李渊称帝，建立唐朝。

907年

朱温代唐

朱温迁都洛阳后，逼唐哀帝禅位，建立后梁，取代了唐朝。

926年

后唐政变

后唐李存勖横征暴敛，李嗣源反叛，夺取了后唐的政权。

936年

儿皇帝

石敬瑭向契丹求援，发动政变，建立后晋，自称“儿皇帝”。

627—649 年

贞观之治

唐太宗李世民勤于政事，开创了贞观盛世。

650—655 年

永徽之治

唐高宗时期，唐朝疆域扩大，百姓富安，天下大治。

690 年

女皇登基

武则天称帝，成为中国历史上唯一正统的女皇帝。

713—741 年

开元盛世

唐玄宗统治前期整顿吏治、精简机构等，唐朝进入了鼎盛时期。

756 年

马嵬驿兵变

安史之乱爆发后，唐玄宗被将士逼迫下令赐死杨贵妃。

835 年

甘露之变

唐文宗联合宰相李训等人欲铲除宦官势力，最终失败。

图书在版编目（CIP）数据

藏在博物馆里的中国历史·隋唐 / 有识文化，成都地图出版社编著；李红萍绘．-- 成都：成都地图出版社有限公司，2023.12

ISBN 978-7-5557-1863-5

Ⅰ．①藏… Ⅱ．①有… ②成… ③李… Ⅲ．①中国历史－隋唐时代－通俗读物 Ⅳ．① K209

中国版本图书馆 CIP 数据核字（2021）第 263633 号

藏在博物馆里的中国历史·隋唐

CANG ZAI BOWUGUAN LI DE ZHONGGUO LISHI · SUI-TANG

策　　划　唐　艳
主　　编　鄢来勇　刘国强　黄博文
副 主 编　姚　虹　范玲娜　唐　艳
责任编辑　陈　红
审　　校　魏小奎　吴朝香　王　颖　赖红英　田　帅
责任校对　向贵香
审　　订　肖圣中　邹水杰　毋有江　李春燕　李青青
　　　　　聂永芳　刘国强　姚　虹　张　忠　程海港
出版发行　成都地图出版社有限公司
印　　刷　运河（唐山）印务有限公司
经　　销　全国各地新华书店
开　　本　880 毫米 ×1230 毫米　1/16
总 印 张　40
总 字 数　640 千字
版　　次　2023 年 12 月第 1 版
印　　次　2023 年 12 月第 1 次印刷
书　　号　ISBN 978-7-5557-1863-5
审 图 号　GS（2021）8903 号
定　　价　268.00 元（全 8 册）

藏在博物馆里的中国历史

有识文化
成都地图出版社 编著

成都地图出版社

宋

（960—1279 年）

北宋时期地图……2

高级“保温杯”
——影青釉莲花瓣注子注碗……4

北宋建立……6

宋瓷之冠
——汝窑天青釉三足樽承盘……8

巩固政权……10

宋朝的“国有企业”……12

最具童心的枕头
——定窑白釉孩儿枕……14

王安石变法……16

和平相处……18

复古女装
——泥金花卉飞鸟罗表绢衬长袖对襟女衣……20

对外贸易……22

繁华的汴京……24

带你穿越回北宋
——《清明上河图》……26

北宋灭亡……28

南宋时期地图……30

酒中之花
——宋芙蓉花金盏……32

偏安一隅……34

如冰似玉
——青釉荷叶形盖瓷罐……36

铁马金戈……38

士大夫的优雅生活……40

桃李满天下
——“皇宋湖学宝尊”铭铜牺尊……42

两宋经济……44

望子成龙
——教子升天金杯盘……46

两宋科技……48

银瓶上的风雅
——如意云纹银经瓶……50

两宋制度……52

襄樊保卫战……54

宋代历史大事记……56

目录
CONTENTS

辽、西夏、金
（916—1125 年、1038—1227 年、1115—1234 年）

掌控北方的契丹人 …… 58

神秘的党项王朝 …… 60

女真人的霸业 …… 62

元
（1271—1368 年）

元朝时期地图 …… 64

微型剧院
——景德镇窑青白釉戏剧舞台人物纹枕 …… 66

元朝兴亡 …… 68

元朝政治制度 …… 70

瓷上之花
——景德镇窑青花海水白龙纹八方梅瓶 …… 72

元朝经济和文化 …… 74

辽、西夏、金、元历史大事记 …… 76

北宋时期地图

辖 戛 斯
阿 尔 泰 山 脉
汗
黑
天 山 山 脉
西 州 回 鹘
昆 仑 山
黄 头 回 纥
吐 蕃
诸 部
马 拉 雅 山 脉
大
皇宋通宝
北宋时期钱币，刻字主要分篆书与真书两种。
王安石
北宋时期政治家，主张变法革新，发展生产，富国强兵。
交子
最初是一种存款凭证，后来逐渐在市场流通，成为中国最早的纸币。
记里鼓车
中国古代用来记录车辆行过距离的马车，车每行一里路，敲鼓一下。
北宋“文府”墨锭
墨锭是文房四宝之一，历来备受文人的喜爱。
花石纲
宋徽宗爱好怪石，便有了专门运送奇花异石以满足皇帝喜好的特殊运输船队。
苏轼
北宋文坛领袖，在诗、词、书、画等方面取得很高成就，“唐宋八大家”之一。

梁山泊起义
北宋末年的一次农民起义，不断演绎后成为《水浒传》的历史原型素材。
指南针
古代叫司南，其主要组成部分是一根装在轴上的磁针。
改
朗
斡
大
兴
安
岭
女
《资治通鉴》
北宋史学家司马光主编的一部编年体史书，总结经验教训，供统治者借鉴。
辽
长
白
山
脉
慈云塔
直
汝窑天青无文椭圆水仙盆
汝窑是北宋徽宗时期的官窑，以天青釉色著称于世，唯独此件光洁无纹。
阴山山脉
贺
兰
山
夏
渤
海
黄
河
黄
海
东
纺纱女
北
广袖袍
海
长
江
东
海
建窑黑釉兔毫盏
宋金时期，兔毫盏在中国很多地方都有烧制，以建窑所烧最为著名。
宋
流
求
北宋
流求
南
海
万
里
石
塘
南海
南
海

高级“保温杯”

——影青釉莲花瓣注子注碗

“智慧的高度，也决定了酒温的持久度。”

古人在天气寒冷的时节饮酒时，一般是将酒温热了再喝。进入宋代，酒器的款式呈现出多样化趋势，功能也日渐全面。“注子注碗”就是这个时期出现的。

影青釉莲花瓣注子注碗，由注子、注碗组合而成。注子是一种盛酒器具，是我们常见的一种酒壶款式。温酒时将装满酒的注子置于注碗中，碗内加入热水，用以温酒。注子通体施以影青釉，六棱形腹，前置上扬的细流，后置带式曲柄，直颈小口。注子口上套盖，盖顶有一蹲立狮子，昂首翘尾，活灵活现。

注碗全形犹如一朵含苞欲放的仰莲，出淤泥而不染的高雅气质油然而现。影青釉注子注碗组合和整个花纹图案设计完美巧妙，胎质细腻，釉色温润光洁，朴素淡雅。造型统一和谐，注子和注

注子

注碗

碗仿佛是穿上了“情侣衫”。

酒与宋代文人有着难解之缘，在生活情趣方面趋于自然适意，在饮酒的过程中，静养身心，享受人生。而造型雅致，制作精美的酒器更加体现了宋人雅致的生活态度，令人为之神往。

文物档案

名称：影青釉莲花瓣注子注碗
年代：北宋
材质：陶瓷
规格：高 27 厘米
壶底径 8.5 厘米
壶口径 3.5 厘米
出土地：安徽宿松
收藏地：安徽博物院

北宋建立

五代十国的乱局至此尘埃落定。

分裂局面的结束
却并不意味着内乱的停止
根基不稳的新政权
仍危机四伏

黄袍加身

五代后周时，赵匡胤在陈桥驿发动兵变，部下诸将给他披上黄袍，拥立他为天子。

约法三章

赵匡胤在黄袍加身时与部下约法三章，“不得惊犯宫室，不得凌辱朝臣，不得抢掠”，否则他就不当皇帝。

登上皇帝的宝座

赵匡胤发动兵变后，宣读禅位诏书，登上了皇帝的宝座，国号宋，是为宋太祖，定都开封。

统一中原

门下侍郎赵普提出了天下一统的策略，在防御北方劲敌的同时，逐一消灭南方的割据势力，宋朝结束了五代十国的分裂局面。

一个新王朝的诞生
预示着
一个崭新社会的开始

金匮（guì）之盟

杜太后临终时召赵普入宫记录遗言，劝说太祖赵匡胤死后传位于弟弟赵光义。因为这份遗书藏于金匮之中，所以被称为“金匮之盟”。

卧榻之侧，岂容他人酣睡

宋朝一统天下之际，南唐后主百般讨好宋太祖以求安稳。宋太祖却认为，自己的利益绝不容他人侵占。

告御状

宋太祖时，大臣王彦升深夜去找宰相索贿，宰相害怕，第二天就将此事告诉了皇帝，于是王彦升被外放。

斧声烛影

宋太祖赵匡胤驾崩前，召弟弟赵光义议事，席间有人在烛光下看见赵光义离席逃避，又听见宋太祖用斧戳地大声说话，后人因此怀疑赵光义杀兄篡位。

宋瓷之冠

——汝窑天青釉三足樽承盘

“一件瓷器，可与青铜器比肩争锋。”

这件汝窑天青釉三足樽承盘是宋代汝窑烧制的瓷器，造型古朴大方，直口，平底，下承3个曲足。里外施天青釉，色泽青翠华滋，通体满釉，釉面满开细碎纹片，像银光闪闪的鱼鳞，又像蝉翼纹状，排立有序，富有层次感，使得单一的青釉表面增添了另一番趣味。外底满釉，底部有5个如芝麻般细小的支钉痕。清代乾隆皇帝十分喜爱这件汝窑天青釉三足樽承盘，曾赋诗一首并命工匠镌刻于器物外底。诗曰：“紫土陶成铁足三，寓言得一此中函。易辞本契退藏理，宋诏胡夸切事谈。”句末署“乾隆戊戌夏，御题”。“乾隆戊戌”，即乾隆四十三年（1778年），此器造型属传世孤品，弥足珍贵。

这件瓷器产自汝窑，而汝窑是宋代五大名窑之首，北宋时期

皇家瓷器主要由汝窑生产。汝窑的烧造时间很短，大约 20 年，所产的瓷器以名贵玛瑙为釉，色泽独特，犹如“雨过天晴云破处”，所以传世作品极为精美稀少。2015 年，故宫博物院在全世界范围内统计汝窑典藏，全世界现仅存 93 件，由此也可以看出这件汝窑瓷器是何等珍贵。

文物档案

名称：汝窑天青釉三足樽承盘
年代：北宋
材质：陶瓷
规格：高 4 厘米
口径 18.5 厘米
足径 16.9 厘米
出土地：不详
收藏地：故宫博物院

巩固政权

政治清明
官员清廉
是一个王朝兴盛的基础

有效的政治措施是稳固社会、安抚百姓最直接的方法。

杯酒释兵权

宋太祖在酒宴上对将领威逼利诱，解除了他们的兵权，防止了军队政变，是历史上有名的安内方略。

不再与皇帝平起平坐

宋代以前，宰相都是坐着与皇帝讨论国事。宋太祖借口看不清奏章让宰相范质起身上前，趁机让人搬走座椅，从此宰相再也不能和皇帝平起平坐了。

权力洗牌

为防止地方兵变，宋太祖将中央和地方的权力进行分割，使各部门之间相互制衡，减少了国内战乱的发生。

澶渊之盟

1005 年，北宋和辽经过 20 多年的战争后在澶州议和，因澶州在宋朝也称澶渊郡，故史称“澶渊之盟”。

中央集权
权力制衡
是新政权站稳脚跟的第一步

宋真宗封禅

大中祥符元年（1008 年），宋真宗东巡泰山封天禅地，西至汾阴登坛祭祀。他是中国最后一个封禅的皇帝。

庆历新政

庆历年间，宋仁宗命范仲淹进行改革，因改革削弱了吏治能力，又限制了官僚地主特权，最后以失败告终。

庆历和议

西夏对北宋发动数次战事，宋朝皆惨败。最后双方达成和议，西夏名义上向宋称臣，但北宋需每年赐给西夏岁币、布匹、茶叶等物资。

王安石变法

熙宁年间，王安石变法进行了多项举措，如青苗法、保甲法、均输法等，一定程度上充实了政府财政。

宋朝的“国有企业”

北宋时期的手工业技术达到了一定的高峰，水轮磨坊等工具的发明促进了社会经济的快速发展。

人们善于利用地形，将磨坊建在河流上，并借助水力进行粮食加工。

北宋时期，大型官营作坊的运作体系十分成熟，采用官员监工和民工劳作的运营方式。

水轮磨坊由引水道、水轮、磨盘、磨轴等组成，它可以日夜旋转，磨面千斤，不但节约人力，也是无污染的环保磨面工具。

磨坊的分工明确，有磨面、扛粮、扬簸、净淘、挑水、赶车等十几道工序。

最具童心的枕头

——定窑白釉孩儿枕

“瓷器上的娃娃，令皇帝也爱不释手。”

这是一件构思独特的枕具。工匠独具匠心，塑造了一个活泼可爱的男孩俯卧于榻上的形象。男孩两臂交叉环抱，头枕于双臂之上，臀部鼓起，两只小脚相叠上翘。他眉清目秀，眼睛炯炯有神，面带微笑，一副悠闲自得的样子。细节的刻画生动传神，衣纹流畅清晰。瓷枕以孩儿背为枕面，底座为一床塌，榻为长圆形，底部有两个通气孔。此枕整体线条柔和流畅，兼具实用性和欣赏价值。

白釉孩儿枕产于定窑，是我国五大名窑之一，以产白瓷著称。定窑生产规模宏大，品种繁多，但瓷器数量极少，主要是作为贡品进入宫廷。这件白釉孩儿枕，是定窑瓷器的代表作之一。

瓷枕是古人夏季喜欢的寝具，因为瓷可以爽身怡神，甚至有“明目益睛，至老可读细书”的功效。瓷枕最早出现于隋代，到了宋代，

因经济发达，人们对物质生活的要求也有所提高，瓷枕的发展进入了繁荣时期，不仅体形较前代有所增大，而且装饰技法也多样化，体现了宋人的家居观念。

文物档案

名称：定窑白釉孩儿枕
年代：北宋
材质：陶瓷
规格：高 18.3 厘米
长 30 厘米
宽 18.3 厘米
出土地：不详
收藏地：故宫博物院

王安石变法

政治改革是改变积贫积弱局面的根本。

新法的推行不当
不仅会影响到百姓的生活
也必然会触动**大地主阶级**的
根本利益

均输法

均输法规定在较近的产地或在便宜的地区采购，以节省货款和运费，既减轻了纳税户的负担，也限制了商人对市场的操纵和对民众的盘剥。

青苗法

每年播种时农民可自愿向官府借贷钱物，收成后加息归还谷物或现钱。

农田水利法

农田水利法是王安石主张“治水土”的重要措施，奖励各地开垦荒田、兴修水利，由受益人出资，财力不足者可向官府借贷。

免役法

官府出钱雇人应役并预计经费，由民户按等级分摊缴纳役钱而免差役，称免役钱；其他特权户按同等的一半交钱，称助役钱，官府因此增加了收入。

发展生产，富国强兵
充实政府财政，提高国防力量
是挽救宋朝政治危机最直接有效的方法

市易法

在东京设置市易务，收购滞销货物并在短缺时卖出，限制商人对市场的控制，利于稳定物价和商品流通，增加了政府的财政收入。

方田均税法

政府每年丈量土地并分为五等，据此来制定田赋。这样既清出了地主隐瞒的土地，增加了财政收入，也在一定程度上减轻了农民的负担。

将兵法

把禁军的厢、军、营、都四级编制改为将、部、队三级编制，消除将不知兵、兵不识将的弊端。同时，每将置正、副将各一人，负责军队训练，州县不得干预，提高了军队的战斗力。

保甲法

乡户每十家组一保，五保为一大保，十大保为一都保。家有两丁以上则出一人为保丁，农闲时进行军训。这样既能防止农民反抗，又能节省军费。

和平相处

澶渊之盟以后，北宋与辽国实现了长期的和平局面，并制定了较为稳定的宾礼制度。

自北宋开国到辽国灭亡期间，宋辽双方交流十分密切，互派使臣的次数达到上百次。

参与朝聘的辽国使团中，除了官员之外，还有牵马、举旗帜的其他使团成员。

辽国使臣进献的礼物具有地方特色，其中较为突出的是幽州织布和果实、腊脯等。
朝聘过程中，皇帝命人将辽国使臣进献的礼物清单宣读给大臣们听，并将礼物赐给各级官员。

复古女装

——泥金花卉飞鸟罗表绢衬长袖对襟女衣

“金色的花卉，轻盈的罗，隐约可见宋朝女性的风姿。”

在南京市大报恩寺遗址深达6.75米的地下，尘封于北宋长干寺地宫中的大批丝织品重见天日。通过现代的科技手段，丝织品的真貌得以展现在我们眼前，其中真正的服装仅有一件，名为“泥金花卉飞鸟罗表绢衬长袖对襟女衣”。

所谓“泥金”，就是用金箔粉和胶水制成的金色颜料，用毛笔蘸在织物上绘出纹样。这件对襟女衣属于罗织物，其织造工艺非常复杂，成衣轻薄透气，用泥金描绘于衣料之上更加突显了这件女衣的珍贵，不是普通百姓所能拥有的。尽管因为历史久远，衣服上的金粉多有脱落，但从印金处的残留痕迹依然可以辨认出花卉、飞鸟等图案纹饰。这件对襟女衣一方面展示了女性的着装特点，另一方面也展现了北宋时期丝织工艺的高超水平。

丝绸制品是有机质文物，在历史的风雨侵蚀中极难保存。但为何这批丝织品历经千年仍保存完好?

是因为长干寺地宫内的铁函在埋藏过程中，形成了独特的饱水环境，将空气、细菌隔绝，铁函内长期保持稳定状态，才使得这批宋代丝织珍品得以保存千年。

文物档案

名称：泥金花卉飞鸟罗表绢衬长袖对襟女衣
年代：北宋
材质：罗
规格：长 110 厘米
宽 109 厘米
出土地：江苏南京
收藏地：南京市博物馆

对外贸易

由于西夏阻隔了西北的丝绸之路
加上经济重心的南移
东南沿海的港口
成为宋朝的新贸易中心

对外贸易的收入，成为了国家财政收入的一大来源。

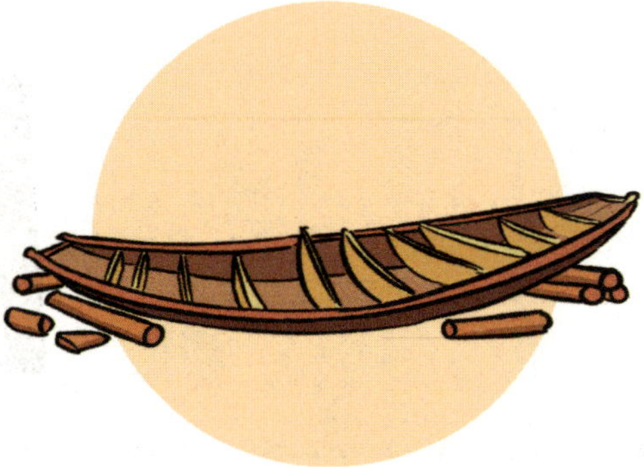

奖励外贸

北宋初年，宋太宗曾派遣内侍携带敕书、金帛，分四路往南海各国招揽蕃商，对来华进行大宗贸易的外商予以奖赏。

造船业

宋代每年的造船数量达到三千多艘，造船业达到历史高峰，造船技术处于世界领先地位。空前繁荣的海上贸易是推动造船业发展的重要动力。

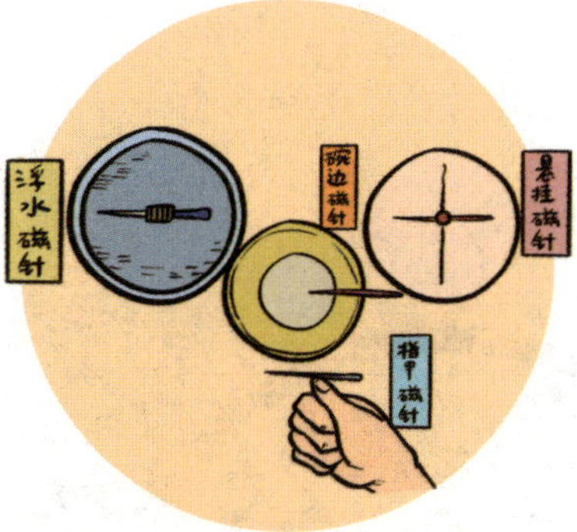

指南针

宋代的指南针广泛应用于航海。沈括的《梦溪笔谈》中记载了宋代的四种指南针用法：浮在水面的、放在指甲上的、放在碗边上的和用丝线悬挂的磁针。

三大对外贸易港口

宋朝有三大对外贸易主港，分别为广州、明州、泉州。

宋朝的对外贸易
分为官府经营和私商经营
其中民营外贸占多数

宋代海关

宋朝在各海港设立了管理海上对外贸易的官府——市舶司，相当于现在的海关。当海外商船进入中国海域后，市舶司要派官员“阅实其货”，征收关税或采购货物。

《元丰广州市舶条法》

北宋元丰时期，朝廷颁布了中国古代史上第一个专项外贸法规——《元丰广州市舶条法》。虽冠以“广州”二字，但并不局限于广州一地。

海上贸易

为了防止钱币外流，南宋政府下令以丝绸、瓷器交换外国的舶来品。自此，中国丝绸和瓷器的出口量比以往增多。

价比黄金的“宋瓷”

宋瓷的出口量大得惊人，但仍不能满足外贸需求。精美的官窑瓷器一运到国外，立即身价倍增，价比黄金，成为外国人珍藏之物。

繁华的汴京

北宋全盛时期，都城汴京繁华热闹，人民生活富足。

北宋时期园林兴起，皇家园林、寺观园林、陵寝园林和私家园林都发展得十分迅速。

北宋的瓷窑遍布全国，官窑、钧窑、汝窑、定窑和哥窑这五大名窑名留千古。

北宋文化艺术繁荣，在很多城市的街道上都有书店。
赏戏曲、斗茶、游园、荡秋千，汴京人的生活丰富多彩。

带你穿越回北宋

——《清明上河图》

“一幅画卷，承载了一个时代的繁华与风光。”

《清明上河图》生动记录了北宋都城汴京的城市面貌和当时社会各阶层人民的生活状况，见证了北宋都城汴京当年的繁华。全图共画了500多个不同身份的人物，个个形神兼备，惟妙惟肖。

图中郊外的驼队满载货物，缓缓走来；农家小院之中，饲养着成群的家禽；接亲的队伍从北边徐徐拐过来，新郎骑着枣红马，新娘乘轿；酒店撑起招揽顾客的旗幡；码头上货主正在清点货物，码头工人正在把运来的货物堆码起来。汴京主干道两边车水马龙，店铺林立。汴河上商船云集，首尾相连，虹桥气势不凡，桥面上熙熙攘攘，桥下船只穿行而过。整个画面中士农工商，三教九流，

男女老幼，无所不有，商业都市的繁华景象真实地展现在人们的眼前。

《清明上河图》是北宋画家张择端仅存的传世精品，该画艺术特色非常鲜明，是中国十大传世名画之一，属国宝级文物。其丰富的思想内涵、独特的审美视角、现实主义的表现手法，都使其在中国甚至世界绘画史上被奉为经典之作。同时，它也为我们提供了北宋大都市社会经济生活等翔实形象的第一手资料，具有重要历史文献价值。

文物档案

名称：《清明上河图》
年代：北宋
材质：绢
规格：纵 24.8 厘米
横 528 厘米
收藏地：故宫博物院

北宋灭亡

内忧外患

起义不断

底层人民进行着最后的挣扎

帝国的覆灭，惨烈的亡国之痛，又岂只因统治者的一念之间。

王小波、李顺起义

北宋前期，四川地区实行茶叶专卖，官府强行以低价收购茶农茶叶，导致社会贫富差距太大，王小波、李顺发动起义，并提出“均贫富”的主张。

元祐党籍碑

宋徽宗时蔡京专权，将元祐年间的司马光、苏轼、苏辙、黄庭坚、秦观等人列为奸党，并将他们的姓名刻在石碑上公布天下，后来被宋徽宗下诏毁掉。现为旧本重刻。

海上之盟

宋徽宗时期，辽国逐渐衰弱，难以抵挡新崛起的金国的攻势。宋朝便派使臣在海上与金国签订盟约，商量共同攻击辽国。

方腊起义

宋徽宗时期，百姓因花石纲之役被官吏掠夺勒索，方腊率众起义，农民纷纷响应，起义军接连攻陷几十座州县，部众发展到近百万之多。

统治者的日益腐朽
让老百姓苦不堪言
宋朝统治岌岌可危

宋江起义

北宋末年，宋江率众起义，攻陷十余州县城池，最终战败被俘。他的事迹被后世不断演绎，成为《水浒传》的历史原型素材。

东京保卫战

北宋末年，金军南下，保卫东京（今河南开封）的抗战派虽多次打退金军，但因投降派不积极抗战导致东京保卫战失败。

花钱买面子

宋、金联合灭辽战争中，宋朝“出钱”请金军代为收复燕云十六州，结果金国不仅将燕云十六州抢劫一空，还看穿了宋王朝的软弱。

靖康之变

宋钦宗靖康二年（1127年），金攻占北宋都城汴京，掳走徽宗、钦宗二帝及大量赵氏皇族，北宋灭亡，宋室南迁。

南宋时期地图

钟相、杨幺起义
湖南义军首领钟相、杨幺等率众于洞庭湖地区连年抗击南宋官军围剿。
阿尔泰山脉
西辽
天山山脉
昆仑山脉
祁连
吐蕃等部
喜马拉雅山脉
横断
辛弃疾
南宋官员、文学家，豪放派词人，有"词中之龙"之称，与苏轼合称"苏辛"。
《洗冤集录》
这是中国较早、较完整的法医学专书，后世诸法医著作多以此书为蓝本。
朱熹
中国南宋时期思想家，理学集大成者，闽学代表人物，被后世尊称为朱子。
突火枪
中国的早期火枪在宋朝时就已经出现了，当时叫作"突火枪"。
海外贸易

"官巷前街"金叶子
宋元时期水运繁荣，港口的商家们不得不使用贵金属进行交易。
隆兴和议
宋孝宗起用老将张浚等发动"隆兴北伐"，却在符离被金军击败，后两国议和。
弓鞋
古代缠足妇女所穿的鞋子。妇女因缠足脚呈弓形，故其鞋有此名。
古
兴安岭
长白山脉
金
南宋龙泉窑粉青象钮盖罐
阴山山脉
贺兰山
夏
岳飞
渤海
黄海
东
黄河
临安府行用
准陆拾文省
南宋"临安府行用"钱牌
南宋末年，内外交困，财政捉襟见时，遂大肆鼓铸各类铁钱。
长江
南宋
中興復古
"中兴复古"香饼
香饼呈方形，分量极轻，其正面刻有"中兴复古"四字楷书。
东海
海
流求
理
南海
千里长沙
万里石塘
南海

酒中之花

——宋芙蓉花金盏

“只有最明艳的花，才能包容最烈性的酒。”

芙蓉花金盏是一件用来喝酒的酒器，整体看上去似一朵盛开的芙蓉花，敞口、圈足外斜。碗壁上下都刻有花瓣纹，内壁上部有 8 片花瓣，右瓣压左瓣，按顺时针方向叠压成一圈；下部的 8 片花瓣是左瓣压右瓣，按逆时针方向叠压成一圈。外壁花瓣的叠压方向与内壁相反，所饰瓣纹一左一右，碗内底部刻花蕊和 3 片花瓣，层次分明，风格独特。

为了突显花瓣的浮雕效果，芙蓉花金盏采用捶揲工艺打制成型，再用錾刻工艺雕刻出花瓣纹路，整个金盏线条细腻、纹饰精美。捶揲和錾刻两种工艺的结合使金盏层次丰富，典雅自然，契合了宋人追求简约、崇尚淡雅的审美情趣，可以猜测当时蜀地的宋人在觥筹交错之间，必定也沉醉于这件精致的酒器中。

芙蓉花金盏出土于四川。相传，后蜀皇帝孟昶为讨爱妃欢心，下令将成都全城遍植芙蓉花，葱茏高大的芙蓉树上开满了富贵的芙蓉花，正如这件芙蓉花金盏一样非常讨喜。

在宋代，四川是经济、文化都很发达的地区，金银器、瓷器制造业都很繁荣，位居全国前列。

文物档案

名称：宋芙蓉花金盏
年代：南宋
材质：金
规格：口径 9 厘米
　　　高 4.8 厘米
出土地：四川绵阳
收藏地：四川博物院

偏安一隅

可战而不战
为了彻底的求和
杀忠臣，灭士气
政治空气呈现出前所未有的窒息

臣民苦战不怠，懦弱的皇室却选择苟且偷安。

赵构称帝

两宋交替时期，在金兵的追击下，康王赵构逃至江南，建立了南宋小朝廷。

苗刘兵变

建炎三年（1129 年），苗傅和刘正彦发动兵变，诛杀宋高宗赵构宠幸的权臣及宦官以清君侧，最后两人被打败，在建康闹市被处决。

黄天荡之战

宋军与金军在黄天荡进行了一场水战，金军欲返回北方，韩世忠带兵堵截，金军火攻突破后成功返北，宋军先胜后败，但虽败犹荣。

郾城之战

金国统治集团完颜宗弼一派得势，主张再次以武力迫使南宋屈服，夺回河南、陕西。此战中，岳飞所率岳家军以少胜多，给金军以沉重打击。

在风雨飘摇的追赶中
以纳贡称臣为代价
只为换取东南的半壁江山

撼山易，撼岳家军难

岳家军是南宋初年由岳飞领导的抗金军队。以义军为主干，陆续收编农民军等汇成大军。军队纪律严明，训练有素。金军中流传着“撼山易，撼岳家军难”的说法。

《绍兴和议》

宋高宗与宰相秦桧为与金国议和，解除了岳飞、韩世忠等人的兵权，订立《绍兴和议》，向金国纳贡称臣。

川陕保卫战

南宋初期，陕南和四川成为南宋抗金前沿，宋军利用防御工事，多次击败南下金兵，使金兵不能入蜀半步，保卫着南宋初期的半壁河山。

采石之战

1161 年，完颜亮亲率主力，从开封府出发，准备灭亡南迁的南宋朝廷。南宋文臣虞允文率领军民于采石阻挡金军渡江南进，使金军不能如愿渡江。

如冰似玉

——青釉荷叶形盖瓷罐

“青瓷釉色与质地之美的顶峰。”

青釉荷叶形盖瓷罐，是国家一级文物，也是中国瓷器三大国宝之一，每年数以万计的游客纷纷而至，只为一睹它的真容。

盖瓷罐的罐身圆润，直口短颈，圆肩鼓腹，下腹内收，圈足；盖子的设计更是独具匠心，盖子隆起，中央有一蒂纽，盖子的边沿起伏呈荷叶卷曲状，从上往下看，就像一片荷叶在随风浮动，和盖身形成一动一静的完美结合，非常漂亮。盖瓷罐内外满施梅子青釉，釉层肥厚，色泽莹润，釉面光洁平整，“碧绿如翡翠，温润如春水”正是对它最真实的写照，真正达到了中国陶瓷学千百年来追求的“千峰翠色”、“如冰似玉”的理想境界。

青釉荷叶形盖瓷罐是南宋龙泉窑中最大的一件瓷器，也是宋瓷当中唯一一件荷叶形盖罐瓷器，全球仅此一件，堪称绝品。梅

子青色瓷器的烧制十分困难，对于工艺、烧制的温度和釉质，都有着非常高的要求。史上梅子青品种的瓷器，只在南宋这一朝代烧造过，存世极少，实在是弥足珍贵。

文物档案

名称：青釉荷叶形盖瓷罐
年代：南宋
材质：瓷
规格：通高 31.5 厘米
口径 23.5 厘米
腹径 31.7 厘米
足径 16.1 厘米
出土地：四川遂宁
收藏地：四川宋瓷博物馆

铁马金戈

上下不齐心
内外不统一
偏安王朝的覆灭
只是早晚而已

摊上一个摇摆不定的掌权者，王朝最终的命运会如何？

隆兴和议

宋孝宗即位后，欲进攻金，收复中原，便发动“隆兴北伐”，最后却被金军击溃，并在金的胁迫下达成“隆兴和议”。

被迫退位

绍熙五年（1194 年），宋光宗赵惇被迫传位给儿子赵扩，被尊为太上皇，李皇后被尊为太上皇后，赵扩继位为宋宁宗。

失败的北伐

开禧二年（1206 年），宋臣韩侂（tuō）胄贸然北伐，而因金军早有准备，宋军进攻皆以失败告终。韩侂胄只好向金求和。嘉定元年（1208 年），宋、金达成“嘉定和议”。

庆元党禁

庆元年间，由于党派纷争，宋宁宗不分青红皂白，把当时学术界各派的主要人物一网打尽。这是中国历史上知识分子遭受的一场浩劫。

端平入洛

端平元年（1234 年），南宋联合蒙古灭金之后，出兵收复位于河南的原属北宋领土，但最终被蒙古军打败。这次军事行动成为了宋蒙战争全面爆发的导火索。

鄂州之战

南宋宝祐六年（1258 年），忽必烈率领蒙古东路军进攻鄂州，最后被南宋右丞相贾似道击退。

襄樊保卫战

襄樊保卫战历时近 6 年，宋军借用地形优势阻止蒙古军进攻，蒙古军采取围困的方式，不断缩小包围圈，后以南宋襄阳失陷而结束。

崖山海战

1279 年，元世祖忽必烈派张弘范进攻南宋，双方在崖山进行大规模海战，最后元军以少胜多，宋军全军覆灭。崖山海战后，蒙元统一中国。

士大夫的优雅生活

宋朝是中国文化历史上的鼎盛时期。雅集是文人雅士们吟诗作赋、议论学问的集会。

茶百戏起源于唐代，到宋代达到鼎盛时期，受到皇帝、大臣和文人的极致推崇。

宋徽宗十分喜好艺术，他不仅会抚琴、作画，还创作了独树一帜的书体——“瘦金体”。

北宋宗教氛围十分浓厚，文人与高僧坐而论禅，追求着超然物外的思想境界。
北宋著名的书法家有苏轼、黄庭坚、米芾、蔡襄等。
衣饰精致、审美独特的北宋人在生活中颇为讲究，插花、焚香、抚琴，是普遍的日常活动。

桃李满天下
——“皇宋湖学宝尊”铭铜牺尊

“刻为牺牛之形，用以为尊。”

“皇宋湖学宝尊”铭铜牺尊出土于湖州安定书院，通体铜绿色，形似牛，鼻上卷，嘴巴宽大，双耳斜竖，两眼圆睁，头部向上扬起，身躯健硕，四足粗壮，尾巴下垂，背部开桃形孔，孔盖已失。腹部有长方孔，孔上置有长方板，板上镌刻有“皇宋湖学宝尊”六字篆书铭文，背部缺失的桃形盖含有“桃李满天下”的寓意，是国家二级珍贵文物。

“尊”，也作“樽”，指青铜盛酒器。古时祭祀用的牛、羊等被称为“牺牲”，所以牺尊就是“刻为牺牛之形，用以为尊”的酒器，盛行于商周时期。宋朝不仅仿造了商周时期的青铜礼器作为国家宗庙祭祀之用，还制定了一系列的礼器等级制度。

宋代重视教育，州府之学兴盛，各地州学与文庙相结合，设

有日常的祭祀孔子的礼器。该牺尊与周代牺尊相似，其造型应是取法《绍兴制造礼器图》等礼书中的牺尊。该牺尊是当时地方上作为礼器，用于祭奠先圣先师，在一定程度上也可以看出当时湖州的繁华与富庶。

文物档案

名称：“皇宋湖学宝尊”铭铜牺尊
年代：南宋
材质：青铜
规格：长 37 厘米
宽 17 厘米
高 26 厘米
出土地：浙江湖州
收藏地：湖州市博物馆

两宋经济

宋朝的农业、手工业、商业大规模发展，社会经济繁荣。

最早的纸币

北宋成都发行的货币“交子”，是中国最早的纸币，在四川境内流通近 80 年，曾作为官方货币流通，称作“官交子”，也被认为是世界上最早的纸币。

交引铺

商人通过向政府付钱或物得到相应的专卖凭证，被称为交引或茶引、盐引，是一种有价证券，可以卖给交引铺领取抵偿物。

穷人的陪葬品“买地券”

由于官僚地主兼并土地，富人更富，穷人几乎没有土地，宋代陪葬品流行“买地券”，用以安慰死者的灵魂。

水轮磨坊

宋代人利用水力转动木轮，进行磨麦等粮食加工或水利灌溉，有些由官府控制监督，有些由民间私人所有。

随着商业的繁荣
通行的货币多种多样
除了原本的铜钱、白银
方便携带的纸币也随之诞生

官营与民办的手工业
促使地方经济高速发展

采煤

煤在宋代叫“石炭”，开采量巨大，达到了世界第一。煤的大规模开采和使用，促进了宋代冶铁、铸钱等行业的兴盛。

汴京四渠

汴京四渠是指由汴、蔡、金水、广济四河构成的漕运交通网络，形成以开封为中心的运河系统，提高了运输效率，增加了国家财政收入。

纺纱女

宋诗《木棉》中写道：“车转轻雷秋纺雪，弓弯半月夜弹云。”诗句描述的是宋代的棉织业兴起后，农妇夜间纺棉纱、弹棉花的情景。

食盐生产

宋代的食盐生产是重要的手工业部门，沿海地区用海水煮盐，四川地区挖井取水煎煮为盐。

望子成龙

——教子升天金杯盘

“金银器的制作与使用，是南宋社会繁荣的重要标志。”

教子升天金杯盘出土于贵州遵义杨价夫妇墓。金杯盘由金杯和承盘两部分组成，金杯系夹层，敞口，腹斜收，圈足，双螭缠绕其上，螭首对称探出杯口成为杯柄。承盘的纹饰与金杯呼应，盘心为翻涌的浪花，双螭盘旋，口尾互衔，出土时教子升天杯倒扣于承盘之上。值得一提的是，金盘上的纹饰与金杯呼应，非常精美。金器上的教子升天纹是宋代流行的纹饰，由天上的大龙和海水中的小龙组成，通过大龙呼唤小龙升天来表达父母望子成龙的愿望，也可祝颂主人高升。不过，教子升天纹被皇家使用以后，民间就再无人敢用了，因为这样会引来牢狱之灾。

贵州因为地处偏僻，之前在南宋考古中不太受重视，但从杨价夫妇墓中出土的珍贵金银器来看，教子升天金杯盘堪称同类中

的精品，可以看出西南播州（今贵州遵义）土司的豪奢程度不亚于江南。墓主人杨价是播州人，世袭播州安抚使，曾积极出兵抗击南犯的蒙古军，别以为杨价只是一介武夫，他还喜好读书写作，重视科举考试，对播州文化教育影响深远。

文物档案

名称：教子升天金杯盘
年代：南宋
材质：金
规格：杯径 7.85 厘米
高 7.05 厘米
足径 5.1 厘米
重 230 克
盘径 18 厘米
高 1.9 厘米
底径 13.5 厘米
重 180 克
出土地：贵州遵义
收藏地：贵州省文物考古研究所

两宋科技

科技的蓬勃发展
增强了国家的实力
也方便了人们的生活

两宋的科技成就达到了中国古代科技史上的高峰。

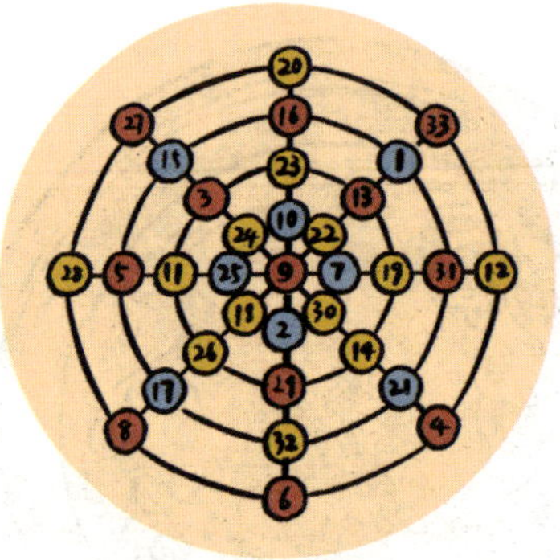

《详解九章算法》

宋代数学家杨辉撰写了《详解九章算法》，对《九章算术》中的 246 个题目中较难的 80 题作了详解。

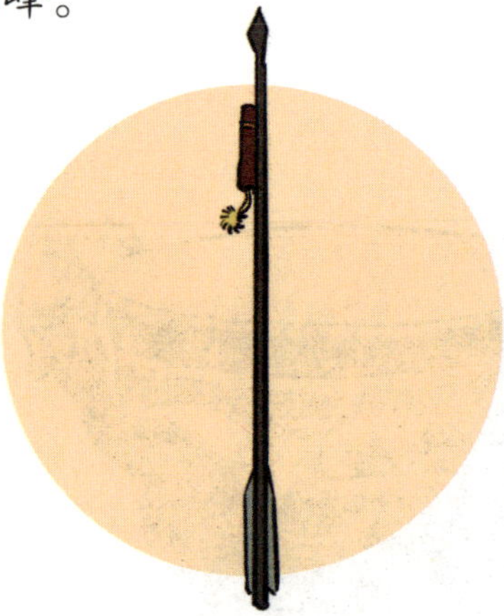

火药

接连不断的战争，促进了火药武器的发展。宋太祖进攻南唐时，使用了火箭两万支，还使用了火炮。

活字印刷术

北宋毕昇发明了活字印刷术，是中国古代“四大发明”之一，比德国人约翰内斯·古腾堡的铅活字印刷术早约 400 年。

针灸

宋代杰出的针灸学家王惟一不仅设计了针灸铜人模型，还撰写了医学专著《新铸铜人腧穴针灸图经》，为经穴理论的发展与规范化作出了巨大贡献。

一个王朝的命脉
除了军事与经济之外
文化和科技也不可或缺

《洗冤集录》

南宋法医宋慈所写的《洗冤集录》一书，系统地论述了验尸的各种方法，是世界上第一部司法验伤、验尸的专著。

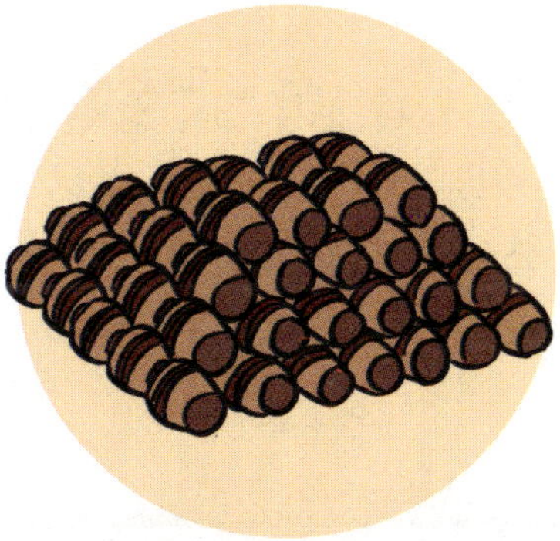

会圆术和隙积术

沈括提出了会圆术，即已知圆的直径和弓形的高，求弓形的弦和弧长的方法。他还推导出了计算堆垛物体积的公式——隙积术。

震天雷

震天雷是一种火药武器，用铁罐装药，点火后发射，声音像雷声，威力强大。

突火枪

突火枪用竹筒做枪身，里面填充火药和子窠，点燃引线后火药喷发而出。突火枪的出现无疑是火器发展史上的又一重大进步。

银瓶上的风雅

——如意云纹银经瓶

“宋代金银器更加注重审美功能，追求精神上的感受。”

经瓶是宋朝时期对梅瓶的称呼，在宋朝十分盛行，明朝以后被称为梅瓶。宋朝时，民间生产了很多精美的经瓶。

如意云纹银经瓶，瓶体直口，束颈，颈部与肩部往下到瓶身腹部的转折具有线条美，腹部弧形向外凸出，底稍敛内凹。通体饰如意纹样，除盖上纹饰外，全身有五排对称纹饰，形制与梅瓶基本相同。在如意云纹银经瓶底部，还刻有“东阳可久”四字字样。

宋代商品经济高度发达，金银器商品普及程度愈来愈广。通过银器上錾刻的铭记可以看出，商家为了宣传自己的作坊和扩大知名度，会在器物上刻上作坊名号，这除了是一种自信的表现外，同时也是一种信用的承诺。

与前朝金银器大气、粗朴的造型不同，宋代金银器细腻、典雅，富有韵味。其装饰纹样主要来源于社会生活。表现内容更为丰富多彩，更加世俗化，具有浓郁的生活气息，也折射出宋人的生活态度与审美情趣。

文物档案

名称：如意云纹银经瓶
年代：南宋
材质：银
规格：口径 3.2 厘米
　　　底径 5.5 厘米
　　　高 20.7 厘米
出土地：四川德阳
收藏地：四川博物院

两宋制度

把地方的权力集中到中央
把宰相权力集中到皇帝手里
君主主宰着一切

加强专制主义中央集权是宋朝制度的核心思想。

《宋刑统》

宋朝对法治十分重视，在立国的第四年就公布了国家大法《宋刑统》。这是中国历史上第一部刊印颁行的法典。

击鼓鸣冤

宋代皇宫门前有一面登闻鼓，被官府冤枉的百姓可以直接敲鼓鸣冤，向皇帝申诉。

北宋禁军

北宋禁军分为马军、步军、弓军三科，其数目非常大，所养兵员为历朝之冠。

腰牌

腰牌由木、铜等材料制成，上面书写官员基本信息，类似今天的身份证。

不断改革与调整的政治制度
虽排除了旧隐患
却又生长出新弊端
影响着宋王朝国力的发展

厢兵

厢兵是挑选禁军后剩下的人，以及一部分发配充军的罪犯。他们平时很少训练，主要从事修城、架桥、运输等各种劳役。

通判

通判这一官职出现于宋代，在州府的长官下面掌管粮运、家田、水利和诉讼等事务，对州府长官有监察的责任。

文武分权

宋代设立中书和枢密院两个机构，文武分权，两者不能相合，称为“二府制”。

宋代法官——大理寺卿

大理寺卿是全国三大司法长官之一，是掌握全国刑狱的最高长官。

襄樊保卫战

元军的铁骑一路向南，南宋将士们为守护所剩无几的国土而英勇抵抗。

“回回炮”又名巨石炮、襄阳炮，是一种威力巨大的抛石机，也是保卫战中，元军攻城的利器。

元军采取长期围困的方法，封锁汉水，围困襄阳、樊城。却因城高河深，又可相互支援，襄、樊两城被围困了近5年才陷落。

因襄阳、樊城易守难攻，元军只能采取水陆合并作战的方式。

襄阳、樊城两城被围困多年，供饷困难，战力渐弱，皇帝宋度宗和权相贾似道却仍旧只顾享乐。

襄阳、樊城的失守，宣告了南宋边界屏障的倒下，加速了南宋王朝的灭亡。

宋代历史大事记

960—1279 年

960 年

陈桥兵变

黄袍加身的赵匡胤在陈桥驿发起兵变，这场兵变创造了“不流血而建立一个大王朝”的奇迹。

1004 年

澶渊之盟

北宋和辽经过二十多年的战争后在澶州议和，因澶州在宋朝也称澶渊郡，故史称“澶渊之盟”。

1069 年

王安石变法

熙宁年间，王安石进行变法，颁布了多项举措，如青苗法、保甲法、均输法等，增加了国家的财政收入。

1127 年

靖康之耻

靖康二年（1127 年），金兵攻占北宋都城汴京，掳走徽、钦二帝，北宋灭亡，宋室南迁。

1127 年

建炎南渡

两宋交替时期，康王赵构为躲避金军追击，逃至江南，建立南宋。

1141 年

《绍兴和议》

1141 年，南宋与金订立《绍兴和议》。之后，南宋与金形成了长期对峙的局面。

1206 年

开禧北伐

开禧二年（1206 年），宋臣韩侂胄贸然带兵北伐，而金军早有准备，宋军以失败告终。

1279 年

崖山海战

1279 年，元世祖忽必烈派张弘范进攻南宋，双方在崖山进行大规模海战，最后元军以少胜多，宋军全军覆灭。

掌控北方的契丹人

游牧民族以游牧为主要生产生活方式，对农耕社会存在依赖性。

契丹族

契丹族是中国古代北方的游牧民族，在唐朝初年形成部落联盟，后来建立起了辽。

辽太祖

耶律阿保机诱杀各部首领，推翻了可汗推选制，自立为皇帝，即辽太祖。

“睡王”辽穆宗

辽穆宗耶律璟是有名的昏君，经常酗酒，天亮才睡，中午方醒，长期不理朝政，被称为“睡王”。

冶铁

辽朝的冶铁业十分发达，为辽朝提供了大量铁制工具，极大地提升了辽的生产力。

将游牧民族与农耕民族分开管理
主张因俗而治
开创出两院制的政治体制

辽景宗勤于政事，重用贤臣
改革吏治，赏罚分明
使辽国复兴步入鼎盛

髡（kūn）发

辽朝人有髡发的习俗。髡发是指把头顶的头发剃光，只在两鬓或前额留少量余发作装饰。

南北两院制

辽朝采取两套官僚机构：一是北面官系，掌管朝廷大政及契丹本部事务；二是南面官系，掌管境内汉人州县等事。

契丹文字

契丹人创造了本民族的文字——契丹文，在辽国与汉字并行使用。

辽代五京

辽建立后，随着疆域的扩大，先后设置了五京，作为统治全国的政治、军事中心。这五京分别是：上京临潢府、中京大定府、东京辽阳府、西京大同府、南京析津府。

神秘的党项王朝

党项族建立西夏王朝的历史，展现了一个王朝从无到有的成长史。

西夏起源

西夏由党项族建立。党项族是西羌族的一个分支，在唐代时被赐姓李，到宋代时与中央政权关系破裂，开始抗宋。

西夏官制

西夏建立后，其官制大体上学宋朝制度，官分文武两班，中枢司、枢密司与三司分管行政、军事与财政。

元昊称帝

北宋年间，西夏元昊称帝，国号大夏。元昊立国后，下令臣民按党项风俗剃发，改用党项族姓，推动了党项族文明的发展。

西夏的毡毯

西夏的毡毯是外销的名贵商品，其中以白骆驼毛制成的白毡在《马可·波罗行纪》中被称为“世界最良之毡”。

西夏的政治体制和统治方式
深受儒家文化的影响

从俯首称臣到正式宣战
在多个政权的夹缝中顽强生存

西夏文化

西夏不仅仿照汉字结构创造了独有的文字——西夏文，还编写了许多像字典一样的工具书。

蒙夏之战

蒙夏之间经历了 22 年之久的战争，以西夏灭亡而告终。一代天骄成吉思汗在征伐西夏的时候去世。

宋夏关系

西夏多次侵扰北宋边界，逼迫北宋于 1044 年与西夏达成庆历和议。双方议定：西夏皇帝对宋朝称臣，北宋给予西夏茶叶、金银、绢匹等大量物资。

西夏兵制

西夏各个地方都有驻军，在驻军中又设立了监军司；皇帝身边的每个侍卫都有一块宿卫牌，作为身份证明。

女真人的霸业

政治体制的一元化，是金朝强大的一个重要原因。

女真族

黑龙江流域的游牧民族——女真族，部分南迁后被编入辽国户籍的被称为“熟女真”，在原居住地的被称为“生女真”。

金太祖占领辽国

完颜阿骨打于 1115 年建立金朝，年号“收国”，建都会宁府。在对辽的持续战争中，屡战屡胜，后来病死于战争途中。

女真反辽

女真族长期受辽国的掠夺和压迫，每年都要进献贡品。后来女真英雄完颜阿骨打领导族人反抗辽，摆脱了压迫。

黄龙府之战

完颜阿骨打建国后的第一件大事就是占据黄龙府，他采用“围点打援”的方式最终攻入黄龙府，这是金灭辽的重要战役之一。

金朝初期全面采用辽朝的南北面官制
同时奉行两套体制
但后来逐步弃用了契丹制
全盘采用汉制

金太宗灭北宋

金太宗完颜晟对北宋连续发动战争，后来攻陷了北宋都城开封，携宋徽、钦二帝北还，北宋灭亡。

女真文字

女真人起初使用契丹文字，没有自己的文字，从完颜阿骨打建立王朝后才开始模仿汉字，创造了女真文字。

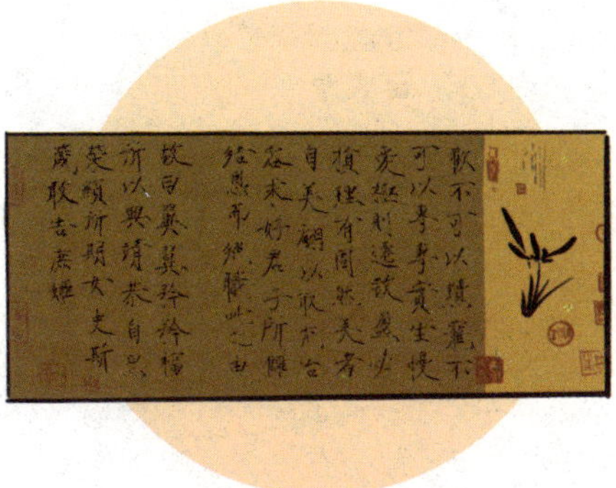

金人汉化

金朝大力提倡儒家文化，翻刻了大量的儒学经典，皇帝金章宗热衷于书法并喜好题字。

金朝科举

金朝立国一百多年间，办文化学校，盛行科举，并设立女真进士科，完备了科举考试体系。

虽金朝以儒家思想作为基本思想
但道家、佛教与法家思想亦广泛流传

元朝时期地图

元代石虎
石虎即石刻的虎，古代帝王及贵族、官僚墓前的石刻群中往往包括石虎。
至正之寶
至正之宝
至正之宝是中国古代钱币之一，铸造于元顺帝至正年间。
窝阔台汗国
察合台汗国
阿尔泰山脉
天山山脉
资福寺铜钟
铸造时曾经掺入波斯人捐赠的自然铜矿石，是中外友好交往的见证。
昆仑山脉
银鎏金六方杯
蒙古包
蒙古族牧民居住在蒙古包中，建造和搬迁蒙古包都很方便，适于牧业生产和游牧生活。
喜马拉雅山脉
景德镇窑青花凤穿牡丹纹执壶
通体花纹满密，繁而不乱，青花色泽浓艳亮丽，造型源自阿拉伯人使用的铜器。
蓝釉金彩月影梅纹杯
月影梅花纹饰，常见于元至明早期青花瓷器上，多绘于小件的瓶、盘等器物上。
木活字印刷
通过排列组合雕刻在木板上的单个文字，以方便印刷不同内容的书籍。
岭北行省北部

《至元译语》
宋元之际，陈元靓编纂的蒙汉词典。
至元通行宝钞
红巾军
红巾军是元朝末年人民反抗元朝的主要起事力量，因打红旗，头扎红巾，故名"红巾军"。
大兴安岭
长白山脉
辫线袄
九档算盘
阴山山脉
贺兰山
渤海
黄海
黄河
成吉思汗
元
八思巴文字母表
元朝忽必烈时期由八思巴创制的蒙古文字，世称"八思巴蒙古新字"。
东海
长江
钓鱼岛
赤尾屿
流求
马可·波罗
意大利旅行家、商人，《马可·波罗行纪》记述了他在中国的见闻。
南海
元
流求
万里石塘
南海
南海

微型剧院

——景德镇窑青白釉戏剧舞台人物纹枕

“在瓷枕上观看元代的戏剧表演。”

青白釉戏剧舞台人物纹枕是一件令人陶醉的枕头，更像是一座微缩的袖珍剧院，静谧的夜晚枕着它入睡，想必梦中都会是一片锣鼓齐鸣、精彩纷呈的景象。

人物纹枕胎质洁白雅致，通体施青白釉，莹润光亮。枕身雕成戏台形式，采用塑雕和镂雕的手法塑造出楼台亭阁，十分精致。戏台中共有 18 个人物像，皆着古代戏曲服饰，正在演出一场戏剧。有的骑马，有的肃立，有的拱手施礼，有的献物捧礼，表现自然，神态各异。作者构思之巧妙，技艺之高超令人惊叹。

瓷枕的戏台舞美设计精细，珠帘漫卷、亭台楼阁、庭院回廊，真实地再现了元代的戏剧表演场景。瓷枕雕工精细，集建筑、舞台与瓷塑艺术于一体，展现了元代戏剧艺术的面貌以及景德镇窑

工匠高超的制瓷工艺。

元代是中国戏曲发展史上的第一个黄金时代，北方形成了“杂剧”，南方的“南戏”也发展迅速。戏曲反映了元代最真实的社会生活，是元代社会的一面镜子。

戏剧舞台人物纹枕是元瓷中罕见的艺术珍品，既反映了元代戏剧流行的社会风尚，也是研究元代陶瓷造型艺术和元代杂剧艺术的重要实物资料。

文物档案

名称：景德镇窑青白釉戏剧舞台人物纹枕
年代：元代
材质：瓷
规格：长 32.5 厘米
高 15.8 厘米
出土地：不详
收藏地：首都博物馆

元朝兴亡

元朝时期
统一多民族国家进一步发展
疆域超越以往的历朝历代

元朝是中国历史上首个由少数民族建立的大一统王朝。

蒙古族

蒙古族始源于古代望建河东岸一带。13 世纪，铁木真建立蒙古政权。这对蒙古族的形成有着重要意义。

一代天骄成吉思汗

成吉思汗原名铁木真，在蒙古族的部落战争中胜出，成为了草原的领袖。

忽里台推汗

铁木真聚集蒙古贵族召开“忽里台”，诸王和群臣推选铁木真即大汗位，尊号“成吉思汗”，建立了蒙古国。

成吉思汗之死

成吉思汗死在对西夏征战的途中，但不许部下传出死讯。

不断扩张疆域的同时
却阻止不了内乱的频发
元朝难逃覆灭的结局

三峰山之战

三峰山之战是蒙古灭金的一场重大战役，蒙古军以少胜多，取得重大胜利。金军主力崩溃，再无力量复兴，灭亡已成定局。

忽必烈出兵襄阳

忽必烈稳定国内局势后，开始了灭南宋、统一中国的战争，灭南宋的第一步就是出兵襄阳。

元朝灭亡

原属于红巾军的朱元璋扩充军队，自立为帝，国号明，占领了元朝都城，元朝灭亡。

开河变钞

元朝末年，黄河向北决口，国家财政困难，政府下令开黄河的新河道，并大量发行纸钞，导致物价暴涨，社会矛盾进一步激化。

红巾军起义

元朝末年，颍州出现了一群农民起义军，他们头戴红巾，所以又叫“红巾军”。

元朝政治制度

在腐朽的旧制度上查漏补缺，逐步完善新规则。

中书一省制

元朝初期推行以中书省为中心的一省六部制，中书省一省独大，除为决策机构外，还管辖大都附近的腹里地区。

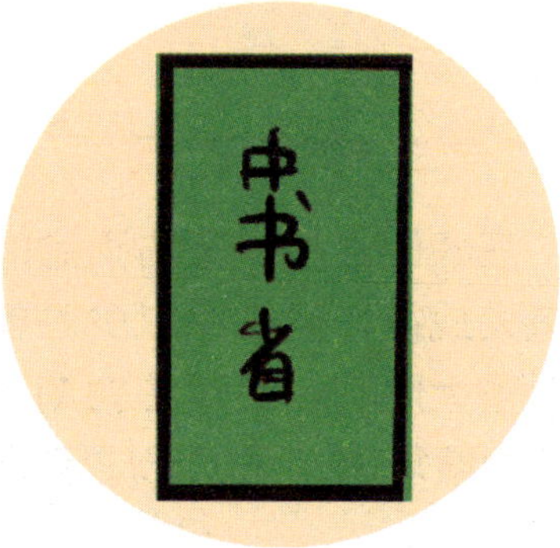

行省制

行省，即行中书省，因元代幅员辽阔而置。行省是元代地方最高行政机构和政区名称。

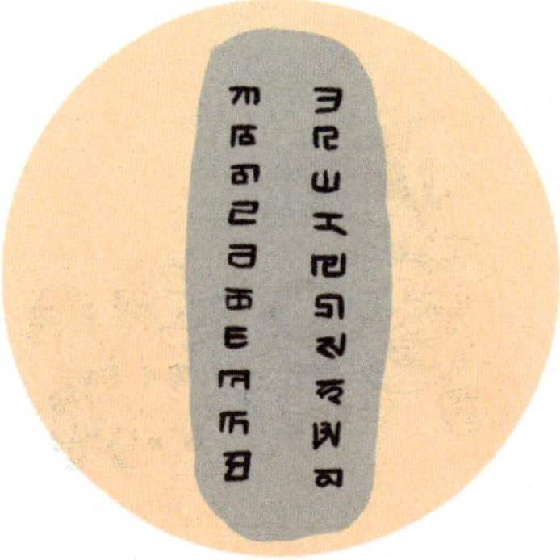

八思巴文

为了国家的统一，元世祖忽必烈命八思巴创造了“八思巴文”。它作为官方文字在元朝广泛使用。

元朝邮差

为了及时接收情报，元世祖忽必烈在国内遍设站赤，相当于汉族的驿站，并配专人送情报，相当于今天的“邮差”。

中书省与枢密院、御史台
分掌政、军、监察三权
地方实行行省制度
开中国行省制度之先河

为了维护蒙古贵族的专制统治权
将不同民族划分为不同的等级
并规定了相应的等级制度

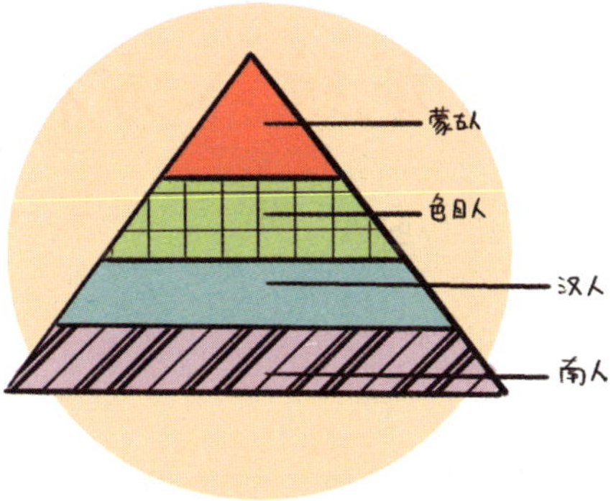

四等人制

元朝将领土内的民众按降附时间和政治可靠度划分为四个等级，金字塔顶层是蒙古人，等级间的权利差异极大。

元朝花押印

元朝的蒙古人、色目人官员中有很多人不熟悉汉字，连自己的名字也不会写，因此他们用印章来代替签名，相当于现代的个人签名。

达鲁花赤

元朝地方行政管理分为行省、路、府、州、县五个等级，各级政府都设有达鲁花赤，位于当地官员之上，由蒙古人或门第高贵的色目人担任。

千户制

成吉思汗将蒙古部众划分为 95 个千户，封给有功之臣。千户是世袭职位，有带兵作战的义务，也可以参与讨论国家大事。

瓷上之花

——景德镇窑青花海水白龙纹八方梅瓶

“元青花的诞生，造就了一个从素瓷向彩瓷过渡的新时代。”

梅瓶是传统名瓷，以口小只能插梅枝而得名。梅瓶既是酒器，又是令人爱不释手的观赏品。其造型的优美程度可以说天下第一，所以梅瓶的造型可以算是中国瓷器的第一造型。

景德镇窑青花海水白龙纹八方梅瓶，是元代瓷器中的大型酒器。它的胎骨细腻洁白，釉质滋润透亮，青花色泽浓艳。此梅瓶瓶身修长，有 8 个棱角，瓶肩部分有斜格锦纹，锦纹下是一圈大如意云头纹，瓶身中间画有 4 条白龙，用青花海水和火焰纹来衬托，近足处饰一周如意云头纹，内绘牡丹花叶。元代崇道信佛，这件梅瓶有 8 个方向，意即佛法遍及天下八方，采用龙纹等作装饰，寓意着皇帝恩威布于天下。

青花瓷器是中国瓷器的主流品种之一。元代的青花瓷器造型大气豪迈，纹饰繁多，层次丰富，构图严谨，一改唐宋以来瓷器花纹布局疏简的传统，工细的描绘加上繁复的层次，形成了花团锦簇的艺术风格，龙纹的出现显著增多也是这一时期瓷器装饰艺术的特点。

作为青花瓷器的开端，元青花在中国陶瓷史上的地位非常高，现存元代青花瓷器数量稀少，可谓件件国宝。

文物档案

名称：景德镇窑青花海水白龙纹八方梅瓶
年代：元代
材质：瓷
规格：高 46.1 厘米
口径 6.2 厘米
足径 13.4 厘米
出土地：河北保定
收藏地：故宫博物院

元朝经济和文化

从游牧民族转变为农耕民族，生产技术、粮食产量等方面有了较大提高。

课税所

在大汗窝阔台的支持下，耶律楚材在北方设立课税所，每年征收大量的金银布匹等财物。

至元通行宝钞

至元通行宝钞是元朝纸币，与之前发行的中统元宝交钞并行流通使用。

黄道婆

元朝民间手工业中以棉纺织业最为突出。黄道婆是宋末元初著名的棉纺织家、技术改革家。

青花瓷

青花瓷成熟于元代。元青花远销海外各国，是元代财政收入的一项重要来源。

官营手工业特别发达
民间手工业日益收缩
棉纺织业开始成为一项新兴手工业

在既有文化的基础上
开创了元曲与杂剧的新天地
书画艺术也取得新成就

杂剧

杂剧是一种把歌曲、宾白、舞蹈结合起来的中国传统艺术形式，最早见于唐代，元朝时达到鼎盛。

《马可·波罗行纪》

《马可·波罗行纪》由意大利旅行家马可·波罗口述，鲁思梯谦笔录成书，记载了元大都的政事、宫殿、节日、游猎等。

元曲

元曲是盛行于元朝的戏曲艺术，包括散曲和杂剧。在中国古代文学史上，元曲与唐诗、宋词及汉赋并称。

木活字印刷

木活字印刷是元朝手工业的一大成就，由王祯改良而成。他还创造了可以自由旋转的转轮排字盘。

辽、西夏、金、元历史大事记

916—1368 年

916 年

辽太祖

耶律阿保机诱杀各部首领，推翻了可汗推选制，自立为皇帝，即辽太祖。

1038 年

元昊称帝

北宋年间，西夏元昊称帝，国号大夏。元昊立国后，下令臣民按党项风俗剃发，改用党项族姓，推动了党项族文明的发展。

1115 年

金太祖占领辽国

完颜阿骨打于 1115 年建立金朝，年号“收国”，建都会宁府。在持续对辽的战争中，屡战屡胜，后来病死于战争途中。

1227 年

蒙夏之战

蒙夏之间经历了 22 年之久的战争，以西夏灭亡而告终。一代天骄成吉思汗在征伐西夏的时候去世。

1279年

崖山海战

1279年，元世祖忽必烈派张弘范进攻南宋，双方在崖山进行大规模海战，最后元军以少胜多，宋军全军覆灭。崖山海战后，蒙元统一中国。

1287年

至元通行宝钞

至元通行宝钞是元朝纸币，于至元二十四年（1287年）开始发行，与之前发行的中统元宝交钞并行流通使用。

1351年

红巾军起义

元朝末年，颍州出现了一群农民起义军，他们头戴红巾，所以又叫“红巾军”。

1368年

元朝灭亡

原属于红巾军的朱元璋扩充军队，自立为帝，国号明，占领了元朝都城，元朝灭亡。

图书在版编目（CIP）数据

藏在博物馆里的中国历史·宋元 / 有识文化，成都地图出版社编著；李红萍绘. -- 成都：成都地图出版社有限公司，2023.12

ISBN 978-7-5557-1863-5

Ⅰ. ①藏… Ⅱ. ①有… ②成… ③李… Ⅲ. ①中国历史—宋元时期—通俗读物 Ⅳ. ① K209

中国版本图书馆 CIP 数据核字（2021）第 263634 号

藏在博物馆里的中国历史·宋元

CANG ZAI BOWUGUAN LI DE ZHONGGUO LISHI · SONG–YUAN

策　　划	唐　艳
主　　编	鄢来勇　刘国强　黄博文
副 主 编	姚　虹　范玲娜　唐　艳
责任编辑	陈　红
审　　校	魏小奎　吴朝香　王　颖　赖红英　田　帅
责任校对	向贵香
审　　订	肖圣中　邹水杰　毋有江　李春燕　李青青　聂永芳　刘国强　姚　虹　张　忠　程海港
出版发行	成都地图出版社有限公司
印　　刷	运河（唐山）印务有限公司
经　　销	全国各地新华书店
开　　本	880 毫米 ×1230 毫米　1/16
总 印 张	40
总 字 数	640 千字
版　　次	2023 年 12 月第 1 版
印　　次	2023 年 12 月第 1 次印刷
书　　号	ISBN 978-7-5557-1863-5
审 图 号	GS（2021）8903 号
定　　价	268.00 元（全 8 册）

藏在博物馆里的中国历史

有识文化
成都地图出版社 编著

成都地图出版社

明

（1368—1644 年）

明朝时期地图……2

素瓷斟酌长相偶
——明洪武釉里红三友带盖瓷梅瓶……4

开创基业……6

泱泱大明，皇家气象
——永乐甜白釉梅瓶……8

燕王主政……10

修建故宫……12

和平的声音
——郑和铸铜钟……14

郑和下西洋……16

郑和宝船……18

熏炉烟缕缕
——宣德云纹铜熏炉……20

农业和手工业……22

祝融神兵
——景泰铜火铳……24

由盛转衰……26

土木之变……28

勾画浓淡皆相宜
——掐丝珐琅鱼藻纹高足碗……30

社会生活……32

牝鸡逐队雄鸡绚
——成化斗彩鸡缸杯……34

思想教育……36

繁华的苏州……38

三色调和，浑然天成
——法华高士出行图罐……40

民族关系……42

金风玉露一相逢
——金蝉玉叶饰件……44

暗流涌动……46

荒唐的正德皇帝……48

明代文学……50

母仪天下的象征
——孝端皇后凤冠……52

内忧外患……54

张居正改革……56

目录

CONTENTS

科学技术 …… 58

厂卫情报图 …… 60

妙手丹青应如是
——《董其昌山水册》（其一）…… 62

书画诗文 …… 64

士人生活图 …… 66

中正平和
——潞王"中和琴" …… 68

政治制度 …… 70

犀角丰盈玉不如
——莲叶形荷花口犀角杯 …… 72

明朝灭亡 …… 74

明代历史大事记 …… 76

明朝时期地图

大明通行宝钞
世界上迄今票幅面最大的纸币。
瓦
剌
《牡丹亭》
明朝戏曲作家汤显祖所著。剧本塑造了杜丽娘、春香等典型形象，颂扬了天然自发的人性和爱情。
亦
力
把
里
《永乐大典》
明成祖命大臣主持编纂的一部类书，涵盖了中华民族数千年来的知识财富。
嘉峪关
号称“天下第一雄关”，是明长城最西端的关口。
王阳明
明朝杰出的思想家，立德、立功、立言，皆居绝顶。

黄花梨木雕
花卉纹藤心圆椅
董其昌
明朝书画家，擅长山水画，书法出入晋唐，自成一格。
靼
大兴安岭
长白山脉
景泰蓝瓷器
宣德通宝
阴山山脉
贺兰山
渤海
黄河
黄海
东海
明十三陵
明
郑和宝船
它在郑和船队中的地位相当于现代海军中的旗舰、主力舰。
长江
钓鱼岛
赤尾屿
明代银锭
小琉球
南海
明
南海
南海

素瓷斟酌长相偶

——明洪武釉里红三友带盖瓷梅瓶

“新朝革鼎的开国皇帝，用红色来表明正统，以镇民心。”

釉里红三友带盖瓷梅瓶出土于明成祖朱棣的驸马都尉宋琥和安成公主的墓葬，整体器型完整无缺，造型优美，产自景德镇官窑，是现存唯一一件带盖子而且保存完整的洪武釉里红梅瓶，属于国宝级文物。这件梅瓶坯体白而坚致，口小颈短，颈部与肩部往下到腹部的转折颇具线条美，肩以下逐渐收敛，器形修长。瓶盖作钟形，火焰形钮。通体施白釉，白中泛微青，釉质细腻温润。釉里红瓷器色彩华丽鲜艳，造型庄重典雅。釉里红是景德镇窑的一个瓷器品种，对烧制条件要求高，特别是鲜红色的烧制技术难掌握，所以这件文物十分珍贵。

岁寒三友指松树、绿竹、梅花三种植物，象征着君子的高风亮节，是古代文人才子作画的常用题材。

这件梅瓶美中不足的是其釉里红的釉色欠佳，但是瑕不掩瑜，这件梅瓶仍然作为墓主人的钟爱之物陪葬，同时也是墓主人高贵身份的象征。

文物档案

名称：明洪武釉里红三友带盖瓷梅瓶
年代：明代
材质：瓷
规格：口径 6.4 厘米
足径 13.5 厘米
瓶高 35.8 厘米
腹深 35.3 厘米
通高 41.6 厘米
最大腹径 68.4 厘米
出土地：江苏南京
收藏地：南京博物院

开创基业

朱元璋开创了
一个两百多年帝国的基业
这是中国历史上最后一个
由汉族人建立的王朝

明朝的建立史，是一部朱元璋的励志史。

参加红巾军起义

朱元璋的父母早亡，因走投无路而出家做了和尚，后来他投靠了起义军反抗元朝。

军中禁酒令

朱元璋为人十分节俭，他认为酿酒是浪费粮食，所以颁布了禁酒令，还规定江南地区短期内不能种植糯米。

收服人心

朱元璋严明军队纪律，发动百姓进行农业生产，在争取民心的同时，也不断地网罗人才。

高筑墙，广积粮，缓称王

朱元璋的谋士朱升提出了平定天下的战略方针。方针指出，首先要加强大本营建设，提高军事实力；而后发展经济，把“钱袋子”鼓起来；最后不要急于称王，不当“出头鸟”。

时代造就了朱元璋
他带着仇恨
在风起云涌间
成就了一番伟业

鄱阳湖水战

在鄱阳湖水战中，陈友谅指挥失误，在船舱中探头观战时被箭射死。朱元璋以少胜多，奠定了统一江南的基础。

活捉张士诚

朱元璋消灭陈友谅后继续出兵讨伐周边势力，张士诚是朱元璋东面的劲敌，最终兵败被俘。

南京称帝

公元 1368 年，朱元璋消灭江南的各路劲敌后，在应天府（今南京）称帝，国号明。他是中国历史上出身卑微的开国皇帝。

攻克大都

明军在大将徐达的指挥下大举北伐，此时的元军早已不是当年称霸天下的铁骑了。元顺帝带着老婆孩子和亲信大臣出逃上都，明军攻克了元大都。

泱泱大明，皇家气象

——永乐甜白釉梅瓶

“这种甜白，是去除了一切杂质的纯粹之美。”

甜白，是明朝永乐年间景德镇窑所创烧的一种白釉瓷器。其釉质温润顺滑，光亮柔和，纯净洁白，像白糖一般的颜色，又称“葱根白”，素有“白如凝脂，素犹积雪”的美誉。

这件甜白釉梅瓶是当时景德镇窑的经典之作，工艺精良，光影照人，展现了当时工匠的制作手艺之高超。永乐甜白釉梅瓶，小口短颈，丰肩平底，胎质细腻，釉面洁净，造型优雅，是永乐厚胎甜白釉瓷中的罕见作品，堪称中国白釉品种的佼佼者，体现了我国较高的白釉烧制水平。

明成祖朱棣喜爱甜白釉，甜白这种颜色在他的眼中称得上是“幸运色”了。朱棣当年在北平做燕王时，有一位名叫姚广孝的高僧毛遂自荐，将一顶白色的帽子送给了他，燕王的“王”字上

加一个“白”字正好就是“皇”。后来，朱棣得到了姚广孝的辅佐，发动“靖难之役”，最终夺取皇位，所以说他对白瓷情有独钟。

文物档案

名称：永乐甜白釉梅瓶
年代：明代
材质：瓷
规格：高 34.5 厘米
口径 5.5 厘米
足径 12 厘米
出土地：不详
收藏地：天津博物馆

燕王主政

朱棣在叛乱中赢得了皇位
他并不完美：夺位、多病、好大喜功
甚至可以说十分残酷

分封藩王削弱了中央统治。

宗室分封

为了明朝的统治能够稳固长久，朱元璋分封大量的朱姓子孙为藩王，镇守各地。藩王势力日益强大，拥兵自重，对皇权构成了极大的威胁。

燕王造反

继位后的建文帝为了削弱藩王势力，大力裁撤藩王，燕王朱棣不愿“束手就擒”，在北平起兵造反。

黑衣宰相

著名的佛学家姚广孝是朱棣的主要谋士，被称为“黑衣宰相”。他不仅规划了北京城的布局，还主持编纂了《永乐大典》。

《永乐大典》

《永乐大典》是明成祖朱棣命大臣主持编纂的一部集中国古代典籍之大成的综合性类书，被称为“世界有史以来最大的百科全书”。

但他卓越的领导能力和冒险精神
使大明王朝的力量和影响力
达到了顶峰

迁都北京

朱棣继位后大规模地营建北京城，1421 年，明朝正式迁都北京，既巩固了边防，也巩固了明朝的统治。

疏通运河

为了将江南的粮食和物资运输到北京，朱棣疏浚了会通河，开凿了清江浦，使运河重新畅通，加强了南北地区的经济联系。

征服安南

安南（今越南）国内政局动荡，朱棣趁机派兵征讨，成功使安南内属。

远征漠北

朱棣前后 5 次亲征漠北地区，进一步削弱了蒙古势力，巩固了北部边防，而他病逝于第五次亲征的返程中。

修建故宫

古人讲究天人合一，传说天帝居住在紫微宫，因此故宫又被称为“紫禁城”。

故宫建筑房顶满铺各色琉璃瓦，主殿及皇帝居住的宫殿的房顶为金黄色。

在修建故宫的同时，明成祖朱棣还连续下了数十道圣旨修建武当山宫殿群。该宫殿群被誉为“挂在悬崖峭壁上的故宫”。

故宫南北长 961 米，东西宽 753 米，约有房屋 9000 间。

故宫外有皇城、内城、外城层层拱卫，形成众星拱月般的格局。
故宫位于北京城的中心位置，布局南北取直，左右对称。
全国各地开采的名贵木材和石料，成为了营建故宫的材料。

和平的声音

——郑和铸铜钟

“钟声传万里，祈求海波平。”

明宣宗宣德六年（1431 年），郑和第七次奉命远航西洋。他率领船队沿闽江而上抵达南平镇，为祈求风调雨顺、国泰民安、航行顺利，郑和与众人商议后，在南平镇铸了这口铜钟。

铜钟通体呈褐绿色，有如倒扣的锅覆，口形似秋葵花；钟钮为双龙柄，钟肩表面印有 12 组云气如意纹，钟腹中部以云水波浪纹为样式，同时钟身上还铸有其他纹样；铜钟下部刻有 54 字铭文：“大明宣德六年岁次辛亥仲夏吉日，太监郑和、王景弘等同官军人等，发心铸造铜钟一口，永远长生供养，祈保西洋回往平安吉祥如意者。”铜钟形体朴素古雅，铭文书法精妙，铸造工艺精湛。

郑和下西洋是中国历史乃至世界历史上的重大事件。然而，海上航行的艰辛是常人所无法想象的。因此，郑和命人打造这口祈福的铜钟，祈求船员们在远航之后都能平安归来。时光荏苒，郑和铸铜钟的声响已经回荡了五百余年，它在向世人宣告着郑和的丰功伟绩。

文物档案

名称：郑和铸铜钟
年代：明代
材质：铜
规格：通高 83 厘米
口径 49 厘米
厚 2 厘米
重 77 千克
采集地：福建南平
收藏地：中国国家博物馆

郑和下西洋

郑和是一位堪称英雄的大航海家。

明朝试图建立一个
以中国为主导的
有等级秩序的、和谐的
理想世界

爱航海的宦官

在明成祖朱棣决定派船队下西洋时，郑和正当壮年，身材魁伟，知识丰富。他被认为是完成下西洋使命的合适人选。

朱棣的心结

传说郑和下西洋的目的之一，是为了找寻建文帝的下落。朱棣起兵夺位后，建文帝不知所终，这成为了他的心结。

造船神话

郑和 7 次下西洋，船队最多时有船 200 多艘，最少也有 60 余艘。其中，最大的海船可乘千人，是当时世界上最大、最先进的海船。

特混舰队

郑和船队是世界上最早建立的一支大规模的远航船队，也是一支史无前例的海上特混舰队。郑和船队规模最大时由 200 余艘不同用途、不同船型的远洋海船组成，人员众多，组织严密。

明朝坚实的经济基础和物质条件
使郑和得以实现这项壮举
中国人的视野从此更加开阔

剿灭海盗

郑和船队经过三佛齐旧港时，被凶横的海盗陈祖义阴谋袭击，郑和最终剿灭了海盗。

生擒国王

锡兰山国王想谋害郑和，郑和带领两千随从，趁夜突袭，破城而入，生擒了锡兰山国王全家。

远航非洲

郑和第四次下西洋时，首次拜访了非洲东部的麻林地。随后，麻林地遣使到中国进贡“麒麟”（长颈鹿）。

财政危机

明成祖朱棣对外邦朝贡者的大量赏赐，以及组建郑和船队，严重消耗了明朝的国库储备。

郑和宝船

郑和下西洋是明朝一场大规模的海上远航活动，是中国历史上规模较大的一系列海上探险活动。

在7次航行中，郑和率领船队从南京出发，最远到达非洲东海岸和红海沿岸。

28年间，郑和船队先后到达了亚洲和非洲的30多个国家和地区。

郑和船队没有侵占、掠夺，而是始终对所有国家以礼相待，友好交往。
郑和下西洋途中，多次平定了海盗和当地的武装进攻。
在非洲，多国使者向明政府进献长颈鹿、狮子、鸵鸟等动物。
船队白天用指南针导航，夜间则通过观看星斗和水罗盘定向的方法保持航向。

熏炉烟缕缕

——宣德云纹铜熏炉

“一炉香，重塑大明的礼器。”

宣德云纹铜熏炉属于明代铜制品，该炉造型端庄典雅，纹饰繁琐，为缠枝莲纹。盖上的纹饰镂空，器身为凸起的阳纹。铜炉炉盖如反扣着的碗，有两只象鼻形耳，三只兽形足。炉底刻有“大明宣德年制”楷书阳文款。

这件云纹铜熏炉是明宣宗时期的礼器。明宣宗朱瞻基认为当时典礼所用的礼器与古制不符，下令工部查考秦汉时期的礼器，并结合宋代各大名窑器物形制与宫廷所藏秦汉以来的各式礼器，会同司礼监铸造数千件礼器，以供宫廷礼仪和寺院使用。为了制作出精品铜炉，明宣宗朱瞻基亲自督促，整个制作过程，他都要一一询问，铸成实物样品必须由其过目，满意后才准开铸。

明朝宣德年间是铜熏炉的巅峰时期。这一时期生产的铜熏炉，

后代称为宣德炉，亦称宣炉。宣德炉是由汉代博山炉演化而来，造型古典朴素，深得世人喜爱。宣德炉是中国历史上第一次运用风磨铜铸成的铜器，是明代工艺品中的珍品，又因由明宣宗亲自监督铸造，所以具有极高的收藏价值。

文物档案

名称：宣德云纹铜熏炉
年代：明代
材质：铜
规格：通高 91.9 厘米
收藏地：中国国家博物馆

农业和手工业

农业和手工业的繁荣发展，奠定了明朝富足的基础。

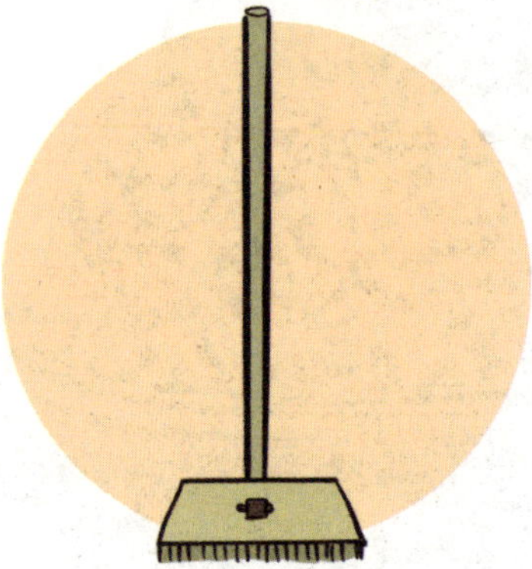

耘荡

耘荡在明代得到进一步普及，它不仅有深层除草的能力，还可以松土，大大提高了农民的劳动效率。

水转翻车

水转翻车是流行于明代的一种水利灌溉农具，利用水流的力量驱动水车的车轮旋转起来，节省下来的人力、畜力可以进行其他生产活动。

漂洋过海的农产品

自明朝开始，太平洋对岸美洲大陆的玉米、甘薯、花生、马铃薯等外来作物逐渐传入中国，并迅速传播开来。

生态养殖法

江南地区出现了生态养殖法。水稻为鱼提供了有机物，鱼消灭了各种浮游生物和稻田杂草，排出的粪便又可作为稻田肥料。

统治者为了稳固政权
采取了与民方便的政策
促进了经济的发展

在欧洲传教士的眼中
中国的耕地像花园一样井井有条
没有一块荒地
中国产的糖比欧洲的白
布比欧洲的美

新式织布机

明朝的纺织业十分发达，新式织布机层出不穷，大大提高了织布效率，布匹的花色和品种也有所增加。

造纸业发达

明朝的造纸业广泛分布于南北地区，纸张的品种也多种多样，其中，安徽的宣纸闻名天下。

陶瓷行业

明代的陶瓷制造业进入了一个新的时代，景德镇瓷器占据了全国的主要市场，青花瓷的烧制工艺更是达到了中国青花瓷发展史的顶峰。

冶炼技术

明代的冶炼技术领先于世界，冶炼的设备逐渐大型化，明代中后期的钢铁产量稳居世界第一。

祝融神兵

——景泰铜火铳（chòng）

“电光火石之间，强虏灰飞烟灭。”

火铳又称“火筒”，是中国最早的金属射击火器，明军曾装备了大量的火铳。这件火铳由前膛、药室和尾銎 3 部分组成，药室有小孔，可以放置导火线，铳身刻有“景泰元年造，天威叁百捌拾叁号”的字样，说明了这件火铳的制造时间是景泰元年（1450 年），序号是第 383 号。

士兵在使用火铳时，点燃由药室引出的导火线，从而引燃药室内的火药，借助火药燃气的爆发力，将预先装入前膛内的石弹或铁弹射出，攻击敌人。现代的枪炮就是在此基础上演变而来的。

到了明朝末年，西方传教士带来了更先进的鸟铳和火炮，火铳逐渐被取代。在明末的战争中，作战各方纷纷委托西方传教士

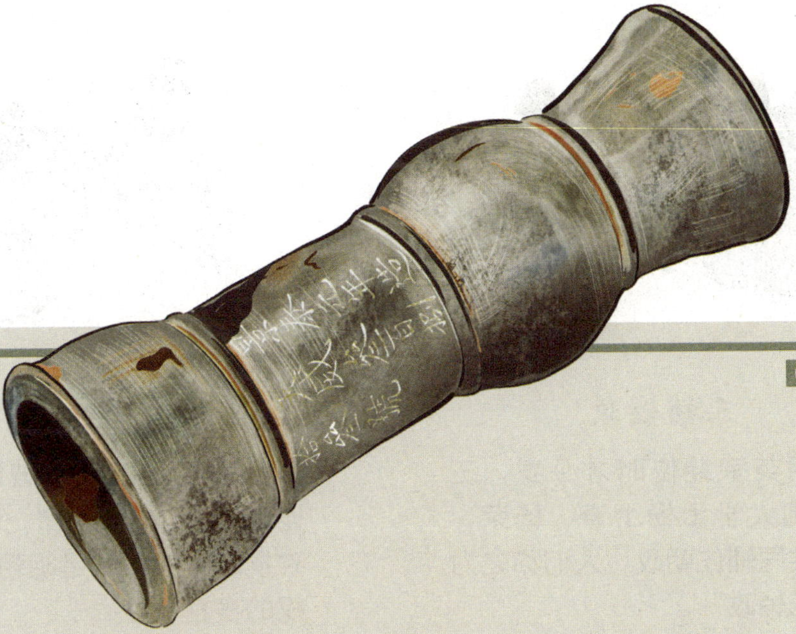

代购或研制欧洲的先进火器，谁拥有了先进的火器，谁就可能在战争中取胜。

文物档案

名称：景泰铜火铳
年代：明代
材质：铜
规格：长 26.1 厘米
口径 10 厘米
底径 9.1 厘米
出土地：不详
收藏地：中国国家博物馆

由盛转衰

长期相对稳定的局面
使得统治者不再勤于政事
宦官窃取朝政大权
祸乱不断，内外交困。

三杨辅政

明英宗继位时才9岁，三位内阁大学士杨士奇、杨荣、杨溥共同辅佐朝政，人们称之为“三杨辅政”。

太监专权

太监王振倚仗着明英宗的宠信，勾结内外官僚，作威作福，独揽朝中大权，是明朝第一代专权的宦官。

土木之变

蒙古瓦剌部入侵明朝边境，王振怂恿明英宗亲征瓦剌部。结果，明军在土木堡大败，明英宗也被俘虏。

于谦御敌

瓦剌部以明英宗为人质，大举进攻北京。于谦率军击退了瓦剌大军，挽救了明朝。

政治的黑暗与腐败
使得社会矛盾日益尖锐
朝廷失去了安定的局面

老妻少夫

明宪宗有严重的“恋母情结”，他继位时才18岁，却偏偏宠爱已经35岁的万贵妃。

弘治中兴

明孝宗在位的18年间，勤于朝政，任用贤能，政治一片清明，社会经济繁荣，人民安居乐业，史称“弘治中兴”。

皇兄弟的博弈

明英宗被赎回后，弟弟朱祁钰不想把皇位还给他，就将他软禁起来。趁朱祁钰病重时，石亨、徐有贞等人发动政变，拥戴明英宗重登帝位。

西厂

为了加强特务统治，明宪宗在东厂之外增设西厂。西厂不仅人数比东厂多，职权也比东厂和锦衣卫大。

玩乐皇帝

明武宗宠信宦官，十分贪玩，特地建造娱乐场所，让大臣扮演老板、伙计，太监和宫女扮成商贩，自己扮作公子哥在其中闲逛。

土木之变

明英宗第四次北伐时，在土木堡败于瓦剌，自己也被俘虏。

瓦剌军队假意谈和，趁明军松懈之时发动突袭。原本疲惫的明军猝不及防，被瓦剌军队迅速击溃。
土木堡
明英宗轻信宦官王振，不顾群臣反对，率大军御驾亲征。
明
在此战中，大量明朝官兵战死，明朝文武中枢大臣近乎被扫空，明军最精锐的三大营几乎全军覆没。
由于行军路线多次变化，士兵疲惫。大军驻扎在土木堡时，被瓦剌军队追上。

勾画浓淡皆相宜

——掐丝珐琅鱼藻纹高足碗

"碗盛不下它傲然独立的高贵气质。"

掐丝珐琅鱼藻纹高足碗是一件堪称高贵美艳的掐丝珐琅器，它是碗中的另类。高足碗又称靶碗，外观美丽，实用方便，流行于元、明、清三代。

这件高足碗撇口，上为碗形，下承高足，配木制底座。碗内为白色地，饰以鱼藻纹；碗外为天蓝地，饰番莲纹。器型端庄厚重，比例协调。掐丝珐琅又被称为"景泰蓝"，制作工序复杂，制造工匠用铜丝在铜质胎体上铆焊成各种图案，然后给图案填充上五彩的珐琅质色釉，经高温成色后，磨光镀金而成。"景泰"是明代第七位皇帝朱祁钰的年号，景泰年间掐丝珐琅的技术比较成熟，使用的珐琅釉多以蓝色为主，故而得名"景泰蓝"。景泰蓝工艺不仅运用了青铜工艺，还吸收了瓷器工艺，同时大量运用了传统绘画和雕刻技艺，是集多种工艺为一体的复合性工艺过程，因此自古便有“一件景泰蓝，十箱官窑器”之说。

值得一提的是，明代时期大量的高足碗传入了西藏地区，成为当地最为常见的器物造型，通常用于盛装鲜奶、酥油、青稞酒、清水等供品。高足碗是中国各民族文化交流的历史见证。

文物档案

名称：掐丝珐琅鱼藻纹高足碗
年代：明代
材质：铜
规格：高 10.4 厘米
口径 14.9 厘米
足径 4 厘米
收藏地：中国国家博物馆

社会生活

明朝建立之初
统治者制定了各种严厉的规定
社会风气趋于严苛

明代，人们对精致生活有着更高的追求。

结婚有讲究

明朝婚礼大多要经过六个程序，平民结婚有法定年龄的要求，严禁指腹为婚和近亲结婚，结婚的彩礼也不能收太多。

穿错衣服很要命

明朝的服饰规格大致仿照唐宋时期，平民不能穿黄色的衣服，材质只能是绸、绢、素纱和布，允许农民带斗笠上街，对衣服的袖长和袖宽都有严格规定。

饮食文化

随着物质的丰富和文化的繁荣，民间饮食也有所发展，大量海外食材的出现，丰富了原本的菜系、菜式。

资本主义萌芽

明代中后期，江南的手工业领域出现了资本主义性质的生产关系，即雇佣关系。资本主义萌芽对经济发展起到了推动作用。

随着经济的发展和政策的修改
禁令变得松弛
社会生活也更加丰富多彩
这是雄厚国力展现出来的自信

明朝货币

明初通用的纸币是“大明宝钞”，由于宝钞的滥发和海外白银的输入，白银成为了主要的货币，纸币逐渐被取代。

通俗小说繁荣

明代的小说创作进入一个新的阶段，加入了各种鬼神志怪，其中最著名的为《水浒传》《三国演义》《西游记》。

文人雅集

文人士大夫经常在山水园林之中集会，他们写词、作画、下棋，不亦乐乎。人们将这种艺术性的活动称为雅集。

官员福利

明朝官员的工资收入很少，每月只能休息 1~3 天，但他们的住房、出行、衣食等花费基本由国家来支付和补贴。

牝鸡逐队雄鸡绚

——成化斗彩鸡缸杯

“皇帝钟爱的吉祥酒杯。”

斗彩鸡缸杯是明代成化年间景德镇御窑厂烧制的，属于皇室用品，要求极高，故而传世数量极少。斗彩是釉下青花与釉上彩相结合的彩瓷品种，创烧于明朝宣德年间，成化年间的斗彩最受推崇。

斗彩鸡缸杯杯体小巧，杯型如缸，敞口，浅腹，卧足。器物线条精细柔韧，造型端庄清雅，胎质洁白细腻，白釉柔和莹润。杯身外部有群鸡画面两组：一组有雄鸡回首顾盼，母鸡低头寻食，三只小鸡分别奔向母鸡作扑食状；另一组有雄鸡引颈高啼，母鸡正在啄食蜈蚣，三只小鸡环绕着母鸡。整个画面自然生动，充满天伦之乐的生活气息。斗彩鸡缸杯需要经过两次入窑烧造，瓷器的釉色以及画面中鲜红、叶绿、鹅黄、姜黄、黑等色彩，均需通过精确

地控制窑温而成，从而形成釉上、釉下彩绘争奇斗艳的艺术效果。

成化是明朝第八位皇帝明宪宗朱见深的年号，斗彩鸡缸杯是明宪宗的御用酒杯，深得他的喜爱。据说明宪宗曾欣赏到宋代的《子母鸡图》，画面中母鸡带着几只小鸡觅食，场景温馨，回想自己年幼时的坎坷遭遇，心生感慨。也许正因为如此，明宪宗萌发了制作成化斗彩鸡缸杯的心愿。

文物档案

名称：成化斗彩鸡缸杯
年代：明代
材质：瓷
规格：高 3.4 厘米
口径 8.3 厘米
足径 4.3 厘米
收藏地：故宫博物院

思想教育

思想领域的巨大变化
源自社会矛盾的加剧

明朝是中国哲学思想发展的高峰时期。

西学东渐

明朝后期开始，传教士开始在中国传播西方的学术思想和科技成果，产生了巨大的影响。

陆王心学

心学是儒学的一个学派，陆九渊和王阳明是其代表人物。心学认为心是宇宙的本原，心中的理就是世间万物的理。心学的出现成为儒学发展史上的一个重要转折点。

王守仁

明朝杰出的思想家，号阳明，创立了“阳明心学”，对后世影响极大，世人称之为阳明先生。

传统儒学的异端

明代思想家李贽是一位以“奇谈怪论”闻名天下的奇士。他不满专制皇权，终生为争取个性解放和思想自由而斗争。

程朱理学已显得陈腐
理学家也墨守成规
心学成为了维护明王朝统治的
精神支柱

国子监

朱元璋在位期间，建新国子学，后改国子学为国子监，将它作为全国的最高学府和教育管理机构。

东林书院

东林书院是明代最著名的书院之一，它不仅是教育学术机构，还是舆论中心和哲学探讨中心。

社学

明朝在乡村广泛设立社学，民间 15 岁以下儿童都要送入社学读书，对培养儿童的学习习惯等都有具体规定。

私人学校

私塾是一种开设于家庭、宗族或乡村内部的民间幼儿教育机构，私塾先生一般由科举落第的秀才担任。

繁华的苏州

“天上天堂，地下苏杭”中的是“苏”，指的就是苏州。

苏州商品流通频繁，商业贸易发达，是全国性的中心城市，中心城区的人口密度居全国第一。

苏州丝织业极为繁盛，出现了新型的雇佣劳动关系。

苏州引领着当时社会的时尚，还具有浓郁的尚文氛围和悠久的诗词书画传统。
苏州出现城市化趋势，涌现了大量规模可以与府城、县城匹敌的市镇。
苏州的田赋收入是全国第一，商业税收和手工业税收也居全国前列。

三色调和，浑然天成

——法华高士出行图罐

“罐上的人物，仿佛从云雾中走来。”

法华是在琉璃的基础上发展起来的一种陶瓷装饰技法，始于元代，明中期以后盛行。法华瓷器是将彩画中的立粉技术运用到陶器上，再分别加入黄、绿、紫三色釉料，填出底子和花纹色彩，再入窑烧制而成。

法华高士出行图罐内部以绿色涂饰，外表以紫色釉料为底，采用立粉技法以孔雀绿、白色等彩堆塑纹饰，整个罐体饰以如意云纹和莲瓣纹，腹部通景绘高士出行图，每个场景之间以草木、山石和纹饰相隔，既独立又衔接。整个画面内容表现得丰富多彩，疏密有致，呈现出鸟语花香、云雾缭绕的景象。法华高士出行图罐画面生动活泼，施彩艳丽，富有立体感。

文物档案

名称：法华高士出行图罐
年代：明代
材质：瓷
规格：高 36.4 厘米
口径 19.7 厘米
足径 21.5 厘米
出土地：不详
收藏地：中国国家博物馆

民族关系

统一多民族国家得到进一步巩固。

明朝厚待归附的各族百姓
华夷本一家
多民族的融合与发展
才是维护国家统一的良方

西藏八王

明朝为加强对西藏地区的管理，分封了三大法王（大宝法王、大乘法王、大慈法王）和五大地方之王（阐化王、护教王、赞善王、辅教王、阐教王），合称“西藏八王”。

茶马古道

明朝在西藏地区设立了乌思藏都司。这一时期，藏族人民用马匹来交换内地茶叶的商道——茶马古道尤为兴盛，促进了西藏与内地的经济文化交流。

草原民族也通商

蒙古部落威胁着明朝的北方边境，双方议和后，明朝在边境开设了多处贸易市场，定期进行交易。

新疆人管新疆

明朝在新疆东部设立了哈密卫等军政机构，任用当地贵族和头目担任各卫所的指挥官。

民族问题

自古以来就是王朝边境安宁的症结

战与和

纠缠了明朝百年之久

奢香夫人

奢香夫人为元末明初人，是中国古代杰出的彝族女政治家，她带领人民修筑道路，设驿站，沟通了内地与西南边陲的交通，促进了民族团结。

改土归流

明朝时期，开始废除西南各少数民族地区的土司制度，改由朝廷委派流官进行统治。这有利于少数民族地区社会经济的发展。

宝岛民族

东南地区的商品经济迅速发展，越来越多的汉族人民乘船到台湾与当地的高山族人民进行贸易，还带去了先进的生产技术。

明代女真

明朝政府在东北地区设置了奴儿干都司，管辖含女真族在内的各民族，加强了各族人民之间的往来和联系。

金风玉露一相逢

——金蝉玉叶饰件

“破茧重生，一如崭新的大明王朝。”

南京博物院所藏的这件金蝉玉叶饰件，形神惟妙惟肖，闪烁着金光。金蝉立于玉叶上，双翼微张，蝉翼轻而薄，蝉足为三对，一对前足翘起，一对后足微微抬起，整个蝉体形象逼真，栩栩如生。金蝉之下有一片玉叶，材质为新疆和田羊脂白玉，打磨得十分轻薄，玉叶上的叶脉凹凸感强，颇具真实感。玉叶与金蝉浑然一体，可谓明代手工业的杰作。

金蝉玉叶饰件出土于苏州五峰山博士坞的明代弘治年间进士张安晚家族墓地的 14 号墓，出土时位于墓主人的头部，由此可以看出这件物品是当时女子头上的发簪。

蝉又称“知了”，“知”谐音“枝”，“金蝉玉叶”也就为“金

枝玉叶”。“金枝玉叶”一词是中国古代对女子的赞美，这件金蝉玉叶饰件也是墓主人尊贵身份的象征。古人认为，蝉的羽化象征死者能够重生，所以这件器物又有着期盼死者来世再生的意义。

文物档案

名称：金蝉玉叶饰件
年代：明代
材质：玉石、金
规格：长 5.3 厘米
重 4.65 克
出土地：江苏苏州
收藏地：南京博物院

暗流涌动

皇帝将一部分权力赋予宦官
让他们干预朝政
去解决皇帝的烦心事

皇帝的喜好成为了左右朝政的风向标。

刘瑾专政

宦官刘瑾靠进献飞禽走兽来博取明武宗的欢心，逐步窃取了朝政大权。

宁王造反

明武宗没有子嗣，宁王朱宸濠想让自己的儿子成为太子，就趁着朝局混乱，密谋造反，结果很快被朝廷平定。

流民起义

明宪宗统治时期，失去土地的农民遍布全国各地，流民不堪政府暴政，在荆襄山区发动了大规模的起义。

更换父母的争议

朱厚熜继承了堂哥明武宗的皇位，内阁首辅杨廷和认为朱厚熜应尊武宗之父为皇考（宗法意义上的父亲），称自己的生父为皇叔考，一场长达数年的大礼议自此开始。

奸臣的趋炎附势
使得明朝政治日益腐败
人民的苦难和社会的动荡
由此愈加深重

嘉靖新政

明世宗在政治和经济方面推行了近二十年的改革，取得了显著效果，国家实力逐渐恢复。

宫女也起义

明世宗晚年迷信道教，喜怒无常，备受残害的宫女们忍无可忍，图谋杀死皇帝，却因为太过紧张而失败。

南倭北虏

东南沿海一带的倭寇侵扰和北部边境的蒙古部落袭扰，是长期困扰大明朝廷的两大问题。

严嵩专权

明世宗多年不理朝政，奸臣严嵩及其儿子严世蕃，逐步把持朝政，权力遮天。

荒唐的正德皇帝

正德皇帝即明武宗，是明代历史上最为荒唐的皇帝之一。

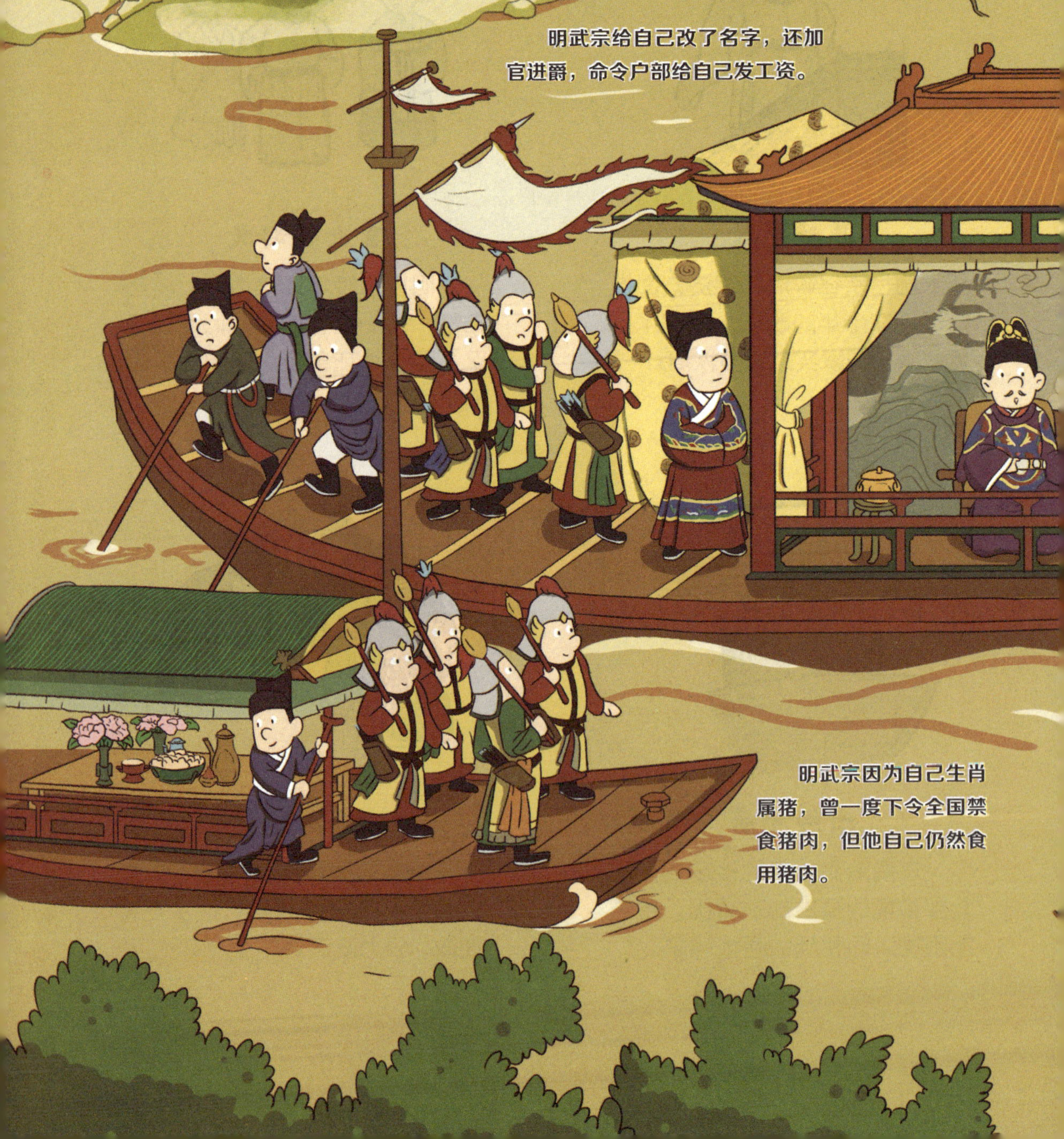

明武宗精通佛教经典和梵语，曾亲披僧衣与藏僧一起诵经演法。

明武宗在宫内建店铺，让太监扮作老板、百姓，自己则扮作富商做买卖。

豹房是明武宗的“游乐场”，里面不仅有凶猛的野兽，还有美食和美女。

明武宗对自己的军事才能特别自信，自封为大将军，还亲自率军和蒙古军队打过一仗。

明代文学

市民阶层文艺需求日益增长
出版印刷业出现了空前的繁荣
各种文学艺术形式得到了迅速的发展

明代是小说、戏曲等大众化的文学艺术形式突出发展的时期。

《三国演义》

元末明初小说家罗贯中以三国的史实为基础，经过艺术加工后创作了小说《三国演义》，是中国章回体小说的开山之作。

《水浒传》

元末明初小说家施耐庵的《水浒传》，描写了北宋末年，以宋江为首的一百零八条好汉在山东梁山泊聚众起义的故事。

《西游记》

吴承恩创作了神话小说《西游记》，以“唐僧取经”这一历史事件为蓝本，描绘了一个神奇瑰丽的神话世界。

《杨家府演义》

《杨家府演义》描写北宋名将杨业及其子孙英勇抗击外患的故事，是杨家将小说的重要代表作，在杨家将故事的流传过程中具有重大意义。

明代诗文作家及作品的数量远在唐宋之上
却没有出现像唐宋时期
李白、杜甫、苏轼那样的文学巨匠

三言二拍

“三言二拍”是明代五本著名传奇小说（冯梦龙的《喻世明言》《警世通言》《醒世恒言》和凌濛初的《拍案惊奇》《二刻拍案惊奇》）的合称，题材广泛，内容丰富，反映了当时市民阶层的生活面貌和思想感情。

《牡丹亭》

《牡丹亭》是明朝戏曲作家汤显祖的代表作，标志着明代传奇发展的最高峰。

《封神演义》

《封神演义》主要讲述了武王伐纣的故事，共100回。现在，这部小说被翻拍成了多部电影和电视剧。

《剪灯新话》

《剪灯新话》是明代诗人瞿佑撰写的文言短篇小说集。该小说集反思社会动乱，描摹了文士穷困潦倒的处境，讽刺了以虚名和门第获得晋升的社会风气。

母仪天下的象征
——孝端皇后凤冠

“欲戴其冠，必承其重。”

凤冠，中国古代皇帝后妃的冠饰。大概从汉朝开始，皇后、太后的仪制服饰中开始加入凤凰形象，王冠成为名副其实的“凤冠”。中国现存凤冠不多，明朝孝端皇后的凤冠便是其中特别珍贵的一顶。

孝端皇后凤冠是用漆竹扎成帽胎，面料以丝帛制成，前部饰有九条金龙，口衔珠滴，下有八只点翠金凤，后部也有一只金凤，共九龙九凤。金凤凤首朝下，在走动的时候，珠滴可以像步摇那样摇晃。翠凤下有以红蓝宝石为中心的珠宝钿，其间点缀着翠兰花叶。后侧下部左右各饰点翠地嵌金龙珠滴三博鬓，博鬓上嵌镂空金龙、珠花璎珞，金翠交辉，富丽堂皇。

孝端皇后性情温和，但不受明神宗宠爱，也没生下皇子。她虽不得宠，但也不争宠，对两宫皇太后非常孝顺关怀，得到两宫皇太后，尤其是明神宗生母李太后的欢心和群臣的认可，故能正位中宫长达 42 年。为了显示自己的嫡母气度，她关怀太子，调和内外，使得非己出的太子朱常洛（后来的明光宗）多次逃脱灾祸。

文物档案

名称：孝端皇后凤冠
年代：明代
材质：金、丝帛、珍珠、宝石
规格：通高 48.5 厘米
冠高 27 厘米
径 23.7 厘米
重 2320 克
出土地：北京定陵
收藏地：中国国家博物馆

内忧外患

皇帝纵容宦官专权
朝廷上正人君子消失殆尽
政治黑暗至极

天灾人祸加速了明王朝的崩溃。

明朝的“朝鲜战争”

万历二十年（1592 年），掌握日本大权的丰臣秀吉大举进攻朝鲜，明朝发兵救援，前后花了 7 年时间才把日军赶回老家。

来自东北的强敌

明神宗后期，东北地区的女真族强大起来。1616 年，努尔哈赤统一了女真各部，建立后金政权，严重威胁明朝北部。

木匠皇帝

明熹宗对朝政毫无兴趣，但是他的“副业”——木匠技术非常了得。他做起木工来废寝忘食，连专业的木匠看了他的作品后都自叹不如。

魏忠贤专权

明熹宗宠信的宦官魏忠贤，被称为“九千九百岁”。当时，朝中的大小事都要先请示魏忠贤，以致人们“只知有忠贤，而不知有皇上”。

萨尔浒之战

后金建立后，明朝派遣大军进攻后金，由于明军指挥不当，后金以少胜多。此次战役是明清战争史上一个重要的转折点。

宁远大捷

明军在与后金军的宁远之战中使用了西洋大炮，在这次大战中，明军打败了后金军。

天启大爆炸

1626 年，明朝发生了一场离奇的大爆炸事故，导致死伤无数。有人上书说这是上天降灾，要求皇帝勤政爱民。皇帝颁发“罪己诏”，自我检讨了一番。

兄终弟及

落水生病的明熹宗服用“仙药”身亡后，他的异母弟弟朱由检继位，为明朝的最后一位皇帝。

张居正改革

为了应对严重的土地兼并与财政危机，内阁首辅张居正进行了一场变法革新运动。

推行“一条鞭法”，把各州县的田赋、徭役及其他杂征合为一条，征收银两，按亩折算。

在军事上，赋予边关将领更多主动权，提高了自主攻守能力。在加强作战力量的同时，又积极改善蒙汉关系。

张居正下令清查被皇亲国戚、官员豪强侵占的土地。

颁行考成法，规定六部和都察院把所属官员应办的事情定立期限，分别登记在三本账簿上，并逐月进行检查。

科学技术

**相比于后世满清的闭关锁国
明朝科学技术上的光芒
格外耀眼**

明朝的科学技术水平依旧处于世界领先地位。

《徐霞客游记》

明代地理学家徐霞客经过长达34年的旅行，创作了散文游记《徐霞客游记》，系统地考察了中国的地质地貌，描绘了中国大好河山的风景资源。

《本草纲目》

明代医药学家李时珍通过27年的努力，编写了《本草纲目》，堪称东方的医药宝典。

《农政全书》

徐光启是明朝的大官，也是大科学家。他所著的《农政全书》，全面总结了中国古代农业生产的先进经验、技术革新，以及他关于农学的创新研究成果。

《天工开物》

由明代著名科学家宋应星编写的《天工开物》，是世界上第一部关于农业和手工业生产的综合性著作，外国学者称它为“中国17世纪的工艺百科全书”。

明朝对于西方先进的科学技术
并没有一概地拒绝
一些具有远见卓识的学者们大力推荐
造福了整个民族

故宫

北京故宫于明成祖时期修建，是明清两代的皇家宫殿。故宫建筑群规模宏伟壮丽，在形体、空间、色彩等方面采用了一系列当时较先进的建筑手段，是建筑学中的典型代表。

宇宙大探究

中国现存最早的浑天仪于明朝正统三年（1438 年）由钦天监仿制。明朝还建成了中国历史上的第一部天文望远镜。

古代的石油井

1521 年，明代的第一口石油井在四川嘉州建成，这也是世界上的第一口石油井。

天花也能预防

明朝隆庆年间，宁国府太平县试行用人痘接种的方法来预防天花病。这项技术后来被传入欧洲，刺激了牛痘的发明。

厂卫情报图

锦衣卫、东厂和西厂是明代三大特务机构。

锦衣卫的首领锦衣卫指挥使，一般由皇帝亲信武将担任；东厂、西厂的头目，多由司礼监太监充任。

大臣宋濂在家摆酒宴，朱元璋便立刻收到了关于这次酒宴的详细情报，从参加的人员到桌椅的布置，无一不包。

锦衣卫不仅是皇帝的侍卫亲军和仪仗队，还从事侦察、逮捕、审问等工作。
厂卫可以不通过司法机构，直接奉诏行事，任意逮捕吏民。
许多锦衣卫以奴仆、护卫甚至亲戚的身份进入王公大臣家中，暗中监视他们的一举一动。

妙手丹青应如是

——《董其昌山水册》（其一）

“山川与河流交相辉映，正如明人的风骨。”

明代画家董其昌所画山水册，册中之景多为山水木石。山石多用披麻皴、点子皴，或者以干笔皴擦、淡墨晕染而成。所绘山峰或劲峭险峻，或苍莽开阔，或云雾朦胧，各具神采，饶有潇洒之气。

董其昌在临摹古人画作的基础之上，还富有新意；“临古”而“变古”正是董其昌所追求的绘画境界。

董其昌擅长山水画，师法于董源、巨然、黄公望、倪瓒等人，是“华亭画派”杰出代表，代表作品有《秋兴八景图册》《昼锦堂图》《烟江叠嶂图跋》等。他强调以古人为师，但反对单纯机械地模仿抄袭。他凭借着自己对古人书画技法得失的深刻领会，融合变化，

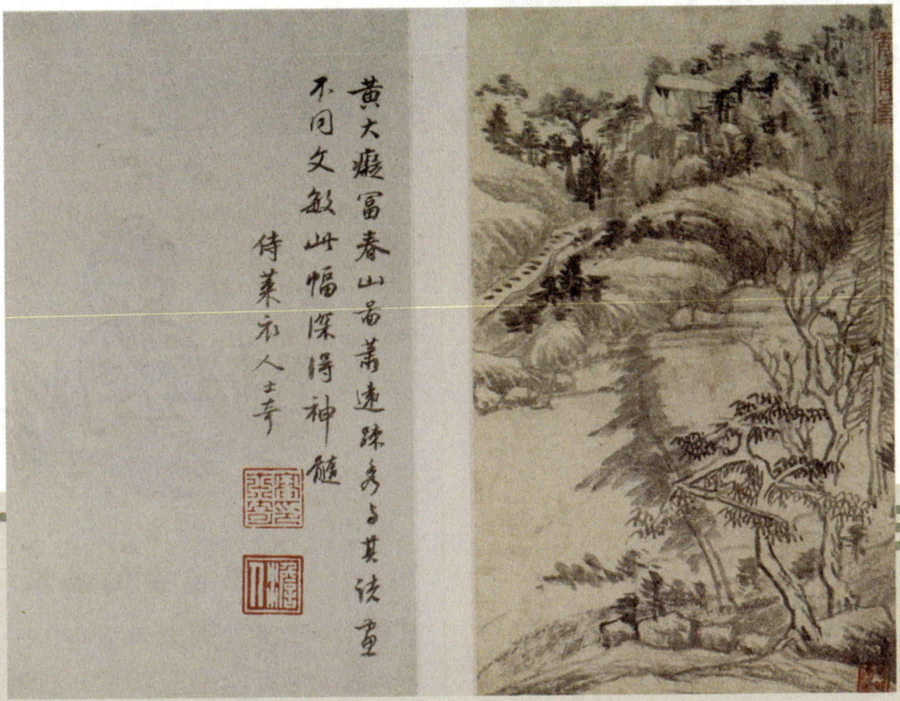

达到了自成一法的境界。除了绘画以外，董其昌在书法诗文领域也颇有成就，著有《画禅室随笔》《容台文集》等。

文物档案

名称：《董其昌山水册》（其一）

年代：明代

材质：纸

规格：共 9 开，每开纵 26.4 厘米、横 16 厘米

收藏地：故宫博物院

书画诗文

社会稳定
经济繁荣
文化发达
使得明朝的文化名人辈出

明代是中国书画诗文史上的一个重要阶段。

戴进

著名画家戴进，擅画山水、人物、花鸟、虫草等各类题材，是“浙派绘画”的开山鼻祖。

追求自由的画家

画家沈周出身富裕，一生居家读书，从未应科举，过着隐居田园的生活，追求精神上的自由。

风流才子唐伯虎

著名书画家唐寅，人称“唐伯虎”，他记忆力超群，读书速度奇快，靠卖画为生，还盖起了自己的“别墅”——桃花庵。

董其昌

著名书画家董其昌，不仅擅长山水画，其书法也自成一格，兼有“颜骨赵姿”之美，对后世影响极大。

衣冠制度
典章文物
审美情趣
把中华文明推向一个新的高度

六指书法家

著名书法家祝允明，人称“祝枝山”，右手有六根手指。他的书法作品行云流水，天下无双。

前后七子

“前后七子”的 14 位文人推行文学复古，反对迂腐不通的八股文。他们内部或相互拍马屁，或相互排挤。

唐宋派

唐宋派反对“前后七子”的复古主义，他们虽然指出了“前后七子”的毛病，但自身也存在很多问题，不能从根本上改变文坛的局面。

公安派

明代后期的文学流派——公安派认为，作家要表现个性、流露真情，在晚明的诗歌、散文领域中，他们的声势最为浩大。

士人生活图

明代的文人士子是富有个性、不计得失、追求风雅的独特群体。

唐伯虎与祝枝山是莫逆之交，二人互相串门不必通报，临别无需相送。
王阳明和湛若水互相欣赏，分别之时经常写诗相赠，相互鼓励。
明代文人士子喜好结社，常常结伴成群，纵情山水之间。

中正平和

——潞王“中和琴”

“跌宕起伏的旋律，让人徜徉于高山流水之间。”

潞王“中和琴”由明代潞王朱常淓（fāng）所斫制。此琴规整雅致，器身修长，琴面漆黑光亮，琴底项部用楷书书写琴名“中和”，落款为“敬一主人”，是潞王朱常淓的别号。潞王曾制琴四百余张，统称为“潞琴”，它们的外形、规格大致如一，琴背都刻有琴铭“中和”二字，而且每张都刻有编号。此琴底部龙池内环刻字为“大明崇祯丙子岁季秋，潞国制，壹佰肆拾叁号”，可知此琴是第143张。崇祯帝把潞琴视作珍品，作为赏赐给诸王的礼物。后来，“潞王式”发展成了古琴的一种著名形制。

琴为四艺之首，明代是古琴发展的重要时期，出现了盛极一时的虞山琴派，代表人物徐上瀛的著作《溪山琴况》对后世影响颇大。明代宁王朱权所编纂的《神奇秘谱》与汪芝所编的《西麓堂琴统》，都是存世古琴谱中较具代表性的作品。

潞王朱常淓，号“潞佛子”，著有古琴谱《古音正宗》，编有围棋谱《潞藩辑纂万汇仙机棋谱》十卷。据说他的指甲长六七寸，需要用竹筒保护着。清军南下时，潞王朱常淓因投降清军而在历史上留下了不光彩的一笔，但他在音乐上的成就是不容忽视的。

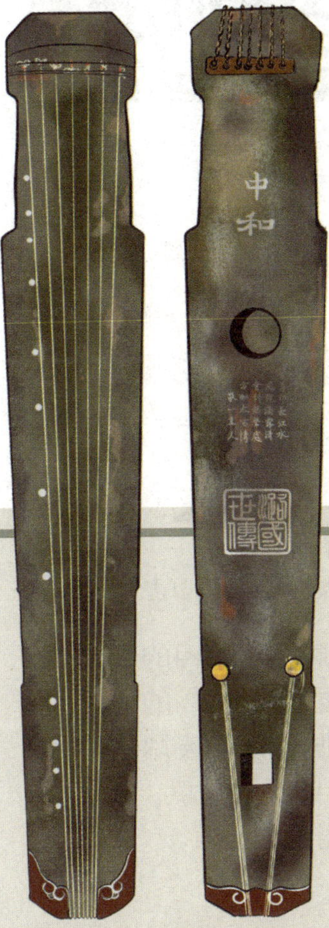

文物档案

名称：潞王“中和琴”
年代：明代
材质：木
规格：通长 120.8 厘米
隐间 133 厘米
肩宽 18.6 厘米
肩厚 5.8 厘米
尾宽 14.2 厘米
尾厚 4.8 厘米
出土地：不详
收藏地：重庆中国三峡博物馆

政治制度

明朝政治制度比以往历代都更加完备。

内阁虽然得到了皇帝的青睐
但是皇帝仍然心有顾忌
于是派宦官加以牵制
锦衣卫和东厂无孔不入
让皇帝将权力牢牢地捏在手里

废除丞相制度

朱元璋认为丞相的权力过大，以“图谋不轨”的罪名诛杀丞相胡惟庸后，废除了沿用1600多年的丞相制度，规定后世子孙不能再立丞相。

锦衣卫

锦衣卫是明太祖朱元璋设立的直属特务机构，专门从事侦察、逮捕、审问等工作，可以逮捕任何人，进行秘密审讯，皇亲国戚也无例外。

皇帝的“秘书团”

朱棣完善了文官制度，朝中逐渐形成了内阁制度。内阁大臣是皇帝的顾问，起初少有参加决策的机会。后来，内阁权力日益增大，成为明朝行政中枢。

秘密警察机关

朱棣设立了由亲信宦官掌握的东厂，权力在锦衣卫之上。东厂帮助皇帝监视朝廷官员及其他政治力量，还能随意缉拿臣民。

丞相制度从明代开始被永远废弃
皇权与相权的斗争以皇权胜利而告终

五军都督府

五军都督府是明朝时期统领全国军队的最高军事机构。各府只负责统领士兵，调兵之权在兵部，遇到战争，军队的调遣和最高指挥权还是在皇帝手里。

卫所制度

卫所制度是明朝的主要军事制度，主要目的是为了加强国家对军队的控制。卫所机构分布于全国，主要负责各地的防卫与戍守。

《大明律》

《大明律》是明朝的主要刑法典，正式颁行于明太祖洪武三十年（1397年）。它总结了历代法律施行的经验和教训，其内容大多为清律所沿袭。

都察院

朱元璋设置都察院，负责纠察、弹劾官员，整肃官场纪律。若发现有官员胡作非为，无论其品级有多高，都察院御史都可以直接对其提出弹劾。

犀角丰盈玉不如

——莲叶形荷花口犀角杯

“酒杯虽贵，却装不下无尽的醉意。”

犀角就是犀牛角，比象牙更为稀有。在古代，犀角与夜光璧、明月珠齐名，如果能用犀角杯喝酒，绝对算得上是奢侈的享受。犀角杯用料珍贵，雕工精湛，拥有一只犀角杯是当时绝对值得炫耀的一件美事。

明代莲叶形荷花口犀角杯呈深杏黄色，整体造型古朴自然，在整根犀角上，各种雕刻手法运用得炉火纯青。犀角根部雕成凹陷的荷叶状作为杯身，杯身下部雕成花束状的杯柄，花束状杯柄由六支花枝组成，且造型不尽相同，有梅花、兰花、荷花等。犀角杯最下面有海水纹的紫檀木托，古香古色，与犀角杯浑然一体。整只杯设计巧妙，雕刻精美，是明代犀角雕件中的上乘之作。

据李时珍的《本草纲目》记载，犀角是清热解毒、定惊止血

的良药。所以，在中国古代，经常把犀角做成酒杯，将犀角的药性溶于酒中，在饮酒的同时，亦能达到消除疾病、强身健体的目的。如今，犀牛已被列入《世界自然保护联盟濒危物种红色名录》，其角已禁止入药，更不准雕刻艺术品。因此，明朝时期所留下的犀角杯已是稀世珍宝了。

文物档案

名称：莲叶形荷花口犀角杯
年代：明代
材质：犀角
规格：通高 30 厘米
口径 14.9 厘米
出土地：不详
收藏地：天津博物馆

明朝灭亡

大明王朝在风雨飘摇中落下了帷幕。

崇祯皇帝殚精竭虑也挽救不了败局
天子守国门
君王死社稷
他保全了皇家的体面与尊严

起义军大聚会

明朝末年，天灾不断，农民纷纷暴动起义。为了抵抗明朝大军的镇压，各路农民起义军首领在荥阳聚会，共商大计。

李自成起义

明朝末年，农民起义不断，李自成也杀死贪官起义。他英勇善战，被称为“闯将”。后来，他成为起义军的领袖，人称“李闯王”。

八大王张献忠

张献忠是明朝末年的农民军领袖，自号“八大王”，后来带兵攻入四川，建立了大西政权。

崇祯自缢

1644 年，李自成率军攻破北京，崇祯皇帝在煤山的歪脖树上自缢身亡，明朝政权宣告灭亡。

风起云涌的农民起义

摧毁了帝国的后方

人心尽失

清军入关

清军在明朝将领吴三桂的带领下大举进入山海关内，击败李自成的大顺军，攻占北京，随后逐渐统治了全国。

南明王朝

明朝灭亡后，明朝的宗室先后在南方建立政权，沿用“大明”国号。因为活动地点在南方，所以称为“南明”。

浙闽小朝廷

清军攻破南京后，南明大臣在福州又拥戴了一位新皇帝——隆武帝。

桂王政权

桂王朱由榔在广东称帝后，率领南明的残余力量在西南一带继续抵抗清军。

明代历史大事记

1368—1644 年

1368 年

南京称帝

1368 年，朱元璋消灭江南的各路劲敌后，在应天府（今南京）称帝，国号明。

1399 年

燕王造反

建文帝大力裁撤藩王，燕王朱棣不愿“束手就擒”，在北平起兵造反。

1421 年

迁都北京

朱棣下令营建北京城，随后迁都北京，巩固了明朝的政治中心。

1573 年

张居正改革

明神宗初期，内阁首辅张居正进行改革，强化了中央集权，提高了国防力量。

1619年

萨尔浒之战

明朝政府派兵进攻后金，却因指挥不当，导致明军惨败。

1626年

宁远大捷

明军在与后金军的宁远之战中使用了西洋大炮，打败了后金军。

1636年

义军领袖

李自成成为了起义军的领袖，人称“李闯王”。

1644年

崇祯自缢

1644年，李自成率军攻破北京，崇祯皇帝在煤山的歪脖树上自缢身亡，明朝政权宣告灭亡。

图书在版编目（CIP）数据

藏在博物馆里的中国历史·明 / 有识文化，成都地图出版社编著；李红萍绘. -- 成都：成都地图出版社有限公司，2023.12

ISBN 978-7-5557-1863-5

Ⅰ. ①藏… Ⅱ. ①有… ②成… ③李… Ⅲ. ①中国历史—明代—通俗读物 Ⅳ. ① K209

中国版本图书馆 CIP 数据核字（2021）第 263635 号

藏在博物馆里的中国历史·明

CANG ZAI BOWUGUAN LI DE ZHONGGUO LISHI · MING

策　　划	唐　艳
主　　编	鄢来勇　刘国强　黄博文
副 主 编	姚　虹　范玲娜　唐　艳
责任编辑	陈　红
审　　校	魏小奎　吴朝香　王　颖　赖红英　田　帅
责任校对	向贵香
审　　订	肖圣中　邹水杰　毋有江　李春燕　李青青 聂永芳　刘国强　姚　虹　张　忠　程海港
出版发行	成都地图出版社有限公司
印　　刷	运河（唐山）印务有限公司
经　　销	全国各地新华书店
开　　本	880 毫米 ×1230 毫米　1/16
总 印 张	40
总 字 数	640 千字
版　　次	2023 年 12 月第 1 版
印　　次	2023 年 12 月第 1 次印刷
书　　号	ISBN 978-7-5557-1863-5
审 图 号	GS（2021）8903 号
定　　价	268.00 元（全 8 册）

藏在博物馆里的中国历史

有识文化
成都地图出版社 编著

成都地图出版社

清

（1636—1912 年）

清朝时期地图……2
受命于天
——清朝传位玉玺……4
开基立业……6
山海关大战……8
建立大清……10
剃发令……12
万里碧空如洗
——康熙天蓝釉菊瓣尊……14
千古一帝……16
战场上的定海神针
——威远将军炮……18
康熙西征……20
繁复华丽的酒器
——乾隆款金胎錾胎珐琅嵌画珐琅执壶……22
盛世顶峰……24
皇家狩猎场……26
来自皇帝的恩赐
——清黄绸团龙人宝棉马褂……28
民族关系……30
一块石头里的故事
——会昌九老图玉山……32
嘉道中衰……34
清如玉壶冰，贞见玉壶春
——青花竹石芭蕉纹玉壶春瓶……36
风雨飘摇……38
圆明园……40
洋务运动……42
圆明园的往事
——圆明园十二生肖兽首铜像……44
侵略与抗争……46
太平天国起义……48
玲珑精巧，匠心独运
——翡翠蝈蝈白菜……50
革命浪潮……52
辛亥革命……54
汲来江水烹新茗
——清青花加金彩山水人物纹茶具一组……56

目录
CONTENTS

政治制度……58

称起世间的公道人心
——天平秤……60

清朝经济……62

罐子里的艺术品
——白玉瓜瓞式鼻烟壶……64

科学技术……66

满载吉祥的艺术品
——青玉浮雕仙山楼阁如意……68

思想学术……70

形影不离
——珐琅彩婴戏纹双连瓶……72

文学艺术……74

清代历史大事记……76

清朝时期地图

1644—1840 年

《中俄尼布楚条约》
待议地区
紫檀木嵌黄杨木宝座
宝座通体紫檀木质，牙板浮雕西洋卷草和中国传统夔纹。
珐琅彩瓶
雍正皇帝拨专款专项用于研发珐琅彩颜料，丰富了颜料种类。
大
兴
安
岭
金奔巴瓶
长
白
山
脉
八旗盔甲
阴
山
山
脉
贺
兰
山
乾隆皇帝
渤
海
清
黄
河
黄
海
东
大
洋
慈禧太后
乾嘉学派
文风朴实简洁，重证据罗列而少理论发挥，有"朴学"之称。
长
江
南
东
大
洋
海
《康熙字典》
收录汉字四万七千零三十五个，为汉字研究的重要参考文献之一。
南
海
清
南
海
南海诸岛

受命于天

——清朝传位玉玺

“方正之间，镌刻着至高无上的皇权。”

中国古代皇帝使用的玉印称为玉玺，象征着皇帝至高无上的权力与地位。从秦始皇开始，玉玺制度被历朝历代传承着，不过玉玺的数量越来越多，体积也越来越大。

清朝皇帝的玉玺称为“御宝”。由于清前期皇帝篆刻和使用御宝较为随意，造成了管理和使用上的混乱，乾隆皇帝从清代前期皇帝使用的御宝中选定 25 方御宝，并且明确了这些御宝的用途和次序。乾隆皇帝还从剩余御宝中选定了“盛京十宝”，送至清朝入关前的都城盛京（今沈阳）收藏。

这方清代前期皇帝使用的传位玉玺——“大清受命之宝”，属于“盛京十宝”之一，作“以章皇序”之用。该玉玺为碧玉材质，印文分别用满文本字和汉文篆书刻“大清受命之宝”，分列左右，

印纽为尊龙，上系黄色绶带及牙牌，牙牌两面分别用满文和汉文刻“大清受命之宝匮”，表明了大清皇帝受命于天的正统身份。历史上，乾隆皇帝的私人印章也特别多，宫廷收藏的名贵字画上几乎都有他的印章，是名副其实的“盖章狂魔”。

文物档案

名称：清朝传位玉玺
年代：清代
材质：玉
规格：印面长 15.2 厘米、
14.8 厘米
通高 13 厘米
收藏地：中国国家博物馆

开基立业

努尔哈赤堪称满族的英雄人物。

努尔哈赤将松散的女真族人
再度统一起来
用自己的非凡才干、刚毅沉着
激发了女真族人的活力

统一女真

明朝时，女真一族分为建州女真、海西女真、野人女真三大部，各部处于不断分裂和混战中。后来，建州女真的首领爱新觉罗·努尔哈赤起兵统一了女真各部。

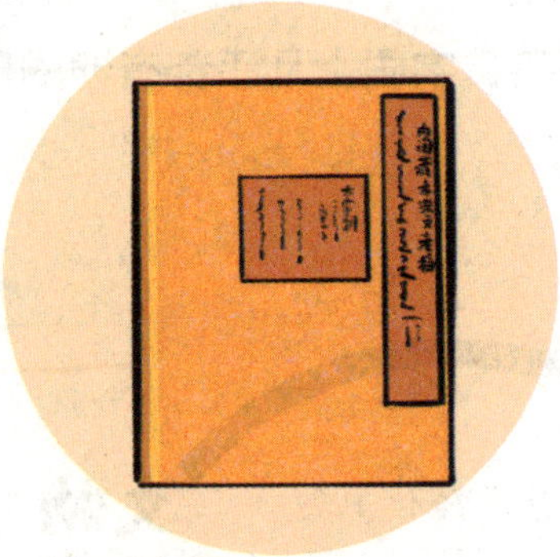

有了文字好办事

为了方便交流和发布政令，努尔哈赤命人在蒙古文字母和女真语音的基础上创制了本民族的新文字——满文。

创建八旗

努尔哈赤在统一女真各部的过程中，建立了八旗制度。八旗士兵闲时负责农业生产，战时出征。八旗制度促进了女真部族的社会经济发展，提高了军队战斗力。

建立后金

1616 年，努尔哈赤在赫图阿拉建国称汗，国号大金，史称后金。

努尔哈赤的卓越功绩
为日后大清帝国的建立和
清军入关统一中原
奠定了强大的基础

战略决战

努尔哈赤在萨尔浒之战中反击明军，分四路进攻，大败明军。此战是明朝与后金辽东战争中的战略决战。

尽占辽东

努尔哈赤指挥后金军大败明军，相继攻占沈阳、辽阳等70余城，辽河以东尽为后金所有，大明江山已不再是一个完整之躯。

迁都沈阳

努尔哈赤不顾大臣的反对，将都城迁到了沈阳，此举有利于后金的发展。

饮恨而终

在宁远之战中，努尔哈赤遭到了起兵以来最大的失败，他被明军的炮火击伤，身患毒疽，饮恨而终。

山海关大战

山海关大战的胜利，拉开了清朝入主中原，建立全国统治的序幕。

多尔衮趁明朝连年与农民军交战，已呈土崩瓦解之势之机，率军逼近山海关。

山海关北依燕山，南傍渤海，城高墙坚，易守难攻。吴三桂领军在此驻守。

吴
起初，吴三桂决意归顺李自成，但得知父亲遭到农民军毒打，爱妾被夺占后，拒绝投降。
李自成派兵进攻山海关，吴三桂向多尔衮求援，清军急速向山海关进军。
吴三桂率军与李自成的大顺军激战于山海关城下，清军突然杀出，大顺军大败。
多尔衮命吴三桂为先导，一路追杀，直扑京城，清军乘势占领北京。

建立大清

清朝在努尔哈赤的两个儿子皇太极和多尔衮的经营下顺利入主中原

清朝逐步建立起对整个中国的统治。

皇太极新政

努尔哈赤死后，他的第八个儿子皇太极继位。皇太极励精图治，大刀阔斧地进行改革，加强中央集权，发展农业生产，增强了国家实力。

族名满洲

1635 年，皇太极废除了旧有族名“女真”，定新族名为“满洲”。从此，“满洲”二字正式出现在中国的史册上。

国号大清

1636 年，汉、满、蒙三族共呈劝进表，皇太极在盛京称帝，改国号为清。

开拓疆土

皇太极为了巩固政权，多次出兵征讨朝鲜、蒙古，解除了战胜明朝的后顾之忧。

清军入关不仅改变了
清朝和满族的命运
也改变了中国和汉族的命运

松锦大战

松锦大战是皇太极军事生涯中最精彩的一战，他发兵进攻明朝防线的松山、锦州等地，大败明军。此战役标志着明朝的辽东防御体系完全崩溃。

多尔衮摄政

年幼的顺治皇帝福临继位后，摄政王多尔衮辅佐朝政长达7年，直到他因打猎坠马跌伤而亡才结束了摄政生涯。

吴三桂降清

吴三桂是明朝山海关地区的守将。1644年，吴三桂投降清朝，带领清军大举进入山海关内，击败李自成军队。

迁都北京

大批清军从山海关南下，占领了北京城。随后，顺治皇帝也从盛京（今沈阳）迁都到了北京，在此开启了清朝长达260多年的统治。

剃发令

剃发令是清朝初年强迫汉人仿照满人习惯剃发的法令。

满人的发型与汉人迥异，该族男子把前额和四周头发剃光，将留存的头发编成一条长辫垂下。
汉人重视衣冠服饰，认为剃发是极大的侮辱，因此强烈反对剃发。
江阴人民誓死捍卫自己的头发，奋起反抗，消灭了七万多清兵。

万里碧空如洗

——康熙天蓝釉菊瓣尊

“大清皇帝眼中的朗朗晴天。”

天蓝釉是清朝康熙年间创烧的一种高温色釉瓷器品种，由宋代“天青”演变而来，相比较其他蓝釉颜色较浅，如同晴空的天蓝色而得名。天蓝釉烧制难度大，釉中含有钴、铜、铁、钛等金属元素，对工匠的技艺和窑温的控制具有极大的挑战。

此件天蓝釉菊瓣尊大口，短颈，腹以下逐渐收拢，底平无釉，外壁呈菊瓣形凸棱，瓷器外部施天蓝釉。菊瓣尊体形较大，器型敦实，胎质坚细，釉质均匀，釉色浅淡。康熙年间的天蓝釉瓷器大多是文房用品，体形小巧，而这件菊瓣尊体形较大，堪称康熙时天蓝釉瓷器中罕见的精品。

清朝康熙年间，国力强盛，国库充实，皇帝对瓷器情有独钟，官方不仅恢复了其他蓝釉的烧制，天蓝釉也在此时创烧了出来。

天蓝釉瓷器的烧制对工匠技艺、财力、物力都是极大的考验，康熙时期被誉为清朝瓷器烧制的一个巅峰期。自此以后，清朝大量烧制天蓝釉。

文物档案

名称：康熙天蓝釉菊瓣尊
年代：清代
材质：瓷
规格：高 17.3 厘米
口径 19.1 厘米
底径 15.8 厘米
收藏地：中国国家博物馆

千古一帝

康熙是一位鞠躬尽瘁的贤能天子
也是一位酷爱学习的帝王
用他的人格魅力
争取到了百姓的信任和拥护

康熙皇帝开创了康乾盛世的新局面。

智擒鳌拜

康熙皇帝玄烨继位时不满 8 岁，辅佐朝政的大臣鳌拜十分专横，玄烨在 16 岁时设计将他逮捕，夺回了朝政大权。

平定三藩

南方的藩王势力过于强大，他们发动了以吴三桂为首的三藩之乱，康熙帝调兵遣将，用了 8 年才平定三藩。

统一台湾

台湾的郑氏政权对东南沿海地区的威胁很大，康熙帝命施琅为主将，率军统一台湾，使台湾归入清朝的版图。

北逐沙俄

沙俄多次入侵黑龙江流域，蚕食大量的中国领土，康熙帝派军击败沙俄侵略军，维护了国家领土与主权的完整。

康熙皇帝以卓越的军事指挥才能成为了统一的多民族国家的捍卫者

大破噶尔丹

天山北路的蒙古族准噶尔部在噶尔丹的统治下势力强盛，沙俄策动噶尔丹发动叛乱。康熙皇帝三次率军亲征噶尔丹，平定了叛乱，稳定了西北部边疆地区。

新生人口不收税

康熙皇帝下令以康熙五十年（1711 年）的人丁数作为以后征收丁银的标准，对新生的人口不收税，减轻了广大农民的负担，有利于农业生产的发展。

学习型皇帝

康熙皇帝学贯中西，对西方科学知识有着浓厚的兴趣。他不仅聘用欧洲人为科学顾问，还自己动手研究自然科学。

九子夺嫡

康熙皇帝的众子中，有 9 个儿子发起了争夺皇位的斗争，史称“九子夺嫡”，最终胜出的是四阿哥爱新觉罗 · 胤禛，即雍正皇帝。

战场上的定海神针

——威远将军炮

“牢牢守护着大清的江山。”

火炮是一种具有大规模杀伤力的兵器，在战争中能够有效地摧毁敌军的军事设施和杀伤大量敌军，具有强大的破坏力和震慑力。

威远将军炮是一种大口径短身管的前装臼炮，炮筒粗而短，有六圈铁箍加强炮体结构，前粗后敛，炮中部置耳，用以支撑、平衡炮体和调整射击角度。炮身后部刻有满、汉铭文：“大清康熙二十九年景山内御制威远将军，总管监造御前一等侍卫海清，监造官员外郎勒理，笔帖式巴格，匠役伊邦政、李文德。”威远将军炮以四轮木质炮车承载，发射铁壳爆炸弹。在 45 度射角下，火炮射程大概为 1 千米到 1.5 千米。该炮在康熙帝平定准噶尔部噶尔丹叛乱和清军其他作战中发挥了很大的作用。

康熙时期，国力强盛，火器在制造规模、数量、种类，以及火器的性能、制造工艺等方面都达到了历史高峰。威远将军炮的发明者是著名的火器专家戴梓，他仅仅用了 8 天就将威远将军炮制造出来。他还发明了一种名叫“连珠铳”的武器，也曾在 10 天之内就仿制出了荷兰的火枪，让荷兰人目瞪口呆。

文物档案

名称：威远将军炮
年代：清代
材质：铜
规格：炮长 71 厘米
口径 21 厘米
出土地：不详
收藏地：中国人民革命军事博物馆

康熙西征

平定准噶尔噶尔丹的叛乱之战，是一场维护祖国统一、反对民族分裂的正义战争。

噶尔丹是清代厄鲁特蒙古准噶尔部首领，一直想割据西北、统治蒙古诸部。

在沙俄的怂恿和支持下，噶尔丹兴兵进攻其他蒙古部落，与清王朝发生直接军事冲突。

在乌兰布通之战中，清军用火炮轰击准噶尔军的“驼城”，杀伤了大量准噶尔军士兵。
在昭莫多之战中，清军利用山势和密林巧布伏兵，大败噶尔丹。
经过两次大战，康熙皇帝要噶尔丹投降，但是噶尔丹负隅顽抗。
康熙皇帝率军亲征，噶尔丹众叛亲离，走投无路，兵败而亡。

繁复华丽的酒器

——乾隆款金胎錾胎珐琅嵌画珐琅执壶

"皇家宫廷盛宴是如此的淋漓尽致。"

执壶是一种酒器，最初造型是由青铜器演化而来，南北朝后出现青瓷类执壶，明清时期，开始出现玉、金银等材质的执壶。

这件执壶壶身以黄金为胎底，壶柄弯曲，呈如意状，盖顶镶嵌红珊瑚，壶盖与壶柄以金链连接，壶嘴与壶体焊接一端装饰张口龙首，壶身刻花纹，以绿色珐琅填充。腹部两面勾勒出桃花形空间，空间内描绘有西洋女子图像。盖、颈、肩、腹、足等处绘有大小、形状各异的花枝，以及山水风景图案。壶底双方框内錾刻"乾隆年制"款。

錾胎珐琅技术大约于元代进入中国，画珐琅技术于清代康熙、雍正时期从欧洲引进，普遍流行于乾隆时期。此壶造型沿用明代金执壶样式，花纹图案以西洋人物为主，并间以传统的山水花卉纹，

是一件中西合璧的皇家艺术珍品。乾隆时期是珐琅器的繁荣时期，此时清代宫廷生产的珐琅器，色彩明艳，装饰精美，具有浓厚的皇家气息，由此可以看出当时清朝的强盛国力。

文物档案

名称：乾隆款金胎錾胎珐琅嵌画珐琅执壶
年代：清代
材质：黄金
规格：通高 18.8 厘米
口径 2.8 厘米
足径 3.9 厘米
收藏地：故宫博物院

盛世顶峰

乾隆皇帝将康乾盛世推向鼎盛。

开疆拓土，稳定边疆
奠定了中华版图
却丝毫没有察觉到世界已经大变
盛世之下潜伏着巨大的危机
清王朝已处在近代变革的前夜

普免钱粮

乾隆皇帝重视社会的稳定，关心受灾的难民，在位期间先后五次普免天下钱粮，三免八省漕粮，减轻了广大农民的负担。

官员也考试

乾隆皇帝进一步完善了考核官吏的“京察”、“大计”制度，连过去那些不用考核的官员，乾隆帝也要考绩。

统一新疆

乾隆皇帝先出兵粉碎了准噶尔贵族的割据势力，后又平定了天山南路的大小和卓叛乱，从此将新疆稳固置于中央政府直接管辖之下。

回归的蒙古人

伏尔加河下游地区的蒙古族土尔扈特部首领渥巴锡率领部族人民，摆脱了沙俄的统治，冲破了沙俄军队的围追堵截，历经艰险，万里跋涉，终于回到了故土。

粥赈制度

粥赈是国家救灾制度的重要措施。乾隆皇帝时，详细规定了粥厂的数量、管理人员，以及领粥、食粥的顺序等，使该制度达到了中国粥赈制度史上的顶峰。

六下江南

乾隆皇帝在位60年，曾六次下江南巡视，皇帝所到之处劳民伤财，开支巨大。

宠信和珅

大臣和珅深得乾隆皇帝的宠信，是一人之下、万人之上的权臣。他十分贪婪，公开受贿，身家富可敌国，被人们称作“二皇帝”。

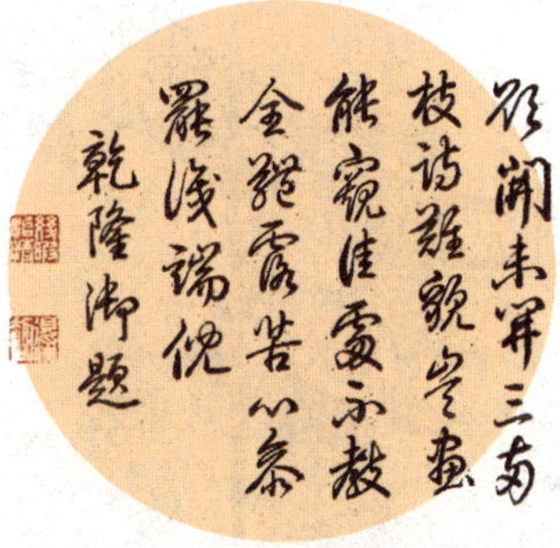

高产诗人

乾隆皇帝酷爱写诗，一生中写下了四万余首诗，数量与《全唐诗》中收录的所有唐诗数量相当。

皇家狩猎场

清朝皇帝举行秋猎活动，用以保持八旗官兵传统的骁勇善战和淳朴刻苦的本色。

为了举行秋猎，清政府在内蒙古和察哈尔蒙古的接壤处设置了木兰围场。

清代皇帝每年秋天都会到木兰围场习武狩猎。
清军八旗官兵可以在这里施展马上骑射技艺，以此博得皇帝的赞赏。
皇帝可以借每年的秋猎，在那里定期接见蒙古的王公贵族，以便巩固和发展满蒙关系。

来自皇帝的恩赐

——清黄绸团龙人宝棉马褂

“拥有这件衣服的主人，享受着莫大的荣耀。”

清朝皇帝在宫廷朝会及宴会活动中会身着不同的礼服、吉服、行服等服饰，王公贵族和文武官员也要跟随皇帝的穿着。按清朝规定，马褂也是皇帝行服的一种，因为皇帝制衣多用明黄色，所以常有“黄马褂”之说。除皇帝外，特赐的御前侍卫、官员等可穿用黄马褂，如御前大臣、内大臣、内廷大臣、侍卫领班等。

黄马褂是清朝时期一种尊贵的服饰，是尊贵地位的象征。一般来说，皇帝的御前侍卫所穿的黄马褂更像是工作服，下班离职就不能再穿，而皇帝赏赐给有功人员的黄马褂“含金量”则高得多，一切庄重或典重的场合都可以穿，甚至见官大三级。

黄绸团龙人宝棉马褂是典型的黄马褂样式，黄色缎面上满绣

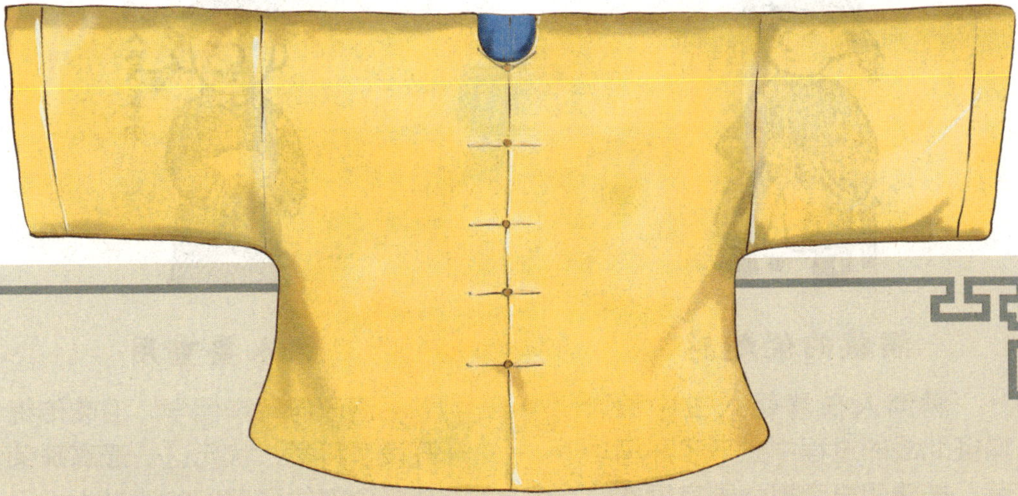

团形二龙戏珠及云朵纹，圆领，对襟式，平袖，袖长及肘，三开裾，有圆铜扣 5 枚，里面为蓝色绸里。

文物档案

名称：清黄绸团龙人宝棉马褂
年代：清代
材质：绸缎、棉
规格：不详
收藏地：沈阳故宫博物院

民族关系

清政府要求各民族承认
由满洲贵族建立的清王朝为政治正统
为了处理好与汉人的关系
提出“满汉一家”的口号

民族政策是清代政策体系的重要组成部分。

满族的优越感

满洲人在清朝入主中原、南征北战的过程中立下了汗马功劳，被清朝皇帝视为国家根本、朝廷柱石，在政治权力上享有优势地位。

汉人要重用

清政府尊崇儒学，沿袭传统开设了科举，状元这一最高殊荣几乎全部给了汉族的读书人，汉族官员在巩固清朝统治中起到了关键作用。

分化蒙古

盟旗制度是清朝为分化蒙古族，控制其贵族势力而实行的政治制度。清政府还在蒙古诸部大力扶植推广喇嘛教，有效收揽了人心，维护了蒙古地区的安定局面。

稳定新疆

清政府在新疆实行屯田政策，促进了新疆农业生产的发展。在发展农业生产的同时，各民族之间的贸易往来也日益频繁。

清政府以积极态度
管理边疆各民族
有力地维护了
多民族国家的统一和社会的稳定

西藏政策

清朝对西藏的管理举措有册封制度、金瓶掣签制度和设置驻藏大臣等，其中的金瓶掣签制度一直延续至今。

管理西南

雍正时期，国力强盛，政府加强对西南少数民族地区的统治，在西南大规模推行“改土归流”政策，逐步取消土司世袭制度。

接见少数民族首领

康熙、乾隆、嘉庆年间，曾多次在承德避暑山庄会见、宴请少数民族王公贵族及政教首领。

开发台湾

清朝统一台湾后，大量汉族人迁往台湾，加速了台湾的经济开发。高山族与汉族互通贸易，使台湾的经济得到了较快的发展。

一块石头里的故事
——会昌九老图玉山

“精雕细刻，只为对福寿的追求。”

会昌九老图玉山完成于清代乾隆年间，整体呈青色，体形硕大，由一整块新疆和田青玉雕刻而成，底部安有铜座。工匠以立体雕刻的方法，按高低、远近比例，以镂雕、深浅浮雕等多种技法雕琢成四面相通的山水人物图景。玉山上的人物雕刻得活灵活现，图中有的老者在桥上交谈，有的老翁正在对弈，有的老者执杖登山，有的老者极目远眺，还有老者盘腿抚琴，画中苍山青松层次分明，画面和谐自然，体现了工匠高超的雕刻手艺，可谓鬼斧神工。

玉山图案取材于宋代画家李公麟的名作《会昌九老图》，描绘的是唐代会昌五年（845年），大诗人白居易、胡杲、吉皎、卢贞、张浑、刘真、李元爽、郑据、释如满，这9位老人会聚于河南香山游玩的故事。他们的年龄均已超过70岁，民间常说“人生七十古来稀”，这样的聚会真可谓世间仅有。

在乾隆皇帝 75 岁这年，玉匠运用高超的技艺把这一令人神往的故事雕琢在这件大型玉山上，作为祝福皇帝长寿的贺礼而进贡，深受乾隆皇帝喜爱。

文物档案

名称：会昌九老图玉山
年代：清代
材质：玉
规格：通座高 145 厘米
最大周长 245 厘米
重 832 千克
收藏地：故宫博物院

嘉道中衰

封建统治的腐朽没落
预示着清王朝日渐衰落的命运
阶级矛盾、民族矛盾迅速激化
起义的烈火迅速燃遍了大江南北

嘉庆道光之时，“盛世”已是徒有虚名。

诛杀和珅

嘉庆皇帝在乾隆皇帝的大丧期间，果断惩治了贪婪无尽的权臣和珅，逼迫和珅自杀谢罪，并未大规模牵连百官。

白莲教起义

白莲教是民间的一种秘密宗教结社。嘉庆年间爆发了大规模的白莲教起义，此次起义前后持续了 9 年，大大削弱了清政府的实力。

天理教起义

河南、山东、直隶等地爆发了天理教起义，北京的天理教教徒甚至攻入了紫禁城，嘉庆皇帝大为震怒。

节俭的皇帝

道光皇帝为人十分节俭，他上朝时穿着打补丁的衣服，看到官员衣着光鲜，就会露出不悦之色。

鸦片战争中英国人的炮火
轰塌了这个老旧帝国的美梦
《南京条约》上屈辱的墨迹
打开了天朝的国门

走私鸦片

道光年间，英国为了扭转在对华贸易中的不利局面，向中国大量走私鸦片，毒害中国人民，导致中国的白银外流。

虎门销烟

道光皇帝命林则徐前往广东查禁鸦片，林则徐果断出击，在虎门海滩集中销毁了缴获的 2 万多箱鸦片，大快人心。

英国人的报复

英国政府以虎门销烟等事件为借口，派出远征军入侵中国。清军不敌英军，鸦片战争以中国失败并赔款割地告终。中英双方签订了中国历史上第一个不平等条约《南京条约》。

三元里抗英

广州市郊外三元里村民自发抵抗英军的入侵，这是中国近代史上人民第一次自发的大规模抵抗外国侵略的斗争。

清如玉壶冰，贞见玉壶春
——青花竹石芭蕉纹玉壶春瓶

“幸福祥瑞与山石花草的完美结合。”

玉壶春瓶定型于北宋时期，在当时是一种装酒的器具，后来逐渐演变成一种观赏性的瓷器。到了明清，玉壶春瓶成为了官窑烧制的传统品种。

青花竹石芭蕉纹玉壶春瓶口沿外敞如喇叭状，颈部长而收窄，圆腹下垂。颈部绘蕉叶纹，下绘卷草和变形如意云纹，近处绘变形莲瓣。瓶腹部画有挺拔的湖石，翠竹随风摇曳，芭蕉依石而立，栏杆外的兰花、萱草生机勃勃，竞相开放，庭院内生趣盎然。萱草又称忘忧草，兰花和翠竹是古代四君子之一，芭蕉直立高大，叶片是植物中最大的，“叶大”寓意“家大业大”，深受文人喜爱。山石、翠竹、蕉叶、萱草、兰花寓意高雅清玄，构成了一幅寓意吉祥的“五瑞图”，寓意深刻。

这件青花竹石芭蕉纹玉壶春瓶是清代咸丰年间的青花瓷，仿于永乐青花竹石芭蕉纹玉壶春瓶，但较明代的器物颈变粗短，腹部加大，是清代晚期玉壶春瓶的标准式样。咸丰年间，国力衰败，英法联军入侵，太平天国席卷南方，大量官窑被毁，所以咸丰年间青花瓷器传世稀少。

文物档案

名称：青花竹石芭蕉纹玉壶春瓶
年代：清代
材质：瓷
规格：高 28.5 厘米
　　　口径 8.6 厘米
　　　足径 11.6 厘米
收藏地：故宫博物院

风雨飘摇

西方列强汹涌而至
太平天国运动掏空了清政府的骨血
领土大片沦丧
王朝的根基正在崩塌

清朝末年，中国正面临严重的内外危机。

第二次鸦片战争

英、法两国为了获得更大的利益，再次借口发动了侵华战争，英法联军攻入北京后，皇帝逃跑。

太平天国

洪秀全和他的铁杆追随者在广西金田村起义，建立“太平天国”，席卷南方，波及全国，是中国历史上规模最宏大的一次农民战争。

火烧圆明园

英法联军攻占北京后，占据圆明园，掠夺了大量的珍贵宝物，并在掠夺一空后纵火烧毁。

趁火打劫

沙俄趁清政府焦头烂额之际，先后强迫清政府割让了150多万平方千米的领土，成为了第二次鸦片战争期间最大的获利者。

西方的船坚炮利
深深刺痛了清朝官员的心
他们掀起了一场声势浩大的自救运动
来挽救清王朝衰败的命运
但事实并没有向他们期望的方向发展

慈禧掌权

咸丰帝病逝后，慈禧太后联合恭亲王奕䜣发动政变，实行垂帘听政，掌握了国家的实权。

抬棺出征

中亚的阿古柏入侵新疆，盘踞新疆大部，清军将领左宗棠年近七旬，抬着棺材出征，最终收复了新疆。

回光返照

同治皇帝在位时期，清朝的国力得到了一定的恢复和发展，加上太平天国起义军逐渐被消灭，清朝再度出现了安定的局面。

中法战争

法国侵略越南进而侵略中国，软弱的清政府不败而败，法国不胜而胜，清政府承认法国吞并越南。自此，中国的西南门户大开。

圆明园

圆明园是清朝著名的皇家园林之一，面积达5200余亩，园内有150余景，有“万园之园”之称。

圆明园于1860年遭英法联军焚毁，被掠夺的文物粗略统计有150万件。

圆明园集古今中外园林艺术之大成，是中国乃至世界建筑艺术和文化的典范，堪称人类文化的宝库之一。

海晏堂的喷水池旁排列着十二生肖人身兽头铜像。每昼夜十二个时辰，由十二生肖依次轮流喷水，俗称“水力钟”。

圆明园的人工喷泉被称为“水法”，园内有谐奇趣、海晏堂和大水法三处大型喷泉群。

洋务运动

因为洋务派的自救
清王朝得以延续

这是一场由统治阶级主导的自救运动。

自强求富

洋务派以“自强”为口号，引进西方先进生产技术，创办了近代军事工业；后来他们又提出“求富”的口号，近代民用企业逐渐发展起来。

代表人物

洋务派的中央代表人物是恭亲王奕䜣，地方代表人物有曾国藩、李鸿章、左宗棠、张之洞等人。

最大军火工厂

李鸿章在上海创办江南机器制造总局，是洋务派开设的规模最大的近代军事工业，但是其管理效率低，成本过高。

北洋水师

李鸿章在山东威海卫建立的北洋水师，是当时亚洲最强大的海军舰队，也是洋务运动的最大军事成果之一。

但是顽固的封建传统思想
反对进行任何形式的变革
最终毁掉了这场“自强”的迷梦

海军的摇篮

为了发展近代海军，清政府在福州马尾设立了船政衙门，并开设造船厂和船政学堂，迈出建立近代海军的第一步。

京师同文馆

京师同文馆是清末第一所官办外语专门学校，初以培养外语翻译、洋务人才为目的，后又添设算学馆。

股份制企业

轮船招商局是中国第一家近代民用企业，由李鸿章发起创办，企业由商人出资，合股的资本为商人所有，公司设有专门的规范章程和管理制度。

选派留学生

为了学习西方先进的科技来改变清政府的落后面貌，洋务派发起了留学运动。讽刺的是，部分留学生成为了清王朝的掘墓人。

圆明园的往事

——圆明园十二生肖兽首铜像

“屈辱的历史不能重演。”

圆明园十二生肖兽首铜像原为圆明园海晏堂外的喷泉的一部分。第二次鸦片战争期间，英法联军侵略中国，将圆明园付之一炬，兽首铜像自此流失海外。

十二生肖兽首铜像，铸工精细，兽首上的褶皱和绒毛等细微处，都清晰逼真，表现得十分细腻。铸造兽首所选用的材料为当时宫廷精炼的红铜，外表色泽深沉、内蕴精光，历经百年而不锈蚀，堪称一绝。当年，十二生肖兽首铜像排列在圆明园海晏堂前的水池边，自动喷水报时，被人们称为“水力钟”。十二生肖兽首铜像由中国宫廷匠师制造，设计者是来自意大利的郎世宁，监修者是来自法国的蒋友仁。这些来自欧洲的艺术家在设计建造时充分考虑了中国的文化，使得铜像既符合中国的传统审美，也融合了

西方造型艺术的特点。

目前，牛首、猴首、虎首、猪首、鼠首、兔首、马首等7尊圆明园流失兽首铜像通过不同的方式回归祖国，剩余5尊仍然下落不明。十二生肖兽首铜像诉说着一段屈辱的历史，圆明园的毁灭，兽首的遗失，警醒着我们：勿忘国耻。

文物档案

名称：圆明园十二生肖兽首铜像
年代：清代
材质：铜
规格：规格不一
收藏地：保利艺术博物馆（5件）
中国国家博物馆（2件）

侵略与抗争

中国成为帝国主义列强争相瓜分的目标。

清政府再次失去了人民的信任
民众联合起来进行了殊死斗争
以保卫祖国领土主权完整
维持民族的生存

甲午中日战争

1894 年，日本在丰岛海面袭击清军运兵船，挑起战争，清军仓皇迎战。战争最后以中国战败告终，清政府被迫签订《马关条约》。

瓜分中国

甲午中日战争之后，帝国主义列强纷纷在中国强租租借地，划分“势力范围”，践踏中国的领土与主权，使中国面临亡国灭种的危险。

门户开放

在瓜分中国狂潮中来晚一步的美国，向列强提出：在你们的势力范围内，我也要享有同等的权利。

戊戌变法

以康有为、梁启超为代表的维新派人士通过光绪帝进行政治改革运动，但遭到了以慈禧太后为首的守旧派的强烈抵制与反对，历时 103 天的变法最终失败。

对日战争的惨败
进一步暴露了清政府的虚弱
列强开始疯狂掠夺中国

义和团运动

外国传教士在中国各地胡作非为，引起了人民大众的激烈反抗，爆发了义和团运动，其口号是“扶清灭洋”。

八国联军侵华

为镇压义和团运动，英、美、俄、日、法、德、意、奥八国组织联军发兵中国。占领北京后，逼迫清政府签订了丧权辱国的《辛丑条约》，中国完全陷入半殖民地半封建社会的深渊。

东南互保

东南各省总督和巡抚为了保住自己的经济利益，不服从清政府对外宣战的命令，发起了东南互保，使得清廷颜面扫地，革命势力得到发展。

日俄战争

日本和俄国为争夺朝鲜半岛和中国东北地区的控制权爆发了战争，此战争主要是在中国的东北地区进行的。

太平天国起义

太平天国起义是中国历史上规模最大的农民起义。

洪秀全在金田起义，定国号太平天国。不久，洪秀全称“天王”，攻克永安后分封“五王”。
太平军一路北上，接连击败清军，最后攻取南京，改名为天京。
洪秀全在广西传播“拜上帝会”，两年多时间发展会众两千多人，拜上帝会与地方政府的矛盾日渐加深。
太平天国坚持了 14 年，势力扩展到 17 省，有力地打击了清朝的腐朽统治。

玲珑精巧，匠心独运

——翡翠蝈蝈白菜

“蔬菜和草虫向我们展示着最美好的寓意。”

翡翠是玉的一种，又称缅甸玉。从中国的玉雕用料历史来看，翡翠出现时间较晚，到了清代，大量翡翠进入中国。由于翡翠色泽莹润，质地坚硬，受到王公贵族的青睐。因此，清代翡翠玉雕作品得以大量出现。

这件珍藏于天津博物馆的翡翠蝈蝈白菜是清代玉雕的佳作。雕刻翡翠蝈蝈白菜的原料，天然含有白、绿、黄三种颜色，心灵手巧的玉匠想象独特，巧妙构思，大胆地将黄褐色保留在菜帮之上，像极了冬天白菜经历了霜冻之后的状态，所以翡翠蝈蝈白菜又有一个“冻白菜”的别名。

翠玉白菜的叶脉分明，叶片翻卷自然，形象逼真。工匠利用玉料上的翠绿色，雕刻了一对肥腹的蝈蝈和 1 只螳螂，这 3 只昆虫好像在边爬边啃菜叶，惟妙惟肖。整个作品清新自然，刀法简约，逼真度高，远远看去与真正的白菜相差无几。

在古代，“白菜”与“百财”谐音，在人们看来有聚财招财的寓意；“蝈”与“国”音近，寓意国家富足有财。翡翠蝈蝈白菜，寓意国富民强。

文物档案

名称：翡翠蝈蝈白菜
年代：清代
材质：玉
规格：高 19.4 厘米
宽 14 厘米
重约 2 千克
出土地：不详
收藏地：天津博物馆

革命浪潮

不畏牺牲
前仆后继
推翻了清王朝的黑暗统治
结束了中国两千多年的君主专制制度

辛亥革命敲响了清王朝的丧钟。

清末新政

《辛丑条约》对清政府打击巨大，在慈禧太后的默许下，清政府在军事、官制、法律、商业、教育和社会等方面进行了一系列改革，但没有取得太大进展。

建立兴中会

孙中山立志推翻清政府的腐朽统治，在美国檀香山创建了中国第一个民主革命团体——兴中会。

传播革命思想

清代末期涌现了一大批革命家和思想家，大量进步知识分子创办报刊，民主革命思想在中国传播开来。

革命大同盟

为了利于革命斗争，孙中山联合兴中会、华兴会、光复会等革命团体的成员，成立了中国同盟会，这是中国第一个资产阶级革命政党。

革命思想的传播
引起了风起云涌的革命浪潮
孙中山成为了革命的领军人物
无数革命志士接受革命的洗礼和启蒙

安侠秋瑾

秋瑾是中国同盟会的成员，她一生投身于推翻清王朝的斗争中。安庆起义失败后，秋瑾被捕，从容就义。

黄花岗起义

黄兴领导革命者在广州发动了起义，攻下两广总督衙门，却因寡不敌众，起义最终失败。

保路运动

为了反对清政府出卖铁路主权，四川、湖南等地人民率先发动了声势浩大的保路运动。这次保路运动，为武昌起义的胜利创造了条件。

辛亥革命

革命党人发动的武昌起义是辛亥革命的开端，使清朝逐步走向灭亡。1912 年 1 月 1 日，中华民国临时政府成立。1912 年 2 月 12 日，宣统帝下诏退位，清朝的统治结束。

辛亥革命

辛亥革命开创了完全意义上的近代民族民主革命，打开了中国进步潮流的闸门。

1911年10月10日晚，新军工程第八营的革命党人熊秉坤打响了武昌起义的第一枪。

革命党人分别于10月11日夜、10月12日攻占汉阳和汉口。

1912 年 1 月 1 日，孙中山正式就任中华民国临时大总统，宣告中华民国临时政府成立。
起义军控制武汉三镇后，成立湖北军政府，黎元洪被推举为都督。
1912 年 2 月 12 日，宣统帝溥仪发布退位诏书，清朝灭亡。

汲来江水烹新茗

——清青花加金彩山水人物纹茶具一组

“这套回流的茶具，向世界展示着中华精致的生活方式。”

中国是茶的故乡，茶文化源远流长，延续数千年。古代中国饮茶之风盛行，茶具更是种类繁多。清代的饮茶之法和茶器形制与明代相比，没有太大的变化，陶瓷茶具仍然是清代茶具的主流。不过，康雍乾三朝皇帝非常爱好饮茶，清朝兴盛时期的茶具，在制作工艺、色彩搭配、装饰技法方面，有了新的突破，使清代茶具异彩纷呈。

这组精美的茶具是从海外回流的，由茶壶、茶叶罐、茶杯及盏托组合而成，是清代乾隆时期外销至欧洲的茶具。这组茶具的造型是传统的中国式，胎釉上色技法依循传统的手法，茶具图案是中国山水画。茶具以金彩描边，具有典型的欧式风格，是一组融汇中西特色的茶具。

茶叶曾作为商品大量外销，欧洲国家的大规模海上贸易使得茶叶需求量攀升，茶具的需求量也大大增加。当时，茶非常昂贵，仅作为欧洲宫廷贵族和豪门世家养生和社交的奢侈品。一些富裕的家庭主妇，都以家中拥有精致的茶室、珍贵的茶叶和精美的茶具为炫耀的资本，这组茶具想必就是通过海上贸易到达了欧洲。

文物档案

名称：清青花加金彩山水人物纹茶具一组
年代：清代
材质：瓷
规格：规格不一
出土地：不详
收藏地：中国茶叶博物馆

政治制度

清朝没有出现宦官、外戚和权臣独揽朝政的现象
但是皇帝的独裁使社会失去了活力
政治机制必将进入衰老解体的阶段

清朝的政治制度仍是以皇权为核心。

议政王大臣会议

清朝前期，满族宗王、八旗、贝勒等上层贵族参与处理国政，权力很大，他们决定的事务连皇帝也不能改变，后来这项制度被乾隆皇帝废除。

词臣俱乐部

南书房原是康熙皇帝读书的地方。后选内廷词臣入直南书房，随侍皇帝左右，讲论诗文，进而影响皇帝的决策。

八旗驻防

清入关以前，已有八旗驻防之设。清统治全国以后，分为畿辅驻防、东三省驻防和各直省驻防。畿辅驻防守卫京师附近地区，各省驻防多为省会或重镇。

《大清律例》

清军入关后，政府开始着手法典的制定，经过多位皇帝的努力，乾隆皇帝时期颁布了《大清律例》。这是清代最为系统、最具代表性的成文法典。

通过康雍乾三代帝王的经营
君主专制达到了顶峰
专制皇权空前强化
防范制度完善

军机处

雍正帝设立军机处，协助处理军务，后来成为中枢政务机构。军机大臣完全秉承皇帝意旨参与军政事务，进一步加强了君主专制制度。

秘密立储

雍正皇帝在位时不公开宣布继承人，而是将写有继承人名字的诏书，一式两份分别置于乾清宫内“正大光明”匾额的背后和自己的身边，待他驾崩后，大臣共同拆启传位诏书，确立新君。

总理各国事务衙门

19 世纪后期，清政府为适应当时内忧外患的局面而设立了外交机构——总理各国事务衙门。这是中国第一个正式的外交常设机构。

责任内阁

宣统年间，清政府宣布废除军机处，实行责任内阁制，在内阁成员中任命内阁总理大臣。由于内阁成员多半是皇族，也被称为“皇族内阁”。

称起世间的公道人心

——天平秤

“毫厘的差异，也不能逃离它的准则。”

天平秤是一种用来称重量的工具，一端放置砝码，砝码大小不一，各有一定重量；另一端有一个托盘，用来放置被称的物品。晚清民国时期，在一些大城市的钱庄里，常常能见到天平秤，它多用于称银两重量。

这件秤由底座、支架、秤盘、横梁及 18 个砝码组成。底座呈箱形，由红木制成，上下两层抽屉，其左右两侧各装有铜质拉环。支架用铸铁制成，略有锈蚀，插于底座中央，用于固定秤盘。此件天平秤所配砝码是铜质的，均呈元宝形，重量从 1 钱到 50 两不等。该天平秤做工精巧，保存完好。铜砝码不用时，可以放于底座内的抽屉中保存。

清代的钱庄大都分布在长江流域和江南各大城市，生意兴隆，

规模巨大。天平秤是做“大买卖”必不可少的工具，为清朝商业经济的发展提供了至关重要的金融服务支撑，天平秤也成为了诚实守信、公平交易精神的象征。

文物档案

名称：天平秤

年代：清代

材质：木、铜、铁

规格：不详

出土地：不详

收藏地：江汉关博物馆

清朝经济

统治者实行奖励垦荒、
豁免钱粮的政策
使农业发展水平达到顶峰

清朝的封建经济发展到一个新的高峰。

兴修水利

清政府大力兴修水利，耕地面积逐渐增加，江南、湖广与四川等地的土地比中原肥沃许多。

高产的粮食

清朝时期，江南很多地区种植双季稻，珠江流域甚至在种植三季稻，粮食产量大大地提高。

湖广熟，天下足

清朝时期，朝廷在湖南、湖北等地采取奖励垦荒、劝课农桑等措施，极大地刺激了粮食产量的增加，湖南、湖北成为新的商品粮基地。

发达的纺织业

清代江南地区棉纺织业日益发达，棉纺织工具有了显著的改进，技术也有了新的提高。当时的棉纺织业以松江地区最为发达，技术最好。

商品经济空前活跃
出现了许多专门化的
经济作物地区和新式作坊
新型的劳动关系也随之出现

金融业

乾隆时期，许多市镇出现了专门经营汇兑、放贷和存款业务的“票号”，街上的当铺也随处可见。

十大商帮

清朝的商业十分发达，商人分成十大商帮。其中，晋商、徽商支配金融业，闽商、潮商掌握海外贸易业，晋商掌控着全国银号。

海禁政策

清政府实行有限的海外贸易政策。乾隆时期只开放广州一处作为对外通商口岸，广州十三行是清政府指定专营对外贸易的垄断机构。

外国银行

甲午中日战争后，清政府无力支付巨额赔款，列强纷纷增设银行，逼迫清政府向他们借高利贷。

罐子里的艺术品

——白玉瓜瓞（dié）式鼻烟壶

“毫底包罗万象，壶中尽纳乾坤。”

鼻烟壶是盛鼻烟的容器，小巧玲珑，可用手握，携带方便。鼻烟是一种烟草制品，明末清初自欧洲传入中国。此后，吸闻鼻烟在中国各阶层大为流行。同时，鼻烟盒的制作也迅速地融入了中国的艺术风格，发展出制作精良、款式多样的各式鼻烟壶，在清代美学工艺上独树一帜。

这件鼻烟壶的外形为瓜形，用白玉雕刻而成，呈半透明状，在瓜蒂部位钻一小口，内部掏空，用以贮存鼻烟。由于白玉质地较坚硬，开口又小，所以掏空内部困难，极为考验工匠的技艺。鼻烟壶的外部，采用浮雕技术刻画出小瓜、藤叶和蝴蝶，栩栩如生。《诗经》中说“瓜瓞绵绵”，“蝶”与“瓞”谐音，所以将瓜与蝶在一起的图案称为“瓜瓞绵绵”，寓意枝繁叶茂，人丁兴旺。

在清代，封建贵族生活奢靡，他们所使用的鼻烟壶用料名贵，取材无所不包，并请技艺精湛的工匠为他们设计、制造，鼻烟壶成了他们炫耀身份的物品。鼻烟壶集中国绘画、书法、雕刻等艺术于一体，被视为集中国工艺美术之大成的袖珍艺术。

文物档案

名称：白玉瓜瓞式鼻烟壶
年代：清代
材质：玉
规格：不详
出土地：不详
收藏地：辽宁省博物馆

科学技术

清代的科技有着西方科技的影子。

西学的传播
给中国带来了不一样的科学视角
科技创新多了一些另类
但更多的科学技术被顽固的高层
称为“奇技淫巧”

《医宗金鉴》

乾隆时期官修的《医宗金鉴》征集了不少新的秘籍及经验良方，是一部介绍中医临床经验的重要著作。

《皇舆全览图》

康熙皇帝组织人力对全国进行测量，制作了《皇舆全览图》。这次测量首次运用了三角测量、梯形投影法等，不仅奠定了中国地理学、测绘学的基础，对世界地理学也是一大贡献。

天文历法

西方传教士采用欧洲先进的方法和制度，制定了更加先进的历法《时宪历》，还制成一批天文仪器。

万园之园

清朝皇帝酷爱修建园林，前后经历了 150 余年，耗费巨额银两的圆明园十分奢华，体现了中国古代造园艺术的精华。

在闭关锁国的路上
中国从领先世界变成了
愚昧无知的代名词

中国照相机之父

清代物理学家邹伯奇从 17 岁开始研究光学，他独立发明并制成了中国第一台照相机，比欧洲只晚了 5 年。

《化学鉴原》

《化学鉴原》是由清代化学家徐寿翻译的近代化学理论教科书。徐寿确定的许多化学元素名称至今仍在使用。

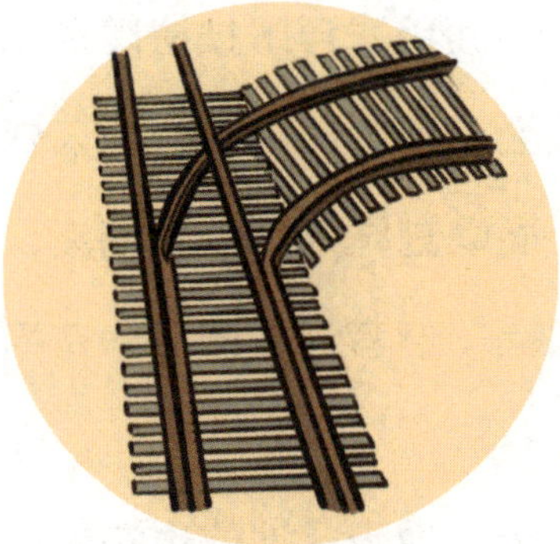

京张铁路

詹天佑克服了一道道难关，主持修建了工程非常艰巨的京张铁路。该铁路是中国人自行设计和修建的第一条干线铁路。

中国航空之父

冯如是中国第一位飞机设计师、制造师和飞行家。由他设计制造的飞机获得过国际飞行比赛的第一名。

满载吉祥的艺术品

——青玉浮雕仙山楼阁如意

“千雕万刻，惟愿一切皆如意。”

如意是中国古代的一种法器，寓意心想事成，同时还是一种工艺宝品，外形和灵芝相似，材质多样。如意的起源与我们日常生活中所使用的挠痒工具有密切关联，搔之可如意，故称如意。

青玉浮雕仙山楼阁如意由一整块玉雕成，属于直柄式如意，庄重威严。如意柄上系有黄色丝穗。花头面用浅浮雕技法雕琢出仙山楼阁图案，故事取意于西王母蟠桃会；柄中部雕刻有腾云驾雾的神仙；如意尾部烧染呈黄褐色，上面雕刻祥云和蝙蝠图案，祥云表示祥和、吉祥，“蝙蝠”与“遍福”谐音，“遍福”有福运绵长无边之意，寓意深远。

如意制作工艺在清代达到了登峰造极的地步，地位也空前提升，如意在宫廷中得到了最广泛的应用。一件小小的如意，是集

宫廷礼仪、民间往来、陈设赏玩为一体的珍贵之物。这件如意也成为当时上层社会追求安逸、享乐的见证。

文物档案

名称：青玉浮雕仙山楼阁如意

年代：清代

材质：玉

规格：不详

收藏地：辽宁省博物馆

思想学术

清初统治者大兴文字狱
导致了思想文化的没落
造成了万马齐喑的局面

激烈的社会变革引发了近代思想的浪潮。

京师大学堂

京师大学堂，是戊戌维新运动中清政府创办的学校，是中国第一所由中央政府建立的综合性大学，也是国家教育行政机关。

文字狱

清朝统治者非常注重从思想领域严密控制知识分子，经常从知识分子的作品中摘取字句，罗织罪名，构成冤狱，使得中国人“言论自由”的程度大为倒退。

三大思想家

王夫之、顾炎武和黄宗羲并称为清初三大思想家，他们提出了许多人本主义论点，如反对君主专制，提高商人地位，以及重实践、轻理论的实用主义。

考据学

考据学是一种治学方法，也是中国一门土生土长的学问。考据学者重证据、实事求是，对社会科学产生了重要的影响。

西方的思想观念涌入中国
人们要寻找一种方法
来解决文化的冲突
于是就有了
第一批睁眼看世界的中国人

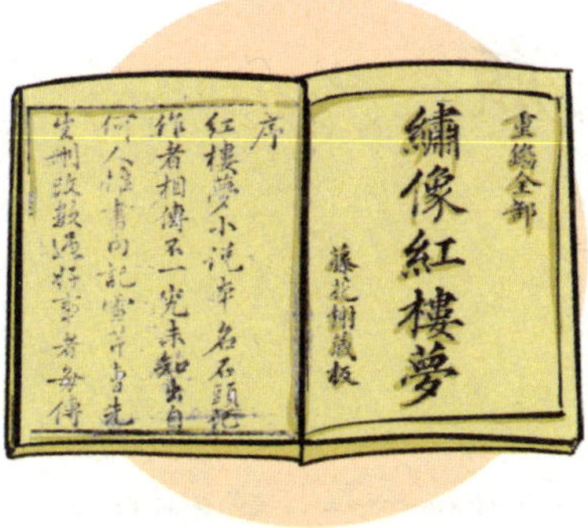

红学

红学是专门研究《红楼梦》的学问，横跨文学、哲学、史学、经济学、心理学和中医药学等多个学科。

睁眼看世界

魏源倡导学习西方先进的科学技术，提出了“师夷长技以制夷”的主张，开启了了解世界、向西方学习的新潮流，是近代中国“睁眼看世界”的首批代表人物。

研究甲骨文

刘鹗将他所收藏的精品甲骨文片编辑成《铁云藏龟》。该书对于认识甲骨文具有非常重大的帮助，奠定了甲骨文研究的基础。

启蒙思想家

严复是著名的翻译家、教育家，他翻译了英国生物学家赫胥黎的《进化与伦理》，宣传“物竞天择，适者生存”的观点。

形影不离
——珐琅彩婴戏纹双连瓶

"群童嬉戏，寄托着每个家庭对美好生活的向往。"

双连瓶又称连体瓶或合欢瓶，它的瓶体通常是两瓶的腹部粘连在一起或自口至底通体相连，是清代乾隆年间流行的瓶式之一。

珐琅彩婴戏纹双连瓶是景德镇官窑专为宫廷烧制的瓷器，瓶呈双连式，瓶口似浅洗，口上附有描金双钮连盖，盖面彩绘垂叶纹饰，盖口合于瓶口之内，口边及足边均以淡绿色彩料描绘折枝菊花纹。肩部向下倾斜，肩以下收敛，近足处微外撇。肩部、足部皆以胭脂红地璎珞纹、磬纹装饰。全器用珐琅彩和粉彩涂绘而成，纹饰描绘细致严谨，制作精巧。

双连瓶腹部主题纹饰为婴戏图，描绘了正在游戏玩耍的儿童，一组为四婴戏三羊，寓意"三阳开泰"；一组为九子嬉戏，其中一个小童怀抱宝瓶，5只红色的蝙蝠从瓶中飞出，寓意"福在眼前"。

孩童共有 13 人，神态各异，充满童真，寓意“多子多福”。

婴戏图是瓷器装饰纹样之一，是传统吉祥纹饰中的一个重要代表，主要描绘古代儿童嬉戏玩耍的活动场景。在古代传统封建思想中，传宗接代观念深入人心，工匠在瓷器上描绘婴戏图，以表达人们对子孙满堂的美好向往。

文物档案

名称：珐琅彩婴戏纹双连瓶
年代：清代
材质：瓷
规格：通高 21.4 厘米
口径 9~5.2 厘米
足径 10~6 厘米
收藏地：故宫博物院

文学艺术

清朝文化是由满族文化与以汉族文化为主导的其他文化互相冲突与融合而成的。

《康熙字典》

《康熙字典》是清朝康熙年间出版的图书，采用部首检字和笔画检字方法，是中国第一部以字典命名的汉字辞书。

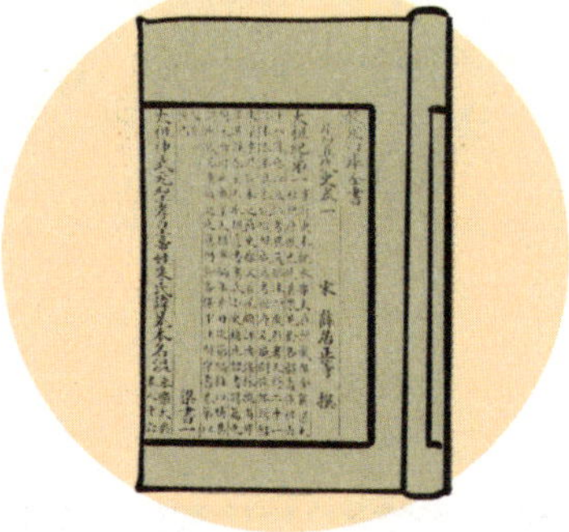

《四库全书》

在乾隆皇帝的主持下，耗时13年，由纪晓岚等人编成的《四库全书》是中国古代最大的文化工程。

《红楼梦》

《红楼梦》是中国古典四大名著之一，是一部具有世界级影响力的人情小说，也是中国古典小说的巅峰之作。

《儒林外史》

《儒林外史》是由清代吴敬梓创作的长篇小说，是中国古典讽刺小说的代表之作。

康熙、乾隆两位皇帝大力推行
以儒学为代表的汉文化
社会变革与商业的刺激
使得清朝文学多元发展
其中小说的成就巨大

社会百象
世态炎凉
在这些艺术作品里
表现得淋漓尽致

鬼狐有性格

清朝小说家蒲松龄创作的文言短篇小说集《聊斋志异》，叙述了鬼神怪异之事，表现了强烈的反封建礼教的精神。

京剧诞生

乾隆年间，四大徽班通过不断的交流，吸收和融合其他剧种的曲调和表演方法，最终形成京剧，影响甚广，有“国剧”之称。

扬州八怪

康熙至乾隆年间，一批活跃于扬州的书画家因书画风格异于常人，不落俗套，被称作“扬州八怪”。

诗界革命

清朝时期的诗歌呈现衰落趋势，梁启超等人想要挽救中国诗歌日益衰落的命运，发起了“诗界革命”。

清代历史大事记

1636—1912 年

1644 年

迁都北京

多尔衮率领大批清军从山海关南下，占领了北京城。随后，顺治帝迁都北京，在此开启了清朝长达 260 多年的统治。

1661—1662 年

收复台湾

郑成功出兵收复了失地台湾，被荷兰占据了 38 年的台湾，重回祖国怀抱。

1683 年

统一台湾

台湾的郑氏政权对东南沿海地区的威胁很大，康熙帝命施琅率军统一台湾，使台湾归入清朝的版图。

1726 年

改土归流

雍正时期，清政府在西南大规模推行“改土归流”政策，逐步取消土司世袭制度。

1771年

回归的蒙古人

蒙古族土尔扈特部首领渥巴锡率领部族摆脱了沙俄的统治，历经艰险，万里跋涉，终于回到了故土。

1840年

鸦片战争

英国政府以虎门销烟事件为借口，出兵侵华，清政府惨败，与英国签订了不平等条约《南京条约》。

1861年

总理各国事务衙门

清政府设立了外交机构——总理各国事务衙门。这是中国第一个正式的外交常设机构。

1898年

戊戌变法

康有为、梁启超等人在光绪帝的支持下倡导改革运动，但遭到了以慈禧太后为首的守旧派的反对，最终失败。

图书在版编目（CIP）数据

藏在博物馆里的中国历史·清 / 有识文化，成都地图出版社编著；李红萍绘. -- 成都：成都地图出版社有限公司，2023.12

ISBN 978-7-5557-1863-5

Ⅰ. ①藏… Ⅱ. ①有… ②成… ③李… Ⅲ. ①中国历史－清代－通俗读物 Ⅳ. ① K209

中国版本图书馆 CIP 数据核字（2021）第 263636 号

藏在博物馆里的中国历史·清

CANG ZAI BOWUGUAN LI DE ZHONGGUO LISHI · QING

策　　划	唐　艳
主　　编	鄢来勇　刘国强　黄博文
副 主 编	姚　虹　范玲娜　唐　艳
责任编辑	陈　红
审　　校	魏小奎　吴朝香　王　颖　赖红英　田　帅
责任校对	向贵香
审　　订	肖圣中　邹水杰　毋有江　李春燕　李青青 聂永芳　刘国强　姚　虹　张　忠　程海港
出版发行	成都地图出版社有限公司
印　　刷	运河（唐山）印务有限公司
经　　销	全国各地新华书店
开　　本	880 毫米 ×1230 毫米　1/16
总 印 张	40
总 字 数	640 千字
版　　次	2023 年 12 月第 1 版
印　　次	2023 年 12 月第 1 次印刷
书　　号	ISBN 978-7-5557-1863-5
审 图 号	GS（2021）8903 号
定　　价	268.00 元（全 8 册）